本书为国家社科基金重点项目"新发展理念的价值排序与中国实践研究"（18AKS010）的最终成果

新发展理念的
价值逻辑与实践研究

张彦　著

RESEARCH ON THE VALUE LOGIC AND PRACTICE OF NEW DEVELOPMENT PHILOSOPHY

中国社会科学出版社

图书在版编目（CIP）数据

新发展理念的价值逻辑与实践研究／张彦著 . —北京：中国社会科学
出版社，2022.12

ISBN 978 – 7 – 5227 – 0937 – 6

Ⅰ.①新… Ⅱ.①张… Ⅲ.①社会发展—研究—中国 Ⅳ.①D668

中国版本图书馆 CIP 数据核字（2022）第 195684 号

出 版 人	赵剑英
责任编辑	杨晓芳
责任校对	刘利召
责任印制	王 超

出 版	中国社会科学出版社
社 址	北京鼓楼西大街甲 158 号
邮 编	100720
网 址	http://www.csspw.cn
发 行 部	010 – 84083685
门 市 部	010 – 84029450
经 销	新华书店及其他书店

印 刷	北京明恒达印务有限公司
装 订	廊坊市广阳区广增装订厂
版 次	2022 年 12 月第 1 版
印 次	2022 年 12 月第 1 次印刷

开 本	710×1000 1/16
印 张	19.5
字 数	328 千字
定 价	108.00 元

凡购买中国社会科学出版社图书，如有质量问题请与本社营销中心联系调换
电话： 010 – 84083683

目　　录

第 一 章

何种优先 何以发展：
新发展理念的价值逻辑①

　　发展是人类以特定的生产生活方式体验表达对生活世界之意义的一种重要的理解与探索方式，发展理念则是这种理解和探索的集中表达和价值体现。党的十八届五中全会创造性地提出以"创新、协调、绿色、开放、共享"为基本内涵的新发展理念，为中国发展指明了前进的方向。在贯彻落实新发展理念的长期实践中，中国全面建成小康社会、打赢脱贫攻坚战，经济社会发展取得历史性成就，创新能力、协调水平、绿色发展、对外开放、共享发展持续实现高质量提升，进入新发展阶段。与之同时，根据国际国内发展形势变化，2020 年习近平总书记在全国政协十三届三次会议经济界联组会上指出，要"逐步形成以国内大循环为主体、国内国际双循环相互促进的新发展格局，培育新形势下我国参与国际合作和竞争新优势"②。新发展阶段、新发展理念与新发展格局成为认识和把握发展的时代性关键词。对此，习近平总书记强调"要主动适应新时代要求，立足新发展阶段，完整、准确、全面贯彻新发展理念，服务和融入新发展格局"③。《中华人民共和国国民经济和社会发展第十四个五年规划和 2035 年远景目标纲要》进一步明确了立足新发展阶段、贯彻新发展理念、构建新发展格局的逻辑主线。在这三

---

　　①　该章部分内容以《"发展好的"与"好的发展"：新发展理念价值排序的选择可能》为题发表在《内蒙古社会科学》2020 年第 3 期。

　　②　《坚持用全面辩证长远眼光分析经济形势 努力在危机中育新机于变局中开新局》，《人民日报》2020 年 5 月 24 日第 1 版。

　　③　《决定召开十九届六中全会》，《人民日报》2021 年 9 月 1 日第 1 版。

者之中，新发展理念起到根本性引领作用。这是我们探索新发展理念价值排序的重要时代背景，需以此作为重要依据对影响发展的各类价值进行选择、列序和践行。

从历史与现实的维度来看，新发展理念对各种发展理论（理念/主义）及其价值观念提出了挑战，强调对当代社会的发展价值进行梳理、选择和排序，以适应和促进社会的转型和进步。探讨新发展理念的伦理价值有两个基本诉求：一是发展问题的价值排序与中国进入新时代这一转型的特殊性现实内在相关。社会转型要求对不同的发展价值进行调整，并根据社会转型的特殊逻辑在价值上有相应的排序；二是发展作为具有支配性的"时代性问题"与"时代性精神"，根本问题不在于要不要发展，而在于实现怎样的发展、如何评价发展、如何将伦理内涵与人文关怀融入社会发展中。基于这两个基本诉求，展开对社会发展重大问题的价值反思、廓清发展道路上的误区和困惑、呈现对发展问题的价值排序和伦理分析具有重要的理论意义和现实意义。

一　发展理念：新时代发展问题的价值之问

"任何一种发展，必然内含着鲜明的发展价值观的关切。发展价值观的有无和合理、先进与否，决定着发展实践的质量和发展的品质与境界。"[①]而对于"发展，尤其是现代社会的发展究竟应该以何种价值论设定作为自身深刻的毋庸置疑的理据，向来是一个难题"[②]。在丹尼斯·古雷特看来，"我们如果不掌握发展的内在含义，不管有多少关于发展的资料，用处也不大"[③]。因此，以何种发展理念/发展价值观作为发展指引的关键，就在于我们如何认识和把握发展的内在含义以及实践中的运用。

当下，从广义上来看，对"何为发展"的认识一直处于争议之中。从

---

①　袁祖社：《社会公共正义信念与发展合理化的价值逻辑》，《北京大学学报》（哲学社会科学版）2018 年第 4 期。

②　袁祖社：《正义理念的制度实践与美好生活的实践逻辑——"合理性"视域内五大发展理念的价值论基础探究》，《武汉大学学报》（哲学社会科学版）2019 年第 3 期。

③　转引自刘森林《发展哲学引论》，广东人民出版社 2000 年版，第 1 页。

这些认识争议之中，我们大致可以归约出以下几种发展意涵："第一种涵义，把人类社会视为一个自然过程，一个不间断更新的、不可逆的过程，一种社会的进化过程。孔德、斯宾塞等人持这种看法：'就其实质而言，发展这一术语对于直接确定人类究竟在什么地方实现真正的至善，有着难以估量的好处'。第二种涵义，充分考虑了人的主体能动性问题，明确地赋予'发展'一种清晰的价值判断，认为'发展'蕴涵着一种趋向更好目标的方向性意义，发展本身就包含着价值选择，是一个与价值密切相关的范畴，不能离开价值观来谈论发展。这种看法得到了学界大多数人的认同。第三种涵义，'发展'不仅被视为一种活动，而且意味着一种结果的状态，即在经济、社会方面取得了一定的成就、达到了一定的阶段，就意味着进入了'发展'的状态，反之则仍处于发展的过程中。"① 基于对发展的第一种认识就出现了自然主义发展观，"这种发展理论只推崇'如何发展'得'科学'，而对于'发展究竟为了什么'一类的价值问题，却付之阙如"②。这种发展观受到了对发展的第二种认识的强烈批判。对发展的第二种认识强调，在一种完整意义上，发展不是价值无涉的，"发展是实现人类生存的基本手段。以发展求生存，是文明社会最为重要、最为核心的实践价值法则。在此法则支配下，人类获得了巨大的成功，但同时也面临着许多严峻的问题。任何时代、任何一种类型的发展理念和发展实践，都必然禀赋着内在的文化价值关涉——承诺、承载并依照自己认为合理的方式，规定着人类生活价值观（理想、信念）选择、确立及其践行的限度与边界，努力实现着某种价值理想"③。

从这一批判中，不难发现，对于"发展理念决定于发展"的认识被转化为了"'发展价值'决定发展理念。"所谓'发展价值'，就是指蕴含在社会发展过程中那些引导社会发展的深层价值理念、价值原则和价值尺度，任何一个社会的发展，都总是在根基处承载着一定的价值承诺和假设，都总

① 陈向义：《"发展哲学"研究中的两个前提性问题》，《天津社会科学》2018 年第 3 期。
② 刘福森：《价值迷失：现代工业文明发展观的"走火入魔"》，《吉林大学社会科学学报》2003 年第 1 期。
③ 袁祖社：《"治理型发展"的价值逻辑与美好生活实践的中国智慧》，《贵州社会科学》2020 年第 1 期。

是在一定的价值理念、价值原则和价值尺度的范导下进行的（不管这种理念和原则是否被人所自觉意识和把握），这些'理念'、'原则'和'尺度'直接作用于社会发展的方向选择、目标设计和模式筹划，塑造着一个社会发展的品位和层次，并因此对社会发展的最终结果产生关键性的影响。"① 但在认识"发展价值"的过程中，出现了将其狭隘化的异化取向，即将"发展价值"简单、线性地等同于经济增长，从而形成了唯经济增长的发展理念，消解了发展理念深刻的价值基础。对此，不少人批评道："人类文明的历史表明，没有脱离特定价值论基础的发展实践，发展不仅是一种经济社会事实，同时也承载着更为深厚、深刻，更为基本和紧要的人类基本的生存、生活价值理念。"② 重新找回"发展"与"人之生存、生活"之间最本质的联系由此成为发展理念得以形成的价值基础。在这一意义上，可以说，不同的发展理念所体现的是对影响发展与人之生存、生活之间关系的各类价值的排序与取舍。这也为如何定义"发展"提供了更具基础性和优先级的诠释视域，即人之生存、生活境况。

德尼·古莱是从这一视域把握发展问题的重要代表。他认为："取得发展并不是一种自我生效的绝对目标，而是一种相对较好的、只是取得某种特定生活意义上较为可取的状况。正是没有看到这种相对性，使得许多人把发展变化进程等同于它的目标，这样就把一个工具性目的错认为成就性目的。虽然在某些方面，发展本身是追求目的，但在更深层面，发展从属于美好生活。"③ 从人类生活史的角度来看，人类诉求发展的全部历程就是一部认识和追求美好生活史。然而，对于何为美好生活，存在着不同的理论论争。其中，经济的与物质的发展常被建构为美好生活的全部图景。但在阿玛蒂亚·森看来，这只是抓住了定义美好生活的外围，从更深刻的价值指向而言，美好生活是我们实质性自由的占有与获得，并在现实生活中具有表现这种实质性自由的能力、机会。因为"我们都无法否认，自由的理念深刻地影响了我

---

① 贺来：《"价值清理"与"价值排序"——发展哲学研究的中心课题》，《求是学刊》2000 年第5 期。

② 袁祖社：《正义理念的制度实践与美好生活的实践逻辑——"合理性"视域内五大发展理念的价值论基础探究》，《武汉大学学报》（哲学社会科学版）2019 年第 3 期。

③ ［美］德尼·古莱：《发展伦理学》，高铦等译，社会科学文献出版社 2003 年版，第 43 页。

们。我们有理由估价我们的自由，当我们评价一个社会的利弊或者某种社会制度的正义与否时，我们很难不以某种方式思考不同类型的自由以及它们在社会中的实现与剥夺情况"①。从这些对于美好生活定义的众多争议中，我们可以总结出的是，美好生活是一个能改变我们生活世界的命题，从根本上指引着发展实践，对美好生活的认识和把握规定着发展质量、发展品质与发展境界。而美好生活作为"一个'改变世界'的命题，其必须诉诸'实践'。""推进美好生活实践，使其从一种目标性的图景变成一种真实的生活样式，要避免碎片化、片面化的观念倾向，必须要以系统的实践来推进美好生活的实现。"② 这种"美好生活实践"就是"发展"，它的系统性就表现为对发展理念及其先进性、优越性的现实呼求。

"创新、协调、绿色、开放、共享"的新发展理念就是中国共产党带领全体中国人民对美好生活的更深度探索和践履，体现了对全人类发展问题的中国贡献。一方面，新发展理念"向人类承诺一个美好生活、美好世界的理想"③，对美好生活的基本内涵进行了中国回答。"从新时代中国特色社会主义的视角来看，美好生活主要有三个层面的内涵：第一，在主体内在需要层面，美好生活是中国人民物质、精神等需要日益增长的现实表达；第二，在主体生活理想层面，美好生活是中国人民生活理想的时代表达；第三，在生活样式层面，美好生活是基于中国人民的现实需要及其实践之上所生成的生活样式，即我国社会主要矛盾发生阶段性转化后，美好生活成为了人民所渴求的生活样式。因此，在新时代的时空背景下，美好生活是人的内在需要、生活理想与生活样式的统一体，是社会发展与矛盾运动的产物。"④ 另一方面，新发展理念对发展品质做出了价值规定。2021 年初，习近平总书记在省部级主要领导干部学习贯彻党的十九届五中全会精神专题研讨班开班式上强调，新发展理念回答了关于发展的目的、动力、方式、路径等一系列理论和实践问题，阐明了我们党关于发展的政治立场、价值导向、发展模式、发展道路等重大政治问题。"全党必须完整、准确、全面贯彻新发展理念。从

---

① ［印］阿玛蒂亚·森：《理性与自由》，李风华译，中国人民大学出版社 2006 年版，第 6 页。
② 项久雨：《论美好生活的马克思主义逻辑》，《马克思主义研究》2020 年第 7 期。
③ 袁祖社：《"五大发展理念"的理论品质与实践新境界》，《学术研究》2017 年第 1 期。
④ 项久雨：《新时代美好生活的样态变革及价值引领》，《中国社会科学》2019 年第 11 期。

根本宗旨把握新发展理念。人民是我们党执政的最深厚基础和最大底气。为人民谋幸福、为民族谋复兴，这既是我们党领导现代化建设的出发点和落脚点，也是新发展理念的'根'和'魂'。"①

从现实议题来看，新发展理念是对中国发展实践公共性的、科学合理的、系统全面的表达，是面向全人类共同福祉和共同价值目标的具有建设性的行动方案。它对美好生活与发展的把握最终所表现的是对"如何生活""如何共同生活""如何幸福生活"的价值追问，也就是在处理人与自然关系时，如何把握"能做"和"应做"；在处理人与社会或人与人的关系时，如何把握"公正"和"平等"；在处理人与自身发展关系时，如何把握"物质"和"精神"。因此，在这一意义上，一种"被正确理解了的发展，关乎优良的社会关系秩序与稳态化的社会结构，坚定地依托先进、优越的制度实践，为人类文明所公认的高远的价值理想所引导，强调发展实践必须致力于目的和手段、当下和长远、效率和公平等的有机统一。"② 我们知道，"中国的现代化是'压缩的现代化'，它使中国的发展过程不可避免地面临着所谓的第一、第二现代性'双重强制'的共时性困境。"③ 这尤其表现在共享发展成果的公正性、发展与自然的和谐性、人之自由全面发展的推进性等方面。对此，有学者指出，中国发展所面临的众多共时性困境反映在价值论上，就是发展与发展正义的价值难题。对于这一难题的开解，归根到底依赖于发展理念的变革。这被我们对美好生活更深层次的认识和更高质量的追求的发展历程所印证。因此，可以说，因发展引起关于发展正义的价值难题，也必将通过不断地修正、完善发展理念而逐步得到解决。新发展理念的提出、发展和践行就是对此的时代努力和回答。

---

① 《习近平在省部级主要领导干部学习贯彻党的十九届五中全会精神专题研讨班开班式上发表重要讲话强调 深入学习坚决贯彻党的十九届五中全会精神 确保全面建设社会主义现代化国家开好局》，《旗帜》2021 年 2 月 15 日。

② 袁祖社：《现代性发展之悖谬场域的实践超越与社会真价值理解的中国逻辑》，《天津社会科学》2019 年第 5 期。

③ 张彦、洪佳智：《论发展伦理在共享发展成果问题上的"出场"》，《哲学研究》2016 年第 4 期。

二 价值排序：新发展理念研究的一个重要视角

"创新、协调、绿色、开放、共享"的新发展理念"不是随意提出来的，是在影响当代发展的诸多因素中，经过科学比较选择、精心总结提炼，抓住最为紧要、最具决定性的五大要素，形成一个系统化的发展理念体系"①。可见，新发展理念的形成是价值排序的结果。所谓价值排序"是首先对各个价值理念进行价值清理，在清理过程中所得的各个价值理念之间进行优先性的顺序排列，以便在价值原则冲突之时明确何者处于相对优先的位置"②。在总结、提炼、形成新发展理念的过程中，以何种价值原则为基准对影响发展的众多因素进行排序、抉择规定了新发展理念价值排序的不同路径，揭示了发展问题的历史性和复杂性。

总的来看，发展既关系到价值认知，又关系到现实践履。发展被赋予了主体性价值期望，即认为"通过发展，全人类都可以实现美好生活的理性预期，可以促使不公正的社会关系和制度安排逐渐合理化"③；发展也被赋予了主体性价值评判，即认为满足了主体性价值期望的发展就是好的发展。发展理念的价值排序就是以对发展所持的价值期望与价值评判为主要依据，追求实现好的发展。基于此，历史上的发展理念的价值排序方案总体上可归约为两种："发展好的"与"好的发展"。

"发展好的"是发展理念价值排序的一种选择方案，它首先由建基于实证主义哲学的自然主义提供发展的逻辑根由。实证主义认为："真正的实证精神主要在于为了预测而观察，根据自然规律不变的普遍信条，研究现状以便推断未来。"④ 可见，实证主义视域下的发展是人基于自然秩序对未来的可能演绎。自然秩序与人的智识是诠释发展的存在基础，并且，自然秩序构成人之认识发展的价值前提。这揭示出自然秩序与人之智识发挥的价值规

---

① 刘奇葆：《新发展理念蕴含的理论特质和品格》，《党建》2016 年第 9 期。

② 张彦：《价值排序与核心价值观》，浙江大学出版社 2017 年版，第 143 页。

③ 袁祖社：《"发展型正义"："五大理念"视阈内正义与社会发展关系的解读》，《社会科学战线》2017 年第 9 期。

④ ［法］奥古斯特·孔德：《论实证精神》，黄建华译，商务印书馆 2001 年版，第 12 页。

定，即人对未来的推演内蕴着向恒定自然规律的普遍信条的复归。可见，发展选择应倾向自然主义的选择意蕴，好的发展便是要发展符合自然规律要求的"好的事物"。这为排序形成"发展好的"的路径提供了解释基础，也显示出镌刻着自然主义选择倾向的"发展好的"在发展实践中存在的基本逻辑，即以对自然规律的阐释方式及思维定式为实践规定。

一方面，实证主义以自然科学命题阐释自然规律。向自然规律复归的价值认识强调凭借自然科学命题阐明其所能言说的事物。其"不仅试图对意义、真、价值、认识等作自然主义的说明，即将它们自然化，同时还设法将自然化模式推广到更广泛的领域"[1]，进而规定了以自然科学的符号和算法来表征与推演发展，并使之沉淀为发展的实践逻辑。其实质是对发展进行物理剖析、化学反应、数学推算等自然科学方法的检视，试图用自然科学的符号和算法精准地拆解发展，以此强调发展的精准性、确定性与规范性，并认为能够精准度量、凭借符号呈现的发展就是"好的"，就应当被发展。我们肯定此种"发展好的"核心主张的价值，因为其假定意义、真、价值等能被符号化、公式化处置，是对人之存续、发展的积极求索。然而，一个根本性的问题不能被悬置或忽视，即发展是有限价值与无限可能的集成。发展是对人与社会之存续的回应，价值在于让人与社会在不屈从于外部的固有必然性的同时建构、表达和实现自我。必然性的"强势"规定着发展的有限性，而人与社会在屈从之下的自我建构与表达又包含着创生发展的无限可能。公式化的发展分离了发展的有限与无限，并造成有限发展对发展无限的遮蔽，将发展能力固化于特定的"公式空间"，消解了发展的创生性和无限可能性，这是该发展理念的价值偏颇。

另一方面，人在进化发展过程中形成的向自然规律复归的思维定式内蕴着自然主义的发展选择倾向，这表现为人从自然中习得的选择结构与习惯，即"扶强不扶弱"。具体而言，人的进化发展是"天择"之下的"适者生存"过程，自然的强大性规定了"适者生存"的游戏规则。"自然选择适应性强者"成为人从自然中成长起来的基本思维，并逐步沉淀为人的

---

[1]　高新民：《心灵哲学中二元论和自然主义发展的新趋势——以查默斯自然主义二元论为线索》，《学术月刊》2011 年第 9 期。

文化心理，认为这是发展应当遵循的自然规律，能保障发展的承续性。以此种文化心理为实践逻辑规定的"发展好的"便认为"强的"即是"好的"，重视"强者"发展优先。诚然，"发展强的"有利于凸显发展特色、有助于产生特色发展、易于形成集中优势，从而增强发展的竞争力。但自然选择的文化心理实则反映的是从自然选择中养成的路径依赖，弱化了"社会发展是有目的的自主选择的过程"①，放大了自然，缩小了人。"马太效应""木桶效应"是一味地强调"发展强的"的必然结果，违背了现代发展重视的强者应帮扶弱者的道义诉求。同时，诚如亨利·柏格森所认识到的，我们唯一能把握的是进化的结果，而非进化本身，因为进化是产生结果的行为。② 因此，应当从进化结果反观进化行为，把握进化复杂性中的确定性。"发展强的"只是基于看得见的进化结果而做出的对如何进行发展的价值安排，忽视了发展作为产生结果的行动而具有的复杂性。"扶强不扶弱"的简单化思维往往伴随着"发展强的"就能达到"发展好的"逻辑幻想。

其次，"发展好的"体现了工具理性实践心智的要求。研判合理性是对发展理念进行价值排序的前提，构成该种发展理念得以出场的内在规定。马克斯·韦伯认为，合理性具有形式与实质之分，"形式合理性是一种事实判断，主要被归结为手段、过程的可计算性，实质上是把目的排除在外的理性计算与权衡，集中表现为工具理性"③。而实质合理性则与之相对，强调以价值判断为根，认为目的为合理性提供根由，价值理性是其集中表现。"发展好的"强调将发展置于精确化的公式计算之中，以计算的精准性保障发展的确定性，重视对"计算"这一工具的使用。同时，其又认为"发展好的"（强的）具有承续、推进发展的工具能效。以韦伯对合理性的区分为依据可知，工具理性的实践心智是"发展好的"的本质体现，构成了"发展好的"经价值排序而得以呈现的合理性根据。

而工具理性对工具实用与工具能效的重视体现出的是实用主义的经典气

---

① 邴正：《英雄主义，还是自然主义——当代社会发展观的冲突与抉择》，《社会科学战线》1995 年第 4 期。
② ［法］柏格森：《创造进化论》，肖聿译，华夏出版社 1999 年版，第 47 页。
③ 郑飞：《韦伯与西方马克思主义中的技术批判理论》，《哲学研究》2017 年第 5 期。

质，即一种注意最终的事物、成果、事实与结果的确定方向的态度。① 因此，任何存在都可以也可能成为最终的事物、成果、事实与结果得以呈现的工具。② 由此可知"发展好的"的价值要旨，即要通过发展这一工具让人得以证实、确认获得了相应的结果，这也披露了以工具理性为合理性安置所具有的双重先进性。一是以有用性为价值引领，重视以实践成效为依归，可规避华而不实的发展实践，避免资源浪费与时间流失；二是以发展结果的确定性推动对多种工具的使用，以满足不同层次、方向的发展期待，可提供发展勇气和坚定发展信念。应当注意的是，工具理性为"发展好的"赋予的双重先进性是以发展结果的确定性为前提设定的，"最看重的不是首要的原则，而是实践的后果"③。而这却又留下了面临诘问的巨大隐患，表现为以工具能效意识完全替代"发展好的"作为发展理念而应具有的价值理性意识，将本应内蕴本体论、认识论、方法论、价值论自觉的发展理念仅视为能够被精确计算的发展实践。然而，从现实性和问题域看，以工具理性为优先原则的"发展好的"却具有广泛、可见的现实根基，即遵循现实发展（事实判断）能推动发展（价值判断）。概言之，坚持工具理性优先利于"发展好的"释放最大工具效能，提升发展效率，这是进行发展应当坚持的价值前提。然而，过分强调发展的工具价值会遮蔽发展的价值理性，极易走入发展极端，致使发展凌驾于人（发展理念）之上，导致发展异化。也就是说，将发展视为外在于人并成为主导和支配人的超人类力量，会对人与发展的关系造成颠倒和错置，与历史唯物主义发展观相悖。现代发展问题是多个场域的交织综合，既涉及人与自然，又关系到社会之时间与空间等，仅以工具理性作为发展理念价值排序的绝对优先原则只能是对现代发展问题简单的粗线条把握，不能做到对发展问题的根本性和整体性把握。

最后，"发展好的"受短期物质利益的驱动机制催生。工具理性的价值排序依据为"发展好的"的出场提供了内在支撑。然而，发展理念的形成

---

① ［美］詹姆士：《实用主义：某些旧思想方法的新名称》，李步楼译，商务印书馆2012年版，第32—33页。

② ［美］詹姆士：《实用主义：某些旧思想方法的新名称》，李步楼译，商务印书馆2012年版，第112页。

③ ［法］涂尔干：《实用主义与社会学》，渠东译，上海人民出版社2005年版，第104页。

不仅需要内在的依据支持，也需要外在的现实刺激。一般而言，"人的利益"是刺激一切发展理念价值排序的外在因素。总体上，物质发展与占有自由是人之利益的根本内容，构成了人追求发展的基本向度。两者存在着正相关，表现为在追求物质发展的同时实现人的自由发展，物质越发达，人的自由发展就越彻底。加之物质发展具有的较人之自由发展的直接可观性，追求物质利益的发展成了人追求发展的一般性表达。而对人之自由的持续性发展的要求规定着物质利益存在着根本的与短期的内在质性之分。如何把握具有内在质性之分的物质利益是与之相应的发展理念生成的关键。詹姆斯·穆勒曾露骨地指出人的选择存在着"惯性思维"，认为人会经常性地就近选择呈现在眼前的利好，尽管他们知道这样的选择存在着次级价值[①]，即人偏好于眼前的可直接感受到的短期利益。因为其具有满足人之短期需要的确定结果，能激发人的发展热情、推动发展理念获得迅速的现实实现。

然而，发展的社会历史却又深刻披露了这一发展选择的现实困境与价值转向。20世纪以来，西方发达工业国家因片面追求工业经济价值而造成的环境大损害，深刻地揭示了以满足短期利益为指引的发展道路面临的现实与价值的双重诘难，即人所获取的短期物质利益在一定时间内满足人之发展需要，却构成了人之自由持续性发展的实质阻碍。在此背景下，可持续发展的价值理念应运而生，其强调发展应以人类的根本利益为战略与价值考量，关切发展的真正意义与价值，追问发展的价值原则，要求将发展深入到人之存续和人之自由的问题域。以工具理性为合理性安置的"发展好的"以发展的事实判定为基础，将发展的价值、目的、原则等价值认识排除在外，这就意味着生成"发展好的"的外部刺激是推动、整合发展的短期物质利益。这内在地决定了结果主义式的发展实践安排，并体现为以增进与助长人的直接利益来实现对人之需要的满足。

我们在肯定此种发展安排的积极意义时，更应看到其存在的原生问题与内在困境。鲁道夫·奥伊肯曾深刻地指出，贫瘠荒芜的印记将不可避免地打在以助长和增进人之直接利益为目标的整个文明之上，这种文明必然不能促

---

① 韩立新：《〈穆勒评注〉中的交往异化：马克思的转折点——马克思〈詹姆斯·穆勒《政治经济学原理》一书摘要〉研究》，《现代哲学》2007年第5期。

进人的基本本性获得任何内在的改变与提高。① 这再次强调了以短期物质利益为发展刺激存在的本质弊病，即短期物质利益满足的确定性带来的违背物质发展与人之自由发展应然关系的风险。因此，只有从根本出发，在肯定以短期物质利益为外在刺激存在积极意义的同时，以发展的长远性、综合性矫正其短视主义的弊病，才能使物质发展与人实现自由的应然关系成为发展实践的根本指引，从而使发展既包含着现在，又充满着未来。

概言之，以工具理性为合理性安置的"发展好的"重视工具的现实效用，以就近的利好为驱动并偏好自然主义的选择倾向，这既展示出"发展好的"的现实优势，又构成"发展好的"的内在缺陷，集中体现在发展的最初阶段，"发展好的"所具有的现实优势能使其成为导引发展的必然选择。然而，随着对发展意义的不断反思与追问，最初阶段的必然选择并不等同发展的应然选择的意识逐渐出现并成长。基于这一认识，为发展理念价值排序寻找更优的合理性从而实现对"发展好的"的价值超越成为亟待解决的发展难题。由此，"好的发展"出场。

韦伯在分析合理性的同时，也发出提醒和警告，那就是工具理性已经逐渐遮蔽了应当关注发展的权利、原则、价值、品质与境界的价值理性。"好的发展"首先从导引发展实践的基本逻辑对"发展好的"展开修正。"好的发展"重视从发展本身出发，认为发展是一个价值概念，具有"'向上的'、'进步的'、'好的'方向"②。相对于"发展好的"在实践逻辑上将"可计算的"与"强的"等可用物理手段检视的现实事物视为"好的"，"好的发展"认为真正的"好的"应当是充满着价值意涵的"向上的""进步的"，真正好的发展不是"可计算的发展"，而是发展价值意涵的彰显。因此，"好的发展"以"价值"重构发展实践应遵循的内在逻辑，彻底瓦解了形成"发展好的"合理性的逻辑根基，并指出"发展好的"不是真正通往好的发展之路，以此开启了批判与解构"发展好的"之序幕。

紧接着，"好的发展"紧紧抓住"发展好的"的核心弊病，即因工具理性的极端演绎造成的反过来对控制、支配人的价值漏洞进行反思和批判。其

---

① ［德］鲁道夫·奥伊肯：《生活的意义与价值》，万以译，上海译文出版社1997年版，第34页。
② 孙正聿：《马克思主义基础理论研究》，北京师范大学出版社2011年版，第523页。

从发展的社会历史揭示出发展由人创生的客观事实，指出发展为人推进的基本样态，肯定发展被人需要的一般本相，得出了发展是人之持续性过程的价值认识，擘画了人类创造与追求美好生活的发展历程，确证了使人过上美好生活是发展的集中表达。以发展的社会历史为据，"好的发展"坚定地凸显了靠人发展、为人发展的价值立场。"好的发展"认识到这一价值立场根本规定着发展在何种程度、何种品质、何种境界上使人在服从必然性之下表达自我，建构与发展人之自由本质。这直接反映出"好的发展"所具有的发展意识，即认为好的发展必须是向人的复归，直面人之根本利益，是对人之本质的重拾与解放，是对人之生活世界意义的重新找回与可靠探索。这决定了试图以人对发展的彻底占有来矫正发展对人的支配与统治是"好的发展"内蕴的价值倾向。这也表明"好的发展"与"发展好的"对美好生活的理解及追求方式存在着本质差异。同时，"好的发展"这一发展意识又直接提供了批判"发展好的"的"武器"，主要体现在以下三个"批判"中。

第一，对"发展好的"以短期物质利益为外在刺激追求物质利益与自由占有应然关系时存在的悖论进行彻底批判。这集中体现为"好的发展"将人之根本利益表达为人之自由的彻底实现，由此规定重回物质利益与自由实现的应然关系是发展的核心要旨与根本线索。这意味着促生"好的发展"的外在刺激与"发展好的"存在着不同质性，是以人之根本利益为规定的。并且，在从发展的社会历史确证人之本位的发展立场时，"好的发展"也看到了追求人之自由的彻底实现存在长期性特质，认为这一特质构成了发展具有消解物质利益与人之自由占有悖论的内在性，转而进一步批判了以短期物质利益为催生的"发展好的"存在着忽视发展内在性的弊端。

第二，对"发展好的"采用符号与算法这一充斥着结果论意味的计量式的发展路径安排进行深刻批判。在某种程度上，这一批判表现为上一批判的延伸。发展的长期性特质表明发展的本质是一个过程，进而就意味着发展因其所处阶段的差异性而存在着发展议题、发展条件、发展场域、发展评价等一系列的变化，存在着鲜明的流变性特征，即发展的不确定性。这就揭示出了以精准的计算规定发展的确定性存在着这样的价值倾向，即彻底否认发展因其过程性本质而携带的不确定性。同时，"好的发展"还从追求发展的集中表达，即美好生活的诉求主体与受用主体——人出发，进一步确证了发展的过程性本质，因为人是过程性的存在，"人们的存在就是他们的现实的生活过程"①。由此，"好的发展"深刻批判了"发展好的"采用计量式的发展路径安排存在的对发展确定性与不确定的偏差性认知。

第三，对"发展好的"指认的单向度集中力量"发展强的"的实践选择进行深刻批判。这集中体现为"好的发展"要求以整体性方法论意识把握发展实践，观照发展的整体性特性。具体而言，片面地强调强者发展存在的"木桶效应"已然折射出整体性是发展的固有特性，因忽视发展的整体性而产生"木桶效应"在本质上是对人追求彻底实现自由而面临制约、阻碍的反映，这也披露出人之彻底实现自由的努力是一项整体性工程。与此同时，片面地强调强者发展也是对以人民为中心的发展立场的偏离，因为，以人民为中心的根本指向是发展应面向充满整体性意味的所有人。而片面地强调发展强者则是对人之差异的固化，会导致出现"马太效应"，进而让自由发展成为特定人群的特定事业，其实质是将同类存在的"人"偷换成特定人的存在，造成对人之整体性的解构。

不难发现，"好的发展"是围绕着价值理性与问题域意识展开的对"发展好的"的多重批判，并逐渐建构起具有深邃伦理意涵的发展的逻辑理路与实践进路，即以伦理要求和伦理诉求为内涵的发展才能真正地通往好的发展。这构成"好的发展"理念的价值表达与路径安排。约翰·博德利指出，只关注物质经济的发展，反而会使他们的生活水准被经济发展显著降低，使人人都将被打上发展受害者的标签。② 正是由于只关注经济发展所带来的诸多代价与焦虑，才构成了"好的发展"出场的现实之维。基于此，"发展并非天然合理"的提出为反思发展进程、评价当下发展、规范未来发展提供了价值论的前提。③

但诚如对"好的发展"这一发展理念的批判一般，从其对"发展好的"的批判来看，尽管"好的发展"做到了对"发展好的"价值认识优化，但其未能有效融合"发展好的"的合理性，如强调发展的现实性，而是将其

---

① 《马克思恩格斯文集》（第1卷），人民出版社2009年版，第525页。
② 博德利：《发展的受害者》，何小荣、谢胜利、李旺旺译，北京大学出版社2011年版，第154页。
③ 王玲玲、冯皓：《发展伦理探究》，人民出版社2010年版，第30页。

全盘否定。更为重要的是，通过对"发展好的"的批判，"好的发展"所建立的是不充分的人本主义发展观。这集中表现为过度关注人之发展理想，而忽视人之发展现实。即，"好的发展"只关涉了发展对人的应有价值，而对如何超越人因发展而造成的现实困境弃之不理，从而就决定了"好的发展"在认识、引领和建构发展上的有限性。对于新发展理念的价值排序而言，如何呈现出对"发展好的"和"好的发展"的扬弃与超越，展现先进性和优越性，则是我们在理解和践行新发展理念时需要进行深刻回答的更具有基础性意义的理论问题。

三　研究思路与基本框架

本书的总体研究对象是新发展理念的价值排序与中国实践。在具体内容上，主要聚焦于新时代中国社会主要矛盾变化对新发展理念影响的系统分析；中外发展伦理、发展理念的辨析与梳理；新发展理念的历史唯物主义价值基础研究；新发展理念的实践原则与进路比较，以及马克思主义发展伦理的整体构建。

在展开逻辑上，以考察新时代全面深化改革过程中面临的重大问题，分析社会发展的价值失序现象，对发展问题进行系统描述，在历史与现实、世界与中国的视域中，就新发展理念的价值选择和制度建构展开规范研究为立足点；以马克思主义理论为指导，以伦理学、哲学、社会学等学科为主要研究方法，展开对中西方发展理念的伦理检视和价值梳理，考察各发展理论的价值立场和价值取向，通过比较研究的方式，凸显风险社会中发展问题的重要性为关键点；以结合人与自然、人与社会、人与自我关系的发展向度，梳理发展理念和价值哲学的重要文本，尝试建构当代中国发展理念的价值排序研究，并以最终关涉"人的全面自由的发展"的价值选择作为新发展理念的价值基石为落脚点。

在叙事方式上，本书以问题导向为写作进路，希求将对新发展理念的价值排序与中国实践的系统研究具体化为对一些基础性、核心性、关键性问题和重要问题的开放性探索，每一章都围绕一个重要理论或现实问题展开。对这些理论或现实问题的反思是不断生成的，也是建构性的；在逻辑上是闭环的，在视野上是开放性的。就像发展是"未完成"的，从价值排序视角认识、把握和整合发展理念同样是"正在进行"的。

依据这一研究内容和展开逻辑，本书主要从两个维度展开：一是新发展理念价值排序的基础理论研究，力图从整体性意义上廓清、呈现新发展理念价值排序的多重基础、演进历程、理论前沿、核心要义等关键议题，通过"美好生活"的理论视域进一步体认、确证和把握新发展理念价值排序的优越性、先进性；二是新发展理念价值排序的具体实践研究，以经过价值反思和规范建构的新发展理念为基本视域，力图对新发展理念的具体内容所关涉的现实问题进行价值检视，体现出新发展理念价值排序研究关注现实、切入现实、反思现实、引领现实的理论品质。

本章是第一章，主要起到导论的作用，前提性地阐述三个问题：新发展理念对于世界发展之问的中国回答、价值排序对研究新发展理念的重要性以及本书的基本逻辑、基本思路和基本方法。

在新发展理念价值排序的基础理论研究中，主要包括第二章到第六章共五章内容，从研究基础、演进历程、前沿考辨、核心命题和价值超越等方面展开。

第二章：新发展理念的三重基础。本章主要基于中国特色社会主义新时代的历史方位，分析中国新发展理念如何回应新时代的历史要求和现实要求。根据社会主要矛盾变化的新境遇，以发展"不平衡"与"不充分"为两翼，分析"社会发展"与"人的发展"的内在关系，探索社会主要矛盾变化下的马克思主义发展观变迁的社会基础。立足中国特色社会主义的本质，对比分析各种发展主义的意识形态特质，分析人的需求、人的本质和人的发展之间的内在关系，凸显"公正"和"共享"之价值优先性，确立新时代中国发展的社会主义价值基础。

第三章：新发展理念价值排序的演进历程。发展理念不是一成不变的，这是对待发展理念的基本价值共识。无论从西方发展还是中国发展来看，其发展理念都体现出强烈的阶段性、时代性、发展性特征。本章致力于从时间维度梳理中国发展理念的演进历程，并考究推动发展理念演变的多重依据，从而进一步促进对发展的价值困惑与现实两难的认识和把握，实现对发展问题合法性、合理性、正当性的边界探讨。

第四章：新发展理念价值排序的前沿考辨。前沿性是一种发展理念经由价值排序得以形成的重要基础，体现出对发展的合目的性把握。先进性与优越性是衡量一种发展理念是否具有前沿性的基本标识。本章主要通过检视古典主义发展观、新自由主义发展观，以及发展伦理的发展理念，在批判其存在的诸种弊病的同时，肯定了发展理念应是体现"人是发展的价值轴心"的价值选择学说，进而从判定发展理念优越性、先进性的标准再建构，诠释了何为新发展理念价值排序的前沿性以及这种前沿性如何通过新发展理念体现出来。

第五章：新发展理念价值排序的核心要义。安全与发展是发展理念价值排序中的一对重要范畴，体现了人们关注发展从效率提高、财富积累、经济增长到人的风险社会境遇、安全威胁的感知和全面自由的发展的转向，也体现了对"安全是第一发展""安全是第一伦理"的理性吁求。同时，新时代中国发展面临的一个重要困境是发展成果创造、获取和分配等历时态问题的共时态解决即共享问题，这要求发展理念与共享权利相结合，形成共享权利的自身逻辑和生成机制。本章建基于新发展理念的三重基础及其价值排序的演进历程探索与前沿性考辨，提出"发展""安全""共享"是新发展理念价值排序的核心要义，构成形成新发展理念价值排序的基本线索。

第六章：美好生活的选择悖论与价值超越。实现美好生活是发展的根本价值指向，影响着发展理念的形成。何为美好生活及如何选择美好生活是这一议题需要回答的"前在"问题。本章以美好生活的选择悖论为讨论进路，表明选择悖论是中国特色社会主义新时代社会主要矛盾的缩影，从反向的维度反映了美好生活的可能形态，而新发展理念具有开解美好生活选择悖论的价值潜能和现实能力，从而指明新发展理念是通往美好生活的发展指引，从现实维度刻画新发展理念的优越性、先进性和现实性。

在新发展理念价值排序的具体实践研究中，以五大发展理念的具体内容为指向，融合思维变革、空间正义、生态危机、话语建构和相对贫困等核心问题和范畴，展开专题研究，主要包括以下第七章到第十一章共五章内容。

第七章：创新发展与思维变革。创新作为发展的第一动力，在建设社会主义现代化国家中具有核心地位，它的本质在于思维变革，要不断锤炼创新思维，通过思维变革促进创新发展。本章在厘清、考辨创新发展理念的地位、作用、内涵、实践等问题的基础上，认为创新思维是促进发展的根本思维力量，并对创新发展的当前样态进行深刻把握和系统总结，从多方面探讨了创新发展的提升路径。

第八章：协调发展与空间正义。空间正义是协调发展的一个基础性议题，促进"区域""城乡""欠发达地区"等的协调发展在本质上体现的都是构建"空间正义"的价值理念。本章在确证"构建空间正义是协调发展重要任务"的价值认识和实践指向上，立足于中国特色社会主义新时代的发展现实，考证了空间正义的出场语境、表现形态，分析了协调发展理念下空间正义的多重实现方式。

第九章：绿色发展与生态危机。环境问题是最早引致人们关注的发展理念问题，也是探讨人与自然发展关系的基本问题。本章致力于从"自然破坏力"和"社会破坏力"的双重视角展开对生态危机问题的发展伦理致思，探讨人通过实践与自然相互否定的自悖谬性以及由于缺乏伦理约束而产生的破坏性力量，反思人类在"发展"的社会实践中积累和导致的人为后果，求索绿色发展理念对生态危机的时代开解。

第十章：开放发展与话语建构。历史和现实深刻地表明开放是发展的必由之路。从中国特色社会主义新时代来看，开放发展的时代指向主要是转变话语。本章通过系统梳理开放发展的历史脉络，认为推进高质量的开放发展成为时代新要求。其中，话语权是开放发展的时代吁求，特别表现为推动从参与性话语到制度性话语权建构的时代转变，强调以高质量开放水平建构制度性话语权，做到开放发展与建构话语权的互动互生。

第十一章：共享发展与相对贫困。相对贫困是人与社会发展关系中的重要问题。分配体系中的不平等和对弱势群体的社会排斥使相对贫困日益严重，表现在地域、年龄、性别、精神等方面，并呈现出多层次性、复杂性和拓展性等趋势。本章主要从社会现代化发展和人的全面发展角度对相对贫困予以伦理关怀，重塑对相对贫困人群"生存""尊严"和"自由"的人性尊重和价值观照，体现共享发展理念的价值诉求和实践品质。

第十二章：共同富裕与新发展理念。本章内容是本书结章，主要聚焦新发展理念与共同富裕这一命题。实现共同富裕是社会主义的本质要求，规定了中国发展理念价值排序的基本使命与实践指向。本章主要对"何为共同富裕"与"如何实现共同富裕"两大命题进行回应，通过系统梳理我们对共同富裕的价值认识和促进共同富裕的阶段性实践，指出"经济合理性与伦理合理性如何统一的财富观挑战""财富分配与风险分配如何治理的风险观挑战"与"满足需要与改变需要如何实现的需求观挑战"这三大价值观挑战是新时代证立与实现共同富裕需要解答的前提性问题。这需要以新发展理念引领我们的发展变革，展现新发展理念在应对共同富裕价值观挑战上的生成性、建构性、系统性特征，从而在实现共同富裕的过程中走向社会主义现代化强国建设新征程、走向伟大复兴的中国梦实现之路。

第 二 章

新发展理念的三重基础①

自改革开放以来，中国社会发展在历史方位、社会现实、价值诉求等诸多层面发生了时代性转变，特别是进入新时代，中国社会主要矛盾已经转化为人民日益增长的美好生活需要和不平衡不充分的发展之间的矛盾。这一转化是关系全局的历史性转变，客观地反映了中国现阶段经济社会发展的新特征，彰显了人民美好生活需要在社会发展中的重要地位，凸显出以人民为中心的发展价值观。这一重大判断阐明了中国未来发展中亟待解决的核心问题，强调了新发展实践中的价值指向，澄明了新发展理念的理论与现实意义，对新发展理念的时代背景、社会渊源与现实基础提供了重要依据，对全面、深入落实新发展理念提出了更高要求。新的发展实践需要新的发展理念作为先导。时代要求我们必须要对发展的动力、原则、方法、策略和目标等进行全新的思考与定位。习近平总书记在党的十八届五中全会上提出了创新、协调、绿色、开放、共享的新发展理念，并以之引领社会发展实践，这是对转变发展方式、突破发展瓶颈、厚植发展优势的有力回应，也是对广大人民追求和实现美好生活的积极探索。新发展理念这一重要的党的理论创新建基于时代基础、社会基础与价值基础相统一的重要基点之上。

一　新发展理念的时代基础

历经四十多年的改革开放实践，中国在取得巨大发展成就的同时，所处

---

① 该章部分内容以《新发展理念的三重基础》为题发表在《红旗文稿》2019 年第 12 期。

的时代环境也发生了深刻变迁，这种变迁可以从党和国家对社会主要矛盾的转化论断中得以观见。社会主要矛盾的新论断是对世情与国情变化的一种重要观念写照与理性定位。

就国际形势而言，首先，从国际社会发展大势来看，当今世界是开放的世界，经济全球化将世界各国联结成为相互融通的有机整体，没有哪一个国家能游离于世界之外而独自应对人类面临的各种风险和挑战。邓小平曾深刻指出："总结历史经验，中国长期处于停滞和落后状态的一个重要原因是闭关自守。经验证明，关起门来搞建设是不能成功的，中国的发展离不开世界。"[1] 努力构建起相互尊重、公平正义、互利共赢的新型国际关系，是世界各国的共同愿景。每一个国家和地区都在特定的发展时期具有自身发展的优势和不足，唯有坚持以更加开放的胸怀和宽阔的视野，积极推进与世界各国的合作伙伴关系，在发展中做到求同存异、合作互惠，扩大利益交汇点，构建起总体稳定、均衡的国际发展环境，才能协调各方利益，实现由不平衡向平衡的转变，发挥优势、补齐短板。多元开放、相互融通、合作共赢的时代浪潮，既为中国发展创造出前所未有的历史机遇，同时也带来了诸多风险和挑战。一方面，"经济低迷成为全球经济新常态"[2]。自2008年国际金融危机后，世界经济发展进入了一个较长的调整期，而在这一调整期之中，世界经济在整体上呈现出增长乏力、各类风险挑战持续性增加的发展特征，如发达国家和新兴市场出现严重的内部分化，难以恢复到金融危机之前那般内部趋向统一的集合体。动荡不稳成为国际市场的突出特点，世界经济发展动力不足、社会贫富差距加剧、生态环境问题、安全问题持续蔓延，增加了世界未来发展的不稳定性与不确定性。另一方面，全球治理体系发生深刻变化。"上世纪90年代以来，'治理'作为一种讨论公共秩序问题的新话语首先在西方国家迅速兴起，成为公共问题理论与实践中最受关注的概念之一。"[3] 随着经济社会的不断更迭发展，治理理念与全球治理体系都发生了深刻变革。从全球治理格局来看，以中国为代表的新兴大国群体逐渐打破了

---

[1]　《邓小平文选》（第3卷），人民出版社1993年版，第78—79页。

[2]　李高东：《历史唯物主义视域下五大发展理念研究》，中国矿业大学出版社2017年版，第25—26页。

[3]　李洋：《西方治理理论的缺陷与马克思治理思想的超越》，《哲学研究》2020年第7期。

由西方国家主导的全球治理话语，中国日益走近世界舞台中央，其所倡导的治理理念对全球治理格局的重构不断产生重要影响。从全球治理的时代背景来看，信息化已成为基本发展趋势，由信息化引发的全球数字性革命对原有的全球治理体系形成了重大挑战。

其次，和平与发展仍旧是当前世界的时代主题，而要发展就必然离不开科技创新的引领支撑，科技创新同时也是世界发展的重要潮流。一个国家要想在时代浪潮中做到抵御风险并牢牢掌握发展的主动权，就必须要拥有强大的科技力量。当下，科技发展与创新在发展形态和速度上已发生了根本性变革。总的来看，"集成电路、基础软件、通信网络、互联网应用、信息处理等主要领域和关键环节的核心技术取得整体突破，科技创新从单点突破演变为体系化推进"。"云计算、大数据、物联网、移动互联网深度融合，推动信息处理与应用模式的根本性变革。网络、平台、业务、内容和终端的相互促进，开辟了技术扩散、知识共享的新方式，大大缩短了科技创新的周期，设备和技术更新换代之快前所未有。"① 同时，世界各国抢占科技制高点的国际竞争越演越烈。资本、技术、人才、信息等创新要素在全球的流动速度加快。面向世界科技前沿、聚焦世界科技重大问题、面向发展与安全，努力在基础理论与原始创新领域实现新突破是世界各国抢占科技制高点的核心内容。习近平总书记在中国科学院第二十次院士大会、中国工程院第十五次院士大会、中国科协第十次全国代表大会上指出，"要加强原创性、引领性科技攻关，坚决打赢关键核心技术攻坚战。要强化国家战略科技力量，提升国家创新体系整体效能。要推进科技体制改革，形成支持全面创新的基础制度。要构建开放创新生态，参与全球科技治理。要激发各类人才创新活力，建设全球人才高地"②。

总之，创新是引领科技发展与社会进步的第一动力，唯有把创新摆在首要位置，才能更好应对时代环境的新变化，做到不断增强发展动力，占据发展的制高点和引领发展的新常态。纵观当今世界，新一轮科技和产业革命蓄

① 李高东：《历史唯物主义视域下五大发展理念研究》，中国矿业大学出版社 2017 年版，第 29 页。

② 习近平：《在中国科学院第二十次院士大会、中国工程院第十五次院士大会、中国科协第十次全国代表大会上的讲话》，《人民日报》2021 年 5 月 29 日第 2 版。

势待发，重大颠覆性技术不断涌现，科技成果转化速度加快，产业组织形式和产业链条更具复杂性，科技、制度、理论、文化、生态等领域的创新对经济社会发展产生越来越重要的系统性影响，创新能力决定着一个国家在国际竞争中所处地位。面对这样的国际形势，尤其是在应对全球性问题时，秉持共商共建共享的全球治理观、积极参与全球治理体系改革和建设成为题中之义。承担大国责任，贡献中国智慧和中国力量，这是时代赋予中国特色社会主义的历史使命。

从中国社会内部发展的时代语境来看，中国特色社会主义进入新时代，社会主要矛盾的转化充分说明在历经四十余年的高速发展之后，中国社会生产力发展和综合国力都已经发生了质的跃迁，人民的物质文化生活水平获得了长足改善。但同时，应当明确一个共识，那就是当前的发展仍旧是一种"未完成"的发展。

一方面，经济发展与科技进步共同助力社会生产力显著提高，中国经济发展进入新常态，这是新发展理念得以形成的重要时代基础。总的来看，作为最大的发展中国家，中国已成功解决了十几亿人的温饱问题，已经解决现行标准下的绝对贫困问题，全面建成小康社会，共同富裕得到稳步推进，迈向全面建设社会主义现代化国家新征程。"经济发展进入新常态，是我们综合分析世界经济长周期和我国发展阶段性特征及其相互作用作出的重大判断"①，它体现出"常道"与"变道"辩证统一的基本特征。其中，经济发展进入新常态带来的深刻变化突出地表现为："一是增长速度从高速转向中高速；二是发展方式从规模速度型转向质量效率型；三是经济结构调整从增量扩能为主转向调整存量、做优增量并举；四是发展动力从主要依靠资源和低成本劳动力等要素投入转向创新驱动。但在这些深刻变化的同时，中国经济也有不变的一面。主要表现也是四个方面：一是中国经济发展长期向好的基本面没有变；二是中国经济韧性好、潜力足、回旋空间大的基本特质没有变；三是中国经济持续增长的良好支撑基础和条件没有变；四是中国经济结

---

① 《习近平关于社会主义经济建设论述摘编》，中央文献出版社 2017 年版，第 88 页。

构调整优化的前进态势没有变。"① 可以说，经济发展新常态是对中国经济发展阶段性特征的客观反映和创新表达。它的客观性就在于不以人的意志为转移和尊重发展规律、体现发展必然性，所代表的是中国经济发展实现了向形态更高级、分工更优化、结构更合理阶段的时代转变，要求我们以"新常态"所表征的现实逻辑和价值逻辑把握我们的发展现实，不断推进高质量发展；它的创新性则在于根据中国的国情，创新思维方法，变革发展模式，大力推进制度创新、科技创新、产业创新、人才创新，深化实施供给侧结构性改革，以改革推动结构调整、以创新推动转型升级，使创新成为引领经济平稳增长的关键动力。

认识、适应和引领经济发展新常态是新发展理念重要的形成背景。在经济发展新常态的"变道"与"常道"之中，可以清楚地看到，中国发展依旧处于大有作为的重要战略机遇期，但这一重要战略机遇期的内涵、特征、条件等发生了深刻变革，对经济发展方式和经济结构提出了新的时代要求。

"新时代与重要战略机遇期的耦合迫切需求发展理念的革新。"②首先要深度强化自主创新。经济发展新常态是中国经济高质量发展重要的样态呈现，高质量发展必须依靠创新驱动的内涵式增长。习近平总书记指出，大力提升自主创新能力，尽快突破关键核心技术是关系中国发展全局的重大问题。我们不仅要利用好集中力量办大事的制度优势、超大规模的市场优势、完备体系的产业优势、企业数量众多的主体优势、开放包容的环境优势，在推动自主创新攻关的同时，有效促进创新成果转化为现实的社会效益；也要强化资金投入和高端人才引进、培养高精尖的创新团队、深度改革创新制度和环境，充分释放人才潜能，深度推动创新的基础理论研究和实践转化同行并轨，着力打造自主创新的人才优势。其次，深度强化协调发展，建构完善的内需体系。经济发展新常态的一个重要指向即是需要形成完善的内需体系，使生产、分配、流通、消费更多依托国内市场，以完善的内需体系升级产业链、供给链和创新链。城乡之间、东中西部之间的协调发展是建构完善

---

① 陈理：《深刻理解把握新发展理念的由来、内涵和要义》，《当代世界与社会主义》2021 年第3 期。

② 刘淑文：《新发展理念的时代方位和传承创新》，《山东社会科学》2021 年第 6 期。

的内需体系的重要推动力。中西部和广大的农村地区具有巨大的消费潜力和消费市场。加快中西部和农村地区的发展，提高群众的收入水平，进而促进他们消费能力的提高、实现美好生活，是建构完善的内需体系需要深刻发思的重要内容。再次，深度推动高水平对外开放。经济发展新常态需要更好地利用国内国际两个市场、两种资源。对外开放是我们的基本国策。长期以来的发展实践已充分证明对外开放是推动我们富起来、强起来的正确道路。但对外开放不是一成不变、固定僵化的，随着发展阶段、发展环境、发展条件不断深化、优化是它根本的实践质性。面对变化快速、风险陡生、竞争激烈的国际环境，需要以高水平对外开放打造国际合作和竞争新优势，推动对外开放打开新格局。最后，深度构建以共建共治共享为内在要求的社会治理制度。经济发展新常态的形成离不开稳定的国内发展环境，这有赖于完善共建共治共享的社会治理制度。共建共治共享在本质上所体现和所要求的就是共享发展。

另一方面，推动形成新发展格局需要以新发展理念为引领。继中共中央政治局常务委员会会议首次提出"充分发挥我国超大规模市场优势和内需潜力，构建国内国际双循环相互促进的新发展格局"[①] 后，习近平总书记在全国政协十三届三次会议经济界联组会上正式指出，要"逐步形成以国内大循环为主体、国内国际双循环相互促进的新发展格局，培育新形势下我国参与国际合作和竞争新优势"[②]。发展理念是发展行动的先导，起到管全局、管根本、管方向、管长远的指导作用，新发展格局的形成需要以先进的、优越的发展理念为引领。以创新、协调、绿色、开放、共享为基本内涵的新发展理念符合中国国情，顺应时代要求，对破解发展难题、增强发展动力、厚植发展优势具有重要价值，是我们对求索人之美好生活所做出的具有高位格品质的时代努力，加速形成新发展格局需要以新发展理念为实践引领。

新发展格局不是随意提出的，它是"根据我国发展阶段、环境、条件变

---

① 《中共中央政治局常务委员会召开会议——分析国内外新冠肺炎疫情防控形势 研究部署抓好常态化疫情防控措施落地见效 研究提升产业链供应链稳定性和竞争力》，《人民日报》2020 年 5 月 15 日第 1 版。

② 《坚持用全面辩证长远眼光分析经济形势 努力在危机中育新机于变局中开新局》，《人民日报》2020 年 5 月 24 日第 1 版。

化提出来的"①。我们在外部环境上面临着百年未有之大变局,国际环境错综复杂,新矛盾新挑战新风险不断滋生,产业链、供应链本土化、区域化,单边主义、保护主义等逆全球化现象不断出现。新冠肺炎疫情的全球暴发更使国际格局风云诡谲。世贸组织在 2020 年 4 月发布的年度《全球贸易数据与展望》报告中强调,"考虑到'史无前例的'疫情对全球经济影响的不确定性,今年全球贸易缩水幅度可能超过 2008 年国际金融危机时的水平"。同时,我们的国内发展环境也发生了深刻的时代变化:一方面,中国经济由高速增长阶段转向高质量发展阶段;另一方面,社会主要矛盾转化为人民日益增长的美好生活需要和不平衡不充分的发展之间的矛盾。面对世界百年未有之大变局和发生深刻变化的国内发展环境,我们坚定不移地以新发展理念为引领,不仅开创了高水平对外开放的新格局,也取得了深度推进高质量发展和满足人民美好生活需要的新成就。

从社会发展现实来看,截至 2020 年,中国人均国内生产总值连续两年超过 1 万美元②,城镇化率为 63.89%③,中等收入群体超过 4 亿人④。在 2021 年上半年,最终消费支出增长对经济增长贡献率为 61.7%⑤,且居民消费能力、消费结构、消费环境、消费意愿呈现出明显的提升、优化、改善和提高。这不仅反映出内需特别是消费对经济运行的压舱石作用明显,也显示出国内超大规模市场和内需的潜力巨大。在深刻践履新发展理念的过程中,中国创新驱动发展势头强劲。根据世界知识产权组织发布的 2020 全球创新指数报告,中国的创新指数位于全球第 14 位,是唯一进入全球创新指数前 30 名的中等收入经济体。城乡以及东中西部的协调发展打开新局面。2020年,我国农村人均居民可支配收入增长 6.9%⑥,实际增长 3.8%⑦,两者的增长率保持着连续快于城镇居民的可喜势头。生态文明建设持续推进,特别是生态保护和污染防治取得新的成效,"绿水青山就是金山银山"理念成为

---

① 《正确认识和把握中长期经济社会发展重大问题》,《人民日报》2021 年 1 月 16 日第 1 版。
② 参见国家统计局《2020 年国民经济和社会发展统计公报》。
③ 参见住建部新闻发布会 2020 年数据。
④ 参见国家统计局《2020 年国民经济和社会发展统计公报》。
⑤ 参见国家统计局《2020 年国民经济和社会发展统计公报》。
⑥ 参见国家统计局《2020 年国民经济和社会发展统计公报》。
⑦ 参见国家统计局《2020 年国民经济和社会发展统计公报》。

经济发展的重要导引，并在实践中转化为了巨大的社会综合效益。对外开放、共享发展也不断迈向更高水平，开拓新格局。

总之，深刻践行新发展理念为建构新发展格局提供了重要基础，我们要加快进度、拓展深度，有效促进这一基础向形成新发展格局聚焦发力。仍然需要清楚认识的是，贯彻落实新发展理念是一个长期且充满着变化的过程，发展安全和安全发展成为我们在践行新发展理念、推动高质量发展过程中的重要实践议题。与此同时，中国发展不平衡不充分这一问题依旧突出，创新能力、创新质量与经济高质量发展的要求、需求之间的适配性低，城乡区域在打开协调发展新格局的同时，发展差距和收入分配差距仍旧较大，农业基础的稳固性不足，以生态环保和绿色经济为核心的生态文明建设任重道远，社会治理和民生保障存在着强弱项、补短板的现实需求，要求更高质量、更加公正、更有效率、更可持续、更加安全地将发展成果惠及全体人民。加速形成新发展格局就是对上述问题重要的实践回应，从根本上体现了新发展理念的实践趋向。

新发展格局对发展安全的实践诉求也在客观上延展了新发展理念的基本内涵。安全是我们人类历来所追求的具有基础意义的伦理价值，也构成衡量发展重要的价值标准。我们需要统筹好发展与安全两件大事，有效防范各类风险连锁联动。就发展与安全的关系而言，这首先表现为发展本身就是一个安全问题。从邓小平的"不发展经济，不改善人民生活，只能是死路一条"到习近平总书记的"发展是解决我国一切问题的基础和关键"一系列重要论述，无不体现着发展根本关系到国家与人民的安全，发展是硬道理，能对安全起到保障和保卫的根本作用，需要依靠发展应对来自世界其他国家的发展敌意。其次，表现为需要把握住、解决好发展中的安全问题。可以说，在发展之中一直都存在着安全问题，只是安全问题在发展的不同阶段有着不同风险系数。诚如风险社会理论家乌尔里希·贝克所指出的，"生产力在现代化进程中的指数式增长，使风险和潜在自我威胁的释放达到了前所未有的程度"①。安全问题也愈发成为现代社会发展之中的重要显性问题。"发展就是

---

① ［德］乌尔里希·贝克：《风险社会：新的现代性之路》，张文杰、何博闻译，译林出版社2018年版，第3页。

硬道理"到"发展改革稳定",再到"统筹发展与安全"这一发展理念的时代变化就蕴含着处理好发展与安全辩证关系的鲜明问题意识。

加速形成新发展格局是在来自世界和自身的各类风险日益错综复杂,并不断叠加出现的发展环境中,准确识变、科学应变、主动求变,以统筹发展与安全两件大事,求索更可持续、更为安全的发展的重要实践。这将在客观上把"安全发展"深刻地融入发展理念之中,深度开掘出新发展理念现有基本内涵的潜在意指,即通过创新、协调、绿色、开放、共享建构出安全发展的实践可能。因此,加速形成新发展格局的发展实践需重视新发展理念的价值引领。

总之,社会存在发生的诸多时代性变迁,必然引起广大人民社会意识的相应转变。步入中国特色社会主义新时代,人民群众的美好生活需要日益广泛,这种广泛性不仅反映在物质文化生活层面,同时也反映在民主、法治、公平、正义、环境、安全等维度。立足于时代发展的新起点,中国发展既要充分尊重实际国情,做到一切从实际出发,同时,又必须要具有开放的世界视野,紧跟时代步伐,在时代的发展浪潮中保持有利之势。在尊重和认可时代变化的同时,应积极确立与之相适应的新发展理念,因为"发展理念是否对头,从根本上决定着发展成效乃至成败"①。新发展理念立足于历史基础与现实问题的结合,揭示出发展实践中包含的困惑、误区、冲突及尚未解决的问题,进一步回答了在新时代、新矛盾、新形势下要实现何种发展、怎样发展和为谁发展的时代课题。

二 新发展理念的社会基础

历史唯物主义认为,生产力和生产关系之间的矛盾、经济基础和上层建筑之间的矛盾构成社会的基本矛盾,这一基本矛盾规定着社会发展的基本结构,推动着社会发展由低级走向高级。在生产力、生产关系和上层建筑三个要素中,生产力是最活跃、最革命的因素,是社会发展的最终决定力量。在社会基本矛盾的发展推动下,社会的主要矛盾以及其他诸多矛盾和社会需要

---

① 《习近平谈治国理政》(第2卷),外文出版社2017年版,第197页。

都会随着时代的发展进步而变化。"物质生活的生产方式制约着整个社会生活、政治生活和精神生活的过程。不是人们的意识决定人们的存在,相反,是人们的社会存在决定人们的意识。"① 自新中国成立以来,党领导全国人民自力更生、艰苦创业,积极推进工业化建设,使社会生产力和人民物质文化生活水平得到显著性发展,取得了历史性成就,至改革开放前夕,中国已初步改变了一穷二白、贫穷落后的社会面貌。历经改革开放四十余年的高速发展,中国的 GDP 增长了 200 多倍,对世界经济增长贡献率超过 30%,成为全球第二大经济体。科技创新引领社会生产力实现跨越式提高,多项技术已步入世界领先行列。较之于改革开放之初,中国社会的物质生活水平得到了极大改善,国际地位和影响力不断攀升,实现了由站起来、富起来到强起来的伟大飞跃。社会生产力的巨大发展、物质条件的极大丰殷,带来的是以经济、政治、文化、社会、生态等诸多方面发生历史性变革为基础的社会主要矛盾的发展转向。正是基于如此社会背景,新发展理念应运而生。

其一,以创新发展解决发展动力问题。动力即事物运动和发展的推动力量,从本质来看,"动力是蕴含在理论和实践深处的逻辑起点"②,在"以创新发展解决发展动力问题"这一议题中,首先需要回答的是为何需要创新发展?创新是引领社会发展的第一动力,发展的速度、效能与可持续性的提升直接取决于创新能力的提高。"回顾近代以来世界发展的历程,可以清楚地看到,一个国家和民族的创新能力,从根本上影响甚至决定国家和民族前途命运。"③ 自 18 世纪以来,科学技术的不断创新与革命引发了多次工业革命,也带动着世界经济发展中心的转变。发端于英国的以机械化为主要内容的第一次工业革命,使英国成为传统的世界经济霸主。而以电气化为主要内容的第二次工业革命,为美国带来了前所未有的发展机遇,并使美国取代英国成为世界经济发展中心。由美国引领的以信息化为主要内容的第三次工业革命进一步加速了美国的经济与社会发展,夯实了美国的经济基础和国际地位。日本、韩国、新加坡、中国香港等众多国家和地区利用信息化革命的发

① 《马克思恩格斯文集》(第 2 卷),人民出版社 2009 年版,第 591 页。
② 刘新庚、黄力:《培育和践行社会主义核心价值观的动力源》,《求索》2020 年第 2 期。
③ 孙业礼:《新时代新阶段的发展必须贯彻新发展理念》,《马克思主义与现实》2021 年第 1 期。

展契机，也实现了自我的发展蜕变，成为世界重要的经济发展中心。可以说，抓创新就是抓发展，谋创新就是谋未来。同时，就当前发展现实与发展趋势来看，经济社会的发展越来越依赖于理论、制度、科技、文化等领域的全面创新，国际竞争新优势也越来越体现在自主创新能力上。如何具有引领发展的可能和如何引领发展都取决于创新能力。正在开启和经历的以人工智能为主要内容的第四次产业革命，其根本特征就是重大颠覆性技术的创新成果不断涌现。

根据国家统计局资料显示，中国创新驱动继续增强，新产业、新业态、新模式发展较快。截至 2020 年，中国创新驱动指数为 239.1，比上年增长 18.1%；工业战略性新兴产业增加值比上年增长 6.8%，快于规模以上其他工业 4.0 个百分点；高技术制造业增加值比上年增长 7.1%，比规模以上工业增加值增速快 4.3 个百分点，通过电子商务交易平台销售商品和服务的"四上"企业占比为 11.07%，比上年提高 0.55 个百分点。[①] 但与之同时存在的是，中国创新能力不强，科技发展水平总体不高，科技对经济社会发展的支撑能力不足，科技对经济增长的贡献率远低于发达国家水平。在建设社会主义现代化强国阶段，如果继续以高消耗、高投入的粗放型发展模式驱动经济的高速增长，就势必会积累更多难以解决的发展弊病，加剧不平衡不充分的不利发展态势，导致社会发展的和谐性与可持续性的最终丧失。因此，转变发展模式、创新发展动力是扭转不平衡不充分发展困境的关键所在，也是实现经济社会高质量发展的基本内容。

其次，需要回答好何以创新发展？创新发展的动力源于发展需要。从根本上来看，对这一问题的解答关键在于全面精准地把握创新发展理念。习近平总书记指出，创新是一个复杂的社会系统工程，涉及经济社会各个领域。[②] 即，创新是涉及经济、政治、文化、社会、生态各个领域的系统性工程，坚持创新发展，既要有系统性全局性的视野，又要把握核心矛盾，做到明确重点、紧抓关键，以突破重点环节带动全局发展，使局部发展与整体发

---

① 上述相关数据均参见国家统计局《2020 年我国经济发展新动能指数持续快速增长——国家统计局统计科学研究所所长闾海琪解读 2020 年我国经济发展新动能指数》。

② 《习近平关于社会主义经济建设论述摘编》，中央文献出版社 2017 年版，第 35 页。

展相互促进，形成良性互动。在当前形势下，必须要以科技创新为引领、以人才创新为支撑，应对发展环境变化，转变发展模式，创新发展动力，在发展实践中不断创新发展观念与发展方式。努力使创新贯穿于党和国家的一切工作，统筹推进理论、制度、科技、文化等多方面、全方位的系统性创新，以此推进优质高效、健康永续的科学发展。

其二，以协调发展解决发展不平衡问题。协调是平衡各方矛盾、挖掘发展潜力、破解难题、补齐短板的根本性措施，通过协调局部和整体、当前和长远、主要矛盾和次要矛盾的关系，作出最有利的战略抉择。唯物辩证法认为，事物是普遍联系的，发展的各要素之间相互联系、相互影响，构成了事物发展的有机整体。当各发展要素之间的不协调性持续积累时，发展就会因失去平衡而止步不前。这意味着"协调不仅是一种统筹方法，更是和谐的发展状态。作为一种发展状态，协调注重各有机体之间的相互联系，是辩证法规律的当代诠释，旨在通过发展格局、发展内涵、发展方式与发展阶段的辩证统一实现整体性、平衡性发展。协调发展就是基于物质文明与精神文明、眼前利益与长远利益、整体与部分系统性之上的一种'动态平衡'"①。从中国特色社会主义的建设历程来看，协调发展历来是我们所倡导和遵循的重要发展理念。早在中国特色社会主义建设初期，邓小平就曾提出，"现代化建设的任务是多方面的，各个方面需要综合平衡，不能单打一"②。随着改革开放的不断推进，邓小平再一次鲜明地提出社会主义物质文明与精神文明两手都要抓，两手都要硬的发展遵循。江泽民对社会主义现代化建设过程中必须处理好的十二个带有全局性的重大关系的强调，在本质上所体现的就是要把握好发展的整体性与协调性。胡锦涛在科学发展观中则指明了必须坚持全面可持续的发展。发展的可持续性正是协调发展的重要内容。党的十八大提出的中国特色社会主义事业"五位一体"总体布局，进一步体现了我们对协调发展的认知深化。《中华人民共和国国民经济和社会发展第十四个五年规划和 2035 年远景目标纲要》再次提出，"十四五"时期经济社会发展必须遵循坚持系统观念的重要原则，以解决好发展存在的不协调问题。当前，

①　杨生平：《新发展理念的科学内涵与实践路径研究》，首都师范大学出版社 2021 年版，第 45 页。
②　《邓小平文选》（第 2 卷），人民出版社 2001 年版，第 250 页。

中国发展不平衡、不协调、不可持续的矛盾集中反映在城乡之间、地域之间、经济与社会、经济与生态、物质文明与精神文明等多重发展的矛盾之中。

因此，在经济发展取得历史性成就的今天，我们必须要更加注重发展的协调性和整体性，协调好不同区域、不同发展要素之间的关系，提升发展的整体效能，通过协调发展，使一系列长期积累的失衡矛盾逐渐获得转变和化解，着眼于提升社会整体水平的立体式综合性发展。如在区域问题方面，要充分发挥各地区间的比较与互补优势，促进生产力优化布局，通过推进"一带一路"建设、京津冀协同发展、长江经济带发展等途径，缩小地区发展差距。逐渐打通开放式区域发展新格局。在城乡问题上，要加快形成以工促农、以城带乡、工农互惠的城乡一体化关系，促进城乡资源的均衡配置，不断缩小城乡发展差距。在经济建设、文化建设、国防建设等领域，要建立全要素、多领域、高效益的深度融合发展格局，注重实现发展的协调性、平衡性和兼容性。通过协调质量和效益间的关系来解决好发展不平衡不充分的难题，在"发展好的"与"好的发展"二者间做到统筹兼顾，不断满足人民日益增长的多元化美好生活需要，推进人与社会的全面发展。

其三，以绿色发展解决人与自然和谐问题。习近平总书记指出，"绿色发展，就其要义来讲，是要解决好人与自然和谐共生问题"[①]。人与自然是一种共生性关系，对自然的过度利用和征服，最终必然会危及人类自身，人类社会的任何发展都必须要以尊重自然、顺应自然和保护自然作为根本前提。经济增长固然重要，但若以过度消耗自然资源为成本，以积累加剧生态环境问题为代价，发展就必然会走向歧路，当各类环境污染呈现出高发之势，生态问题集中爆发之时，人民的美好生活就必然会面临前所未有的威胁和挑战。只有始终坚持绿色发展的原则，通过资源节约、环境友好的发展策略推动生态文明建设，使人自身的发展与环境的改善达到良性平衡，才能让美好生活的实现与人的全面发展建立在天蓝水秀、山青地美的中国沃土之上。

具体来看，"绿色发展指的是以资源节约、环境友好、生态保育为主要

---

① 《习近平总书记重要讲话文章选编》，中央文献出版社2016年版，第394页。

特征的发展，绿色发展是在传统发展基础上的一种模式创新，是建立在生态环境容量和资源承载力约束条件下，将环境保护作为实现可持续发展重要支柱的一种新型发展模式"①。以绿色发展解决人与自然和谐共生问题，对人类中心主义的发展观念提出了深刻批评。"人类中心主义，或人类中心论，是一种以人为宇宙中心的观点。它的实质是一切以人为中心，或一切以人为尺度，为人的利益服务，一切从人的利益出发。"② 它在肯定人类作为发展主体的同时，有意地忽视并抹杀了人对自然的依赖性和自然对人类的"报复性"。土地荒漠化以及西方发达国家在上个世纪发生的因片面追求经济发展而导致的光化学烟雾事件等，敲响了反思人与自然之关系的警钟。绿色发展理念即要求重新认识人与自然及发展的关系，强调通过揭示和把握人与自然及发展之间的联系必然性，从而建构出符合三者客观规律的发展路径。

　　坚持绿色发展，必须要树立大局观、长远观、整体观，切忌寅吃卯粮、竭泽而渔，做到对自然取之有度、用之以时，将节约资源和保护环境作为基本国策。此外，坚持绿色发展理念不是对经济发展"非此即彼"的一种对立思维，还可以创造出许多新的经济增长点和民生增长点，实现金山银山与绿水青山的互通转换，为人民的日常生活带来诸多福利。随着物质生活水平的不断改善，人们对环境、健康、安全、饮食、居住等日常生活问题的关注越来越强烈。推进绿色发展，实现自然资本的增值，广大人民才能吃得放心、住得舒心、活得称心，从而切切实实感受到经济发展给自身带来的利益和福祉，增强人民群众对新时代美好生活的认同感和获得感。

　　其四，以开放发展解决发展内外联动问题。对外开放是我们在长期发展中总结出的重要经验，也是我们的基本国策。改革开放四十多年来所取得的发展成就离不开对外开放。经济全球化的发展潮流决定着开放发展的不可逆性。历史地看，"中国的开放历经了从 1.0 时代到 4.0 时代的伟大突破。以党的十一届三中全会为开端，我们进入了试点先行的开放 1.0 时代，重点解决如何打开国门走向世界的问题；开放 2.0 时代则以邓小平南方谈话的'政

　　① 李高东：《历史唯物主义视域下五大发展理念研究》，中国矿业大学出版社 2017 年版，第 166 页。

　　② 余谋昌：《走出人类中心主义》，《自然辩证法研究》1994 年第 7 期。

策引导'为突破口，重点解决要不要继续扩大开放的问题；开放 3.0 时代是以'体制性开放'为特征的加速转换时期，重点解决全方位对外开放与国际接轨的问题；开放 4.0 时代以'主动布局'为特征，实现了从被动顺应到主动开放的转变。"① 《中华人民共和国国民经济和社会发展第十四个五年规划和 2035 年远景目标纲要》强调，坚持实施更大范围、更宽领域、更深层次对外开放，依托中国大市场优势，促进国际合作，实现互利共赢，建设更高水平开放型经济新体制。这一系列的开放发展变化，不仅意味着我们在开放的深度、广度、节奏上的深度推进，以及从参与性话语权到制度性话语权的深刻转变，也意味着应对外部经济风险、维护国家经济安全压力的重要变化，要求我们在开放中要做到准确识变、科学应变、主动求变。同时，更为根本的是，开放发展的系列变化体现出我们对发展理念的深化认识和更迭升级。

对于我们而言，如何为发展创造和谐稳定的内外环境、解决好内外联动的问题，是当下中国需妥善处理的关键性问题。当今世界更加开放多元，国际合作和竞争局面日益复杂。一方面，推动全球治理体系改革和构建人类命运共同体已成为不可逆转的世界大势，世界多极化和国际关系民主化成为必然趋势，进一步提高开放的质量和发展的内外联动性，是深入推进对外开放的基本之策。另一方面，国际力量的对比和博弈正发生前所未有的变化，西方发达国家在经济、科技、政治、军事上的优势地位尚未完全改变，保护主义、霸权主义等强权政治因素还始终存在，形成更加公正合理的国际政治经济秩序依然任重道远。今天，我们所具备的开放发展的大环境比以往任何时代都更为有利，但同时又必须要清醒意识到，我们所要应对的外部经济风险和维护国家经济安全的压力也在不断增长。虽然我国已成为世界第二大经济体，货物进出口总量、对外直接投资和外汇储备等都已步入世界顶尖行列，但"我国对外开放水平总体上还不够高，用好国际国内两个市场、两种资源的能力还不够强，应对国际经贸摩擦、争取国际经济话语权的能力还比较

---

① 杨生平：《新发展理念的科学内涵与实践路径研究》，首都师范大学出版社 2021 年版，第 53—54 页。

弱，运用国际经贸规则的本领也不够强，需要加快弥补"①。坚持开放发展，就是要通过坚持互利共赢的开放战略，充分发挥内因与外因的联动作用，协调好内部投资与外部投资、内部发展与对外开放之间的互动关系，加强内外融通，发展更高层次的开放型经济，以扩大开放带动创新、推动改革、促进发展，为人民提供充裕的可选择方式、满足人民对美好生活的向往，为新时代发展实践营造出良好的内部与外部环境，持续推动国内外市场不断深入拓展。

其五，以共享发展解决社会公平正义的问题。"人类在有限而脆弱的地球应当如何共同幸福生活"② 是发展的最基本问题，这个基本问题中的"共同"暗含了成果的"共享"，它是"共同生活"的主题，是"幸福生活"的前提。③ 共享发展理念是我们对"如何取得发展"与"发展之后获取了什么利益"的当代回答。从内在结构来看④，共享发展首先内含着发展的全面性要求。发展并不是一个可以脱离社会系统而孤立的过程，应当从社会进步的历史进程和社会生活各个领域的相关作用场和坐标系中确定发展的本质。共享发展基本的文化态度应是整体发展、多样共存与生态和谐，单向度的 GDP 增长并不代表全方位的社会成长。单向度发展是一种缺乏否定、批判与超越能力的发展方式，这一发展方式过多关注物质生产力的极大增长、财富的无限积累，将人的需要、情感、选择、自由等价值以及对环境容量的考虑等置于资本逻辑的演绎之中。其次，共享发展内含着发展的可持续性要求。发展并不是一个只着眼于当下的发展却不兼顾未来社会发展能力的短期行为，应当在整个人类历史的演进过程中结合历史维度与人本维度来把握发展的本质。共享发展力求达成以人为本、人与自然和谐共生的社会共识。最后，共享发展坚持质量与效率并重原则，它关注发展的价值导向，蕴含更多的社会内涵，如经济增长的稳定性与持续性、政治制度的合理安排与运行、社会财富的公平分配、自然环境的可持续性发展等，进一步强调系统内部要

---

① 《习近平谈治国理政》（第 2 卷），外文出版社 2017 年版，第 199 页。
② 林春逸：《发展伦理初探》，社会科学文献出版社 2007 年版，第 171 页。
③ 张彦、洪佳智：《论发展伦理在共享发展成果问题上的"出场"》，《哲学研究》2016 年第 4 期。
④ 关于共享发展理念内在结构的讨论具体参见张彦、顾青青《共享发展：当代发展伦理的中国表达》，《思想理论教育》2016 年第 7 期。

素的优化与整体结构的完善。

从核心指向来看,共享发展坚持以人民为中心的发展思想,体现逐步实现共同富裕的要求。坚持共享发展,就是要把握好、解决好经济发展与公平正义间的关系问题,在把"蛋糕"做大与做好之间取得良性平衡。实现共同富裕,让人民群众共享发展成果,是社会主义的本质要求。在改革开放之初,我们将推动经济快速增长放在一切工作的中心位置,更加注重把经济发展的"蛋糕"不断做大,而相对忽视了社会分配的公平正义性,这种片面追求经济增长的发展思路也导致了贫富差距拉大、收入分配不均、城乡发展失衡等诸多矛盾的积累。进入中国特色社会主义新时代,广大人民的主体性意识日益增强,人们美好生活的实现与社会公平正义之间的内在关联愈益紧密,只有公平正义的问题得到了合理解决,广大人民作为实践主体的积极性、能动性和创造力才能被充分调动,人民才会拥有更多的获得感和幸福感,社会发展才能获得更加充足的动力,美好生活才会建立在更为坚实的基础之上。坚持共享发展,就是要充分尊重广大人民实践主体和价值主体的双重地位,实现共建与共享的内在统一,作出更有效的制度安排,稳步推进共同富裕,推动经济社会发展与人自身发展的双向互动,让新时代中国特色社会主义制度的优越性得到更为鲜明的体现。

三　新发展理念的价值基础

新发展理念作为对中国发展实践公共性的、科学合理的、系统全面的表达,是一种面向全人类共同福祉和共同价值目标的具有建设性的行动方案。这一理论创新是"整体性"和"现实性"的多元结合,彰显中国特色理论、制度、道路和文化的社会公共价值逻辑。新发展理念基于以人民为中心的根本价值立场、公平正义的优先性价值原则和共享发展的价值实践,集中反映出党对经济社会发展规律认识的深化和中国当前社会发展的客观需要与人民群众的利益诉求,是针对中国社会主要矛盾转化和发展中的突出问题所提出的有效策略。"历史的进步是以生产力的发展为基础,但生产力的发展并不是历史发展的终极目标和进步的尺度……历史进步的终极尺度是人的自由、解放的实现。人的自由解放是历史发展的目的性价值。"① 创新、协调、绿色、开放、共享的新发展理念的本质目标，就是要在经济社会发展步入新时代后，依据社会各方矛盾的新形势、新变化做出有效的调整和改变，从而更加充分地适应时代社会发展的多元需要，实现人的本质实现和自由全面发展。人民是社会发展的实践主体和价值主体，是否利于广大人民美好生活的实现是评判社会发展是否"足够好"的价值标尺。美好生活归根结底是由人民创造和由人民共享的美好生活，人民对生活的满意程度是评判发展好坏、生活是否美好的根本标准。因此，新发展理念表达实现共同富裕、推进社会公平正义的价值诉求，其实质是要将人民作为一切发展的价值落脚点。以人民为中心，就是要突出广大人民在社会发展中的主体性地位和作用，将这一价值立场切实贯彻在经济社会发展的各个环节，给予人的需要、人的发展和人的本质的实现以更高的尊重与关注。

首先，促进人的发展是马克思主义的根本价值禀赋。马克思主义认为，人是一种过程性的存在，"总是处于生成的过程之中，现实的人永远不会满足于已有的规定性，它通过他自己的活动创造和生成自己的历史，又在自己创造历史活动中追求新的规定性，不断地向着'应是'行进"②。即，"人是一种从不满足于既有存在，总是追求未来理想存在的一种存在，这通常被称作人的'形而上学'本性"③。这意味着人是现实性与超越性并存的一种存在，人的发展是不断超越现实性的规定，获得超越性的过程。从实质上来看，这指的是"人的本质力量的发展，是人的本质力量从弱到强、从潜到显、从粗糙到深刻、从被动到主动、从片面到全面的生成和发挥过程"④。在马克思看来，人的发展存在随着实践发展存在阶段之分。其中，人的依赖关系是人之发展的第一个历史阶段。在这一历史阶段中，由于生产力低下，为了生存和抵抗来自于自然的威胁，人们不得不结合成一种共同体，依靠共

---

① 孙正聿等：《马克思主义基础理论研究》，北京师范大学出版社 2011 年版，第 535 页。

② 曹清燕：《思想政治教育目的研究：基于马克思主义人学视角》，中国社会科学出版社 2011 年版，第 194 页。

③ 《高清海哲学文存》（第 1 卷），吉林人民出版社 1996 年版，第 142 页。

④ 曹清燕：《思想政治教育目的研究：基于马克思主义人学视角》，中国社会科学出版社 2011 年版，第 195 页。

同体的力量实现自我保存、延续以及对外在风险的抵抗。个体依附并依赖共同体是人在这一发展阶段的基本特征。这种共同体往往具有强烈的血缘性和政治性，前者表现为以"血缘关系"为形成条件，后者表现为以"统治—服从"关系为形成基础。因此，人在这种共同体中的发展是一种被特定社会关系所挟裹的具有极低自由性的发展，"虽然个人之间的关系表现为较明显的人的关系，但他们只是作为具有某种［社会］规定性的个人而互相交往，如封建主与臣仆、地主和农奴等等，或作为种姓成员等等，或属于某个等级等等"①。他们对美好生活的认识、诉求都建立在被外在强制规定的基础上。

人之发展的第二个历史阶段是以物的依赖性为基础的人的独立性阶段。经济关系与商品交换（货币关系）是人在这一历史发展阶段所具有的根本实践特征。人的发展也因这一实践特征而表现出深刻的片面性。"工场手工业把工人变成畸形物，它压抑工人的多种多样的生产志趣和生产才能，人为地培植工人片面的技巧。"② 机器大工业的生产使人异化成机器的奴隶，听由机器的摆布。人也与他自身以及由他所生产出的产品相异化，"工人生产得越多，他能够消费的越少；他创造价值越多，他自己越没有价值、越低贱；工人的产品越完美，工人自己越畸形；工人创造的对象越文明，工人自己越野蛮。"③ 在这一历史阶段中，人由于发展的片面化和产生的发展异化，决定着其增强本质力量的有限性。马克思通过总结人之发展的前两个历史阶段指出，"建立在个人全面发展和他们共同的社会生产能力成为他们的社会财富这一基础上的自由个性"是人之发展的第三阶段，也是人之发展的应然趋向。自由而全面的发展是人在这一发展阶段中的总特征，每个人的自由全面发展是一切人自由全面发展的提前和基础。人在这一发展阶段摆脱了"人的依赖"和"物的依赖"，成为真正意义上的个体与共同体辩证统一的存在，并自愿结成"自由人的联合体"。各种社会关系不再成为异己的存在，相反是人表达和建构自由本质的重要体现。人对美好生活的认识、把握和建构也随着人之自由本质的占有而得以成为一种自由的实践活动。

---

① 《马克思恩格斯全集》（第 46 卷上），人民出版社 1979 年版，第 110 页。
② 《马克思恩格斯全集》（第 23 卷），人民出版社 1972 年版，第 399 页。
③ 《马克思恩格斯全集》（第 42 卷），人民出版社 1972 年版，第 92 页。

　　促进人之发展作为马克思主义的根本价值禀赋，依赖于对人之发展实现的把握和深度促进这一发展现实向实现人之自由全面发展转变。马克思主义高度重视现实个体的生存发展需要，认为人类作为社会发展的实践主体，首先就需要获得吃喝住穿等最为基础性的生活资料，因此，人们开展的第一个历史活动就是为满足自身需要而进行的物质生产活动，即生产物质生活本身。正是为了满足最初的现实生存需要，人才有了生产和劳动的需要，并在此过程中使自身的本质力量得以发挥和表达。可见，人既是一切社会发展的发起者和实施者，是实践主体，同时，又是这一过程的价值归属者，是价值主体。此外，人民的美好生活需要又是一个具有历史性的不断发展过程，"已经得到满足的第一个需要本身、满足需要的活动和已经获得的为满足需要而用的工具又引起新的需要，而这种新的需要的产生是第一个历史活动"①。一定时代的美好生活需要推动着人们创造出一定程度的美好生活条件，但新的生活现实又总是会产生出更高品质、更多层次的生活需要，也正是在这种美好生活需要的不断产生与满足的往复运动中，人的本质力量才得到了充分彰显、确证和实现。

　　其次，体现世界发展理念由"重物"到"厚人"的价值转变进程。发展理念是对发展的哲学诠释，指的是对发展总的看法和根本观点。自第二次世界大战结束以后，国外主流发展理论大体经历了如下演进历程：从战后初期到 20 世纪 60 年代末，发展理论主要围绕"经济增长"而展开，将工业化作为促进社会发展的根本动力。这一发展理念的形成建基于对发达国家的发展经验总结，认为只有促进经济发展，才能实现经济社会的繁荣、发展和人民生活质量提升。在这一发展观念的影响下，经济增长和国内生产总值（GDP）成为衡量一个国家、一个社会发展的第一甚至唯一标准，从而奠定了以 GDP 增长论英雄的发展传统。时至今日，唯 GDP 论在一些国家、地区仍旧具有重要影响。发展的"实践证明，以经济增长为核心的发展观，对促进经济增长、迅速积累财富起到了积极作用。但是，由于经济增长并不能体现收入分配的改善和社会结构的改善，不能反映技术进步的变化，并没有给人们带来所期望的福祉，相反，却出现了高增长下的分配不公、两极分化、

---

　　① 《马克思恩格斯文集》（第 1 卷），人民出版社 2009 年版，第 531—532 页。

社会腐败、政治动荡、环境污染和生态破坏。学术界将这种现象归纳为'有增长无发展'、'无发展的增长',在理论上确认了发展与增长之间的差异"①。探索出一种发展与增长正相关的新发展理念被提到发展的重要日程上。

从 20 世纪 60 年代末到 70 年代末,以社会结构转型为背景,形成了"社会综合"发展理论,其更加注重社会发展的系统性和综合性。20 世纪 70 年代初,罗马俱乐部发表了《增长的极限》这一研究报告,并在报告中提出了"零增长"的重要观点。它强调一种有限性观点,认为地球、资源、人类活动空间以及地球吸纳消化污染的能力都是有限的,因此可以用一定的指数来代表。而我们的人口增长、粮食生产、投资增长、环境污染和资源消耗就具有按指数增长的性质,因而将在某个时期达到地球、资源、人类活动空间等的指数极值,出现增长的极限。尽管对于"零增长"这一认识各持争议,但关于发展的人口、资源、环境与能源等问题首次得以进入经济发展领域,并引发其与经济发展相关性的重要讨论。在随后提出的各类发展理念中,人口、资源、环境与能源等问题始终占据重要地位。在 20 世纪 70 年代后期,人们进一步深化了对于经济增长与发展之关系的理论认识,认为发展应当是经济社会各方面综合协调发展的系统工程,为衡量发展建构一整套包含经济、社会、环境、生活、文化等多重指标在内的综合性价值评价体系成为这一时期讨论发展的社会热潮。但遗憾的是,这种强调发展综合性的价值理念忽视了时间的向度,关注的是现时态的发展即当代发展,而未涉及未来的发展和发展的未来。

从 20 世纪 80 年代初到 80 年代末,这一时期的发展理论主要强调人在社会发展中的主体地位和文化价值的重要性,核心是要确立以人为中心的综合发展观。这一发展理念的主要代表为法国经济学家弗朗索瓦·佩鲁,他在《新发展观》一书中强调:"发展同作为主体与行为者的人有关,同人类社会及其目标和显然正在不断演变的目的有关。"② 这一发展理念的提出旨在对由片面强调经济增长而形成的"发展主义"论调进行批判与超越。对于

---

① 《发展观的历史沿革和发展——国际上的几种发展观》,《求是》2004 年第 5 期。
② [法] 弗朗索瓦·佩鲁:《新发展观》,丰子义等译,华夏出版社 1987 年版,第 2 页。

异化人与发展关系以及发展的发展主义，阿里夫·德里克曾提出深刻批判，"我采用的术语是'发展主义'（developmentalism），以区别于'发展'一词，并强调，这是一种意识形态导向，其特征是对发展的拜物教。或者说，这是崇拜某种自然（甚至可以说是'神圣'力量）发展的拜物教；但凡有人要抵抗或质疑这种拜物教，就会被贬为鼓吹社会停滞或贫困。……过去一百年间，尤其是自二战以来，在不同的政治面貌下，'发展'这一意识形态已成为驱动全球社会的根本力量之一，并且还展开了新的维度。过去三十年间，它吸纳了新自由主义的诸多立论，以至于到今天，'全球化'和'发展'这两个词几乎成了同一历史进程的称谓。全球化进程与发展联系在了一起，这是当下的'发展'意识形态的新矛盾。"① 以人为中心的综合发展观即是要确立人之发展的中心位置，强调发展应当是在依靠人、为了人的价值立场上指向人、自然、社会之间的协调进步。

20世纪80年代后，产生了可持续发展理论，这一理论强调人的全面发展是社会发展的终极价值核心，同时更加注重经济、政治、文化、生态等协调发展对于人与社会发展的重要作用。从具体内容来看，可持续发展理论一方面坚持的是发展必要性，认为只有发展才能解决贫困、生态环境、社会发展和人的需要等众多问题。另一方面，可持续发展理念从时间维度上为发展规定了限度，强调了发展的代际公平，认为人类的发展是一个连续不断的过程，后代人拥有与当代人相同的生存权和发展权，当代人必须给后代人的生存和发展留下其必要的物质、环境等资本，使其拥有实现美好生活的客观条件。

不难发现，在世界发展理念的这一变迁过程中，人与发展的关系不断得以修正，以人为本的发展理念基本成型，如何在时空上满足人之发展需要成为实现发展的本质要求与价值目标。新时代新发展理念的提出，就是要将人的需要、人的发展和人的本质的实现作为社会发展的最终价值归属，将发展的价值落脚点重新还原到现实的人本身，为人的自由全面发展（美好生活的需要）创造充分条件。

---

① 转引自杨生平《五大发展理念：中国特色社会主义的新发展观》，《中国特色社会主义研究》2017年第2期。

最后，不断彰显新发展理念价值的中国实践。创新、协调、绿色、开放、共享的"新发展理念基于现阶段生产力发展水平和主要矛盾的分析，既是对社会现实的冷静思考，又是对未来发展方向的一种合理筹划，更是一种高瞻远瞩的智慧，根植于'以人民为中心'的发展理念"①。创新对社会发展动力问题的解决在本质上即是要求实现"创新驱动"。尽管中国经济总量稳居世界第二位，但发展方式具有相对滞后性，这集中体现为，我们长期以来主要依赖的是"高投入、高消耗、高污染、低技术、低效益"的粗放型发展方式。"据测算，我国每创造 1 美元的 GDP 所消耗的能源相当于美国的 4.3 倍、日本的 11.5 倍。我国能源利用率仅为美国的 26.9%、日本的 11.5%。粗放型发展方式也造成环境污染。由于不加节制地排放污染物，以致空气、植被、河流、土壤等被严重污染，威胁人们的生存环境。"② 在经济发展进入新常态的新的历史发展阶段，加快转变发展方式，以"创新驱动"提高发展质量是我们当下的发展重心所在。

协调发展与共享发展在现实维度上表达的是实现共同富裕的发展目标。根据国家统计局数据显示，中国城乡和地区发展差距呈现出持续缩小的发展样态。但与之相对的是，区域、城乡之间经济社会发展差距依然很明显。西部欠发达地区的人均收入远低于东部发达地区人均收入的一半。因此，就现阶段而言，"发展不平衡不充分的主要矛盾是共同富裕的主要挑战"③。这种不平衡不充分的发展也影响着不同地区的社会治理和公共服务能力，从而反过来成为影响共同富裕实现的阻滞因素。

绿色发展治理在发展之中出现的人与自然之间的失衡性关系，其重要的实践指向是保证人与发展的可持续性。生态环境的持续好转是我们持续践行绿色发展的重要体现。据相关数据显示，2020 年，"节能降耗取得较大成效，全年单位 GDP 能耗下降，天然气、水核风光电等清洁能源的消费量占能源消费总量的比重比上年提高了 1 个百分点。环境质量也明显改善，全年全国 337 个地级及以上城市 PM2.5 浓度比上年下降 8.3%。水环境方面，

---

①　杨生平：《新发展理念的科学内涵与实践路径研究》，首都师范大学出版社 2021 年版，第 80 页。

②　成龙：《全面创新：建设现代化世界强国的根本逻辑》，《中州学刊》2019 年第 5 期。

③　陈新：《马克思主义财富观下的共同富裕：现实图景及实践路径——兼论对福利政治的超越》，《浙江社会科学》2021 年第 8 期。

1940 个国家地表水考核断面中，水质优良（Ⅰ‒Ⅲ类）断面比例提高了 8.5 个百分点"①。绿色经济、绿色生活成为我们经济发展的亮色。

内外联动是我们在发展生产力的长期过程中认识和总结的重要经验。推动高水平的对外开放是适应发展新形势、新阶段、新格局的必然要求。当下，"我国已成为世界货物贸易第一大国、服务贸易第二大国、吸收外资第二大国地位，设立了 21 个自由贸易试验区，形成特色鲜明的差别化试点任务"②。"十三五"期间，加快构建更高水平开放型经济新体制，推动形成全面开放新格局被我们作为重要战略加以部署、推进，充分展现了开放发展理念的前瞻性。

进入中国特色社会主义新时代，人民在社会发展中的主体性地位和作用日益突出，广大人民的思想得到不断解放，人们对美好生活的向往更加迫切，公平正义也在社会发展中发挥出越来越重要的作用。在新时代，通过发展实践带领全体人民不断创造美好生活，让改革发展成果更多更公平惠及全体人民，不断推进共同富裕，是时代赋予党和国家的历史使命。创新、协调、绿色、开放、共享的新发展理念的提出，就是要通过不断深化改革，推进创新驱动，提高经济发展质量和效益，更加充分地满足人民群众不断发展的各种需要，从而为人民的安居乐业和国计民生提供更丰富、更高质量的物质财富和精神财富。

总之，以人民为中心构建美好生活的根本原则关涉人们在发展实践中的获得感、幸福感和社会认同感的有效形成和稳固持存。新发展理念彰显出以人民为中心的发展价值立场，将不断满足人民美好生活需要作为价值诉求，表达维护社会公平正义、逐步实现共同富裕的时代要求，指明了新时代中国发展的价值理想与实践路径，为深入推进改革实践提供了鲜明的价值引领。

当前，中国正处于由中等收入国家向高收入国家迈进的阶段，改革实践已步入深水区攻坚期，国际经验表明，这一时期是诸多矛盾集中爆发的时期，发展不平衡不充分的难题不可回避，要继续推动经济社会的健康和谐发展，就必须要构建起更加科学、高效、协调、健康的发展模式，解决好政

---

① 相关数据参见国家统计局局长宁吉喆就 2020 年全年国民经济运行情况答记者问。

② 《开放是推动高质量发展的必由之路》，《人民日报》2020 年 10 月 22 日第 2 版。

治、经济、文化、社会、生态等领域产生和积累的新矛盾、新问题，做到补齐短板，为发展增强后劲。在新的实践环境下，我们要转变高投入、高消耗的粗放型发展模式和片面追求经济增长的价值观念，在巩固和厚植已有发展优势的基础上，扭转发展不平衡不充分的弊端，以更高品质和效益的发展实践引领经济社会的永续进步，为美好生活的不断实现创造更加充分的条件。

质言之，新发展理念建基于时代基础、社会基础和价值基础的共同塑造。把握发展的时代境遇、社会变迁和对发展认识的价值更迭，是我们探索发展合理性的根本体现。从文化生成视角来看，时代的、社会的和价值的变革是一种新型文明得以创生的基本条件。时代基础、社会基础和价值基础相统一的新发展理念，不仅关乎诸如何以发展、如何发展、发展应然等现实的与价值的发展问题，同时更指向着一种新发展文明观的价值创造。

第　三　章

新发展理念价值逻辑的演进历程①

　　"发展理念，是人们长期形成的关于发展的理性观念，是人们在发展实践中形成的某种趋向性自我意识，它与人们致力于发展的行为模式相契合，是发展实践的精神导向。"② 自改革开放以来，中国社会发展理念历经多次价值排序的更迭演进，为不同历史阶段的发展实践提供了方向鲜明的理论与实践指引。在社会发展的每个阶段，一般都会有多种发展理念并存，但在众多发展理念中总是会有一种或几种占据支配地位的"核心理念"引领社会发展，为发展实践提供最基础的价值支撑。对社会发展理念进行价值排序，就是要按照各种发展理念在社会图谱中的优先次序来确定其价值序位，尤其是在面临冲突之时，明确何者居于相对优先的地位，从而确定引领社会发展的"核心理念"。在社会发展中，通过价值排序所确定的"核心理念"不仅能够起到"充任社会整合的精神纽带，承当社会发展深层的合法性根据，并以此凝聚社会资源，规范社会行为，形成社会共识，从而保证整个社会维持一个理性的发展方向并生成一种健康的精神气质"③ 的作用，同时，还可以有效避免多种价值理念相互分裂、相互冲突的局面，规避发展实践因缺乏明确的价值导向而陷入多重内耗的风险。

---

① 该章部分内容以《论改革开放以来中国发展理念价值排序的演进依据》为题发表在《浙江社会科学》2018 年第 7 期，以及张彦编著《发展观决定发展道路》第一、二章相关内容，浙江大学出版社2020 年版。

② 郭凤海、王春雨：《唯物史观视野下的新发展理念及其当代价值》，《马克思主义哲学论丛》2016 年第 4 期。

③ 贺来：《"价值清理"与"价值排序"——发展哲学研究的中心课题》，《求是学刊》2000 年第5 期。

在新时代，确立以创新、协调、绿色、开放、共享为基本内涵的新发展理念具有重要作用和重大历史意义。新发展理念与以经济建设为中心、发展才是硬道理、可持续发展观、科学发展观既一脉相承又与时俱进，既是对中国建设与改革经验的深刻总结，又是对国际社会实践经验与发展理论的合理借鉴，集中反映了中国共产党对经济社会发展规律认识的深化，是对中国当前发展中的突出矛盾和问题做出的理论回应。新发展理念这一理论创新是历史与现实、国内与国际、发展与安全的有机结合，具有深厚的历史依据、理论依据和现实依据，系统解答了在新的历史阶段要实现"什么样的发展""怎样发展"价值排序的核心问题。

一　新发展理念价值逻辑演进的历史依据

在社会发展实践中，不同发展时期会有与此阶段相适应的发展理念及其所认定的价值排序原则，比如经济优先的原则、尊重主体的原则、人与自然和谐共生的原则、公平正义的原则等。"价值排序与社会文化背景、与历史经验和未来预期、与具体的行动情境是密切相连的。"① 发展理念价值排序的原则不是一成不变的，而是会根据社会条件与发展需求的变化而变化。在每一个发展阶段，一般都会有多种发展理念并存。"一个新理念的确立，总是同旧理念的破除相伴随的，正所谓不破不立。贯彻落实新发展理念，涉及一系列思维方式、行为方式、工作方式的变革，涉及一系列工作关系、社会关系、利益关系的调整，不改革就只能是坐而论道，最终到不了彼岸。"② 在社会转型的特殊时期，各种新旧发展理念相互交织、竞相并存，都在显示着各自的价值意义、价值原则与价值取向，很多时候也会相互碰撞、彼此冲突，这时就必须要对当下社会的矛盾属性、历史方位、发展阶段、发展任务与发展目标等多重条件、发展要素等进行科学清晰的判断和结构化分析，根据不同的价值原则对各发展理念进行选择和排序，确定最符合、最适应当下社会发展的发展理念，明确其在发展总体系中的优先地位，统领社会发展

---

① 张彦：《价值排序与核心价值观》，浙江大学出版社 2017 年版，第 112 页。
② 《习近平谈治国理政》（第 2 卷），外文出版社 2017 年版，第 221—222 页。

全局。

历经四十余年的改革开放实践，中国面临的国内国际形势与环境均发生了巨大变化。当前，世界正处于百年未有之大变局，机遇与挑战并存，我们做好当前和今后一个时期对外工作具备很多国际有利条件，中国正处于近代以来最好的发展时期。一方面，我们所处的历史方位和社会现实发生了重大改变，这集中表现为社会主要矛盾的本质、属性和特征发生了历史性的转变。另一方面，经济全球化将世界各国紧密联系在一起，国际经济合作和竞争局面正发生着深刻变化，"经济全球化遭遇挫折，地缘政治热点此起彼伏，持续不断，非传统安全威胁持续蔓延，单边主义、保护主义愈演愈烈，全球治理体系和多边机制受到严重冲击，全球治理体系变革的紧迫性越来越突出"①。中国的发展既要立足当下国情，从本国的实际状况出发，同时又必须要放眼世界，给予国际环境与发展大势以积极关注和主动作为。按照唯物史观社会存在决定社会意识的观点，作为一种意识观念，发展理念必然要随着社会存在的诸多变迁而发生价值转向，为新的发展实践提供更加科学的引领。

首先，当代世界的发展实践与发展理念的演进，对新发展理念的提出有着重要的借鉴意义。自第二次世界大战结束以后，国外主流发展理论大体经历了由注重经济发展转向重视人的自由全面发展，由注重经济增长转向注重人与自然、人与社会协调全面发展的过程，总体上可视为由"贵物轻人"转向"以人为本"，由追求片面发展转向追求全面、协调、系统和可持续发展的过程。在这一过程中，追求什么样的发展是人们关于发展观念之争的核心。德内拉·梅多斯与乔根·兰等人认为，一种真正的好的发展应当是"合理的持久的均衡发展"，需要以系统性和综合性的发展来超越只追求经济增长的单一性发展。第二次世界大战结束后，以工业化作为社会发展的根本动力已经显现出众多弊端，我们将要失去"春光明媚的春天"②。这一发展理念被托达罗和佩鲁等人吸收并加以改造。在托达罗看来，"应该把发展看为

---

① 仇华飞：《习近平推进和引领全球治理体系变革理论与实践研究》，《陕西师范大学学报》（哲学社会科学版）2021 年第 1 期。

② 参见［美］蕾切尔·卡森《寂静的春天》，熊姣译，商务印书馆 2020 年版。

包括整个经济和社会体制的重组和重整在内的多维过程。除了收入和产品的提高外，发展显然还包括制度、社会和管理结构的基本变化及人的态度，在许多情况下甚至还有人们的习惯和信仰的基本变化。"① 对此，佩鲁指出，以人为中心的发展才能真正体现发展的价值与意义。基于此，佩鲁提出了一种新的发展观。他认为，发展是"整体的""综合的""内生的"②，"发展的前提是人们之间以商品和服务、信息和符号为形式的交往"③，注重促进共同体中每个成员个性的全面发展。④ 从而，人的全面发展和价值实现是发展应当追求的根本目标。尽管佩鲁提出的新发展观实现了将定义发展的基点由物质增长变革为人的发展与价值的实现，但能从时间维度上对人的发展进行价值规定。因此，联合国世界环境与发展委员会强调，我们的发展应当是既满足当代人的需求又不危及后代人满足其需求的发展。当代中国的发展从这一国外发展理论的演进、深化过程与发展经验中获得了重要启示。

其次，就个体与共同体的发展关系而言，当代世界发展理念也发生了由"个体淹没于整体"到"个体与共同体有机统一"的转变。传统社会发展理念更多地强调"每个人的义务都取决于其在共同体中的位置和角色，而非其独立自主的价值"⑤。随着现代启蒙理性的兴起，"个体"的价值和地位日渐凸显，传统的发展理论也逐渐转向和关注公共精神。启蒙理性以社会契约和公共理性为基础，注重对个体自由意志和发展权利的保护，倡导"每一个人对每一种事物都具有权利"⑥。然而，这种过于强调个体性的启蒙理性也加剧了诸多现代性弊病的凸显，理性权力的膨胀致使社会分化、价值虚无、生态恶化等现代性危机频发。如何跳出普遍理性的窠臼，回归超越个体性的人之类性？马克思提出了"自由人的联合体"：在"真正的共同体"中，"人不是在某一种规定性上再生产自己，而是生产出他的全面性"⑦，真正达成共同意志的认同与共享关系的实现，扬弃资本主义社会"使人的世界分解为

① ［美］托达罗：《经济发展与第三世界》，印金强译，中国经济出版社1992年版，第50页。
② ［法］弗朗索瓦·佩鲁：《新发展观》，丰子义等译，华夏出版社1987年版，第2页。
③ ［法］弗朗索瓦·佩鲁：《新发展观》，丰子义等译，华夏出版社1987年版，第12页。
④ ［法］弗朗索瓦·佩鲁：《新发展观》，丰子义等译，华夏出版社1987年版，第22页。
⑤ 孙向晨：《双重本体：形塑现代中国价值形态的基础》，《学术月刊》2015年第6期。
⑥ ［英］霍布斯：《利维坦》，黎思复译，商务印书馆1996年版，第99页。
⑦ 《马克思恩格斯文集》（第8卷），人民出版社2009年版，第137页。

原子式的相互敌对的个人的世界"①，使"虚假的共同体"转变为"真正的共同体"，将人与人之间的敌对竞争关系转变为个体与共同体间的真实自由与全面发展关系。

为此，当代社会发展理论以共同善的价值追求为道德共识，强调无论是人性的提升、自由的拓展，还是人的自由而全面的发展，都是以共享作为必要的实现方式。德尼·古莱认为，"发展就是提升一切个人和一切社会的全面人性"②。在马克思阐述的异化关系中，发展成果作为一种物凌驾于人的价值之上，它"在承认人的假象下，无宁说不过是彻底实现对人的否定而已"③。在这种关系中，人们感受到的只能是相对被剥夺感和共同感的缺失，而不是幸福的获得感以及自我肯定的尊严感。而在共享状态下，发展实践以维护个体的尊严作为价值规范和指引。个体在共同体中进行独立创造并做出独特贡献，同时按实际贡献来获得经济社会改革发展成果，在实践中有更多获得感。正如古尔德所言："每一个人都承认另一个人的自由并且都是为了提高另一个的自由而行动的。"④

再次，就发展的价值立场而言，尽管不同的发展理论所呈现的价值立场和价值排序各不相同，研究者们都从各自的视角探究发展的合理性与价值所在，却又都不约而同地指向了发展的综合性、包容性、整体性与公平性。德尼·古莱将发展视为全面人性的实现，包括最大限度的生存、尊重与自由，认为这是"美好生活"的主要内容，也是整体发展的首要价值。在他看来，生存、尊重和自由三种价值之间存在着密切关系："如果生命没有某种程度的尊严，它显然是不值得持续的。如果完全缺乏尊重或者生活朝不保夕，真正的自由是不可能的。说生命存在着所以人们能使生命有意义，这不是同义反复；生命既是实现一切人类价值的前提，本身又是这些价值的条件。生活得好是生活的最终理由，因此，一切其他价值是美好生活的手段。"⑤ 阿马

① 《马克思恩格斯文集》（第1卷），人民出版社2009年版，第54页。

② ［美］德尼·古莱：《发展伦理学》，高铦等译，社会科学文献出版社2003年版，第8页。

③ 《马克思恩格斯全集》（第42卷），人民出版社1979年版，第113页。

④ ［美］古尔德：《马克思的社会本体论：马克思社会实在理论中的个性和共同体》，王虎学译，北京师范大学出版社2009年版，第143页。

⑤ ［美］德尼·古莱：《残酷的选择：发展理念与伦理价值》，高铦、高戈译，社会科学文献出版社2008年版，第118页。

蒂亚·森认为，发展是人类提高自我选择能力、扩大选择活动范围、实现人的全面自由的过程。包容性发展理论将发展的全面、平等与公正视为发展的核心价值，强调发展主体的全民参与、发展内容的全面完整、发展过程的机会均等与发展成果的利益共享。阿马蒂亚·森"基本能力平等"的观点尤其注重关注穷人和弱势群体，认为他们沦为社会底层的现实就在于可行能力被剥夺，即"免受困苦——诸如饥饿、营养不良、可避免的疾病、过早死亡之类——的基本的可行能力，以及能够识字算数、享受政治参与等等的自由"[①] 被剥夺。发展的公平性强调在追求经济业绩的同时，不能忽视和剥夺个体及弱势群体的自由选择和谋求发展的能力和权利。

对此，当代社会发展理论更加强调在发展中保障各阶层尤其是弱势群体共同参与现代化建设的权利与能力，最大限度保障社会个体的生存权利，实现获得生存与发展机会起点的平等、机会实现过程的平等与结果平等的统一，"在社会的所有部分，对每个具有相似动机和禀赋的人来说，都应当有大致平等的教育和成就前景。那些具有同样能力和志向的人的期望，不应当受到他们的社会出身的影响"[②]。因此，当代社会发展理念强调个体在平等参与的过程中有平等的机会使自己先天的或者后天的各种能力得到全面、充分的发展，逐渐使自己从承担局部生产职能的单向度个体到适应极其不同的社会需求，满足社会发展对异质性、多样化要求的全面个体，这是人的现代化的实现过程，也是人的生存方式与发展状态的深刻转型，更是提高社会个体共同建设现代化能力的过程。

纵观国际社会发展理念的演进历程，不难发现，人作为社会发展的实践主体与价值主体，其获得自由全面发展的需要日益受到全世界范围的广泛关注，因此，帮助人获得全面自由的发展就成为社会发展最为核心的共同价值目标。当代社会发展伦理所要面对的两大古老的哲学问题——"什么是好的生活"与"我们应当如何生活"——是我们必须要深入探讨的两大核心问题，同时也是对"如何取得发展"与"发展之后获取什么利益"作出的当

---

① ［印］阿马蒂亚·森：《以自由看待发展》，任赜，于真译，中国人民大学出版社 2002 年版，第 30 页。

② ［美］约翰·罗尔斯：《正义论》，何怀宏，何包钢，廖申白译，中国社会科学出版社 1988 年版，第 69—70 页。

代回应。创新、协调、绿色、开放、共享新发展理念的提出，是对当代世界发展理论精髓的借鉴与吸收，其目标就是要将人的需要、人的发展，以及人的本质的实现作为新时代社会发展的价值归属，为人的自由而全面的发展，以及人与自然、人与社会的和谐发展创造条件。面对当代中国的发展现状，新发展理念的出场有助于澄清中国发展中存在的误区，这不仅是对当代中国发展伦理困境的理性反思，也是对中国特色社会主义本质的深刻认知，同时，为在全面深化改革的历史背景下迈向共同富裕的社会主义现代化国家中国未来发展之路提供了重要指引。

改革开放四十多年来，中国社会发展理念的价值排序在立足基本国情的基础上，充分借鉴和吸收国际社会发展理论和实践经验，历经了与国际社会大体相似的一个过程。党的十一届三中全会后，以邓小平为核心的党中央第二代领导集体，在科学总结中国建设发展经验教训的基础上，对中国社会主要矛盾进行了全新的认识和判断。党的十一届六中全会进一步将中国社会的主要矛盾和根本任务科学界定为："在社会主义改造基本完成以后，我国所要解决的主要矛盾，是人民日益增长的物质文化需要同落后的社会生产之间的矛盾。党和国家的工作重心必须转移到以经济建设为中心的社会主义现代化建设上来，大力发展社会生产力，并在这个基础上逐步改善人民的物质文化生活。"① 生产力落后是这一时期中国社会最本质、最突出的社会现实，解放生产力、改善人民的物质文化生活是党和国家最直接、最迫切的历史任务。因此，坚持把经济发展放在最优先地位，将"以经济建设为中心"作为统领改革全局的"核心发展理念"，是中国社会发展的必然选择。正是在"以经济建设为中心"的指引下，党和国家果断抛开姓"社"与姓"资"的抽象政治争论，大胆进行社会主义市场经济建设，从而彻底改变了中国社会的命运。

在将工作重心转移到社会主义现代化建设上来之后，选择何种方式来实现经济快速发展的问题就历史地摆在了党和国家的面前。1992 年，邓小平指出："计划多一点还是市场多一点，不是社会主义与资本主义的本质区别。

---

① 中共中央文献研究室：《三中全会以来重要文献选编》（下），人民出版社 1982 年版，第785—786 页。

计划经济不等于社会主义，资本主义也有计划；市场经济不等于资本主义，社会主义也有市场，计划和市场都是经济手段。"① "发展才是硬道理" "计划和市场都是手段，社会主义也可以搞市场经济" 论断的提出为社会主义市场经济建设奠定了认识基础。这一发展理念的提出是党和国家在历史转折时期根据国内国外发展形势所做出的科学判断与正确选择，标志着中国的工作重心开始向创建中国特色社会主义市场经济转变。发展理念发生根本性转变之后，中国经济发展呈现出前所未有的生机与活力，产生了诸如 "华西村" "滕头村" "傻子瓜子" "蛇口工业" 等众多因制度改革而取得突出成就的鲜活实例。这些成功案例的经验说明，当代中国必须要转变僵化教条的发展理念，以实事求是的态度尊重经济发展规律，充分利用市场模式来发展经济，不断完善社会主义市场经济体制，为发展实践提供不竭动力。

"发展才是硬道理"，必须要科学解答在新阶段要实现什么样的发展、怎样发展和为谁发展的问题。社会的发展不等于单纯的经济增长，经济发展虽然在一定时期内满足了中国最迫切的需要，但也日益暴露出在资源环境、民主政治及法治建设等诸多方面存在的问题，这些问题制约了中国社会的深入发展，这就使可持续发展理念的提出成为促进中国发展的时代要求和必然选择。可持续发展理念强调社会、经济、人口、资源、环境的协调发展，其基本原则是既要相对满足当代人的需求，又不能对后代人的发展构成危害。可持续发展理念为科学发展观的提出奠定了理论基础。党的十六届三中全会提出，要坚持以人为本，树立全面、协调、可持续的发展观，促进经济社会和人的全面发展，科学发展观成为全面建设小康社会的重要指导方针。科学发展观的核心是以人为本，基本要求是全面协调可持续，根本方法是统筹兼顾，实质在于实现中国又快又好的发展。科学发展观突出人在发展中的主体地位，标志着中国发展思路由 "重物轻人" 转变为 "以人为本"。发展理念的深化为中国的发展实践带来了全新的变革，如为了转变高污染、高排放、高耗能的 "三高" 型生产方式，中国山东省枣庄市一次性爆破了 9 条年产10 万吨的立窑水泥生产线，被誉为 "中国水泥第一爆"②；为了给北京奥运

---

① 《邓小平文选》（第 3 卷），人民出版社 1993 年版，第 373 页。
② 孙林：《全面深化改革案例 100 深度解读》，中共中央党校出版社 2014 年版，第 108 页。

会营造良好的自然环境，首钢从首都迁移，并且在国家政策的扶持下，实现了工艺升级和技术装备的现代化，使环境与发展达到了新的平衡①。类似的案例还有诸如"华能的节能减排""贵阳的循环经济""泗洪的湿地保护"等。这些案例的实践经验充分体现了可持续发展与科学发展的可能性与合理性，为实现经济、政治、文化、社会、生态的协调发展提供了新的思路。

改革开放以来，中国社会发生了巨大的变迁。在新的发展实践中，必须对发展动力、发展方法、发展原则、发展策略和发展目标等诸多问题进行重新思考与全新定位。习近平总书记强调要坚持新发展理念并以之引领新的发展实践。"我国发展已经站在新的历史起点上，要根据新发展阶段的新要求，坚持问题导向，更加精准地贯彻新发展理念，举措要更加精准务实，切实解决好发展不平衡不充分的问题，真正实现高质量发展。"② 继科学发展观之后，新发展理念进一步回答了在新时代要实现什么样的发展、怎样发展和为谁发展的时代课题，其建立在对当今世界发展大势与中国经济社会发展新特点合理分析的基础上，是对改革开放实践经验与经济社会发展规律的科学总结，反映了中国当前社会发展的客观需要与人民群众的利益诉求，指明了在新时代、新发展阶段中国社会发展的思维方法、价值理想与实现路径，为改革发展实践的深入推进提供了鲜明的价值导向。

从"以经济建设为中心"到新发展理念的提出，展现了改革开放四十余年来中国发展理念价值排序的历史演进历程。每一次发展理念价值排序的更新变迁，都建立在对历史和现实、理论和实践、国内和国际等多重因素的综合分析与深入思考的基础上，既是对中国既往发展实践经验的科学总结，又是对国际社会发展理论的合理借鉴；既是对过去发展实践经验的归纳与概括，又是对未来发展实践的理性预测与评估。新的发展理念不断推动社会发展实践实现新的飞跃，在对中国特色社会主义发展理论的进步和完善中发挥出了极其重要的作用。

---

① 孙林：《全面深化改革案例 100 深度解读》，中共中央党校出版社 2014 年版，第 114 页。

② 习近平：《在省部级主要领导干部学习贯彻党的十九届五中全会精神专题研讨班开班式上的讲话》，《人民日报》2021 年 1 月 12 日。

二　新发展理念价值逻辑演进的理论依据

　　一个社会选取什么样的发展理念，就会有什么样的发展旨趣、发展原则和发展方向。只有确立正确的发展理念对发展实践施以引导，才能保证发展过程中的诸多矛盾得到有序合理解决，才能统筹全局减少失误，保证发展实践得以有条不紊的展开。习近平总书记指出："发展理念是战略性、纲领性、引领性的东西，是发展思路、发展方向、发展着力点的集中体现。"① 马克思主义发展理论为当代中国发展理念的价值排序提供了丰富而深刻的理论依据。

　　首先，真理原则与价值原则的统一是发展理念价值排序须遵循的根本原则。真理原则和价值原则是马克思主义发展理论的两个基本维度。真理是表示主客观相符合的哲学范畴，真理原则就是指实践主体以客观规律作为实践活动的参照标准，其内涵是要以客观实际为依据。而"'价值'这个普遍的概念是从人们对待满足他们需要的外界物的关系中产生的"②。这表明，价值是一种以"需要"为媒介的主客体之间的关系，价值的实质是主客体之间"需要"与"满足"的一种建构。③ 可见，价值原则即是指实践主体以自身需要作为实践活动的参照标准，其内涵是要以主体需要为依据。历史唯物主义认为，人与动物的一个根本区别就在于人能够按照自身的意识和目的进行生产，即人的实践活动本身就是一种将真理尺度与价值尺度相统一的过程。实践观念的形成，既依赖于实践主体对客观规律的认识与遵循，又取决于人们自身的需要、愿望与价值诉求。简言之，人们总是在一定的价值愿景和价值理念的指引和驱动下来进行实践活动，没有价值理念作为引导，实践活动就会因缺乏方向而无法展开。

　　对发展理念进行价值排序，要按照真理原则和价值原则相统一的要求，从重要性、时间性等逻辑关系出发，对当前乃至很长一段时期内的实践工作

---

① 《习近平谈治国理政》（第2卷），外文出版社2017年版，第197页。
② 《马克思恩格斯全集》（第19卷），人民出版社1963年版，第406页。
③ 张彦：《当代"价值排序"研究的四个维度》，《哲学动态》2014年第10期。

及其完成状况进行科学分析，确定不同发展理念的价值图谱中的序列位次。进行发展理念的价值排序，不仅要研究单个发展理念的序位和作用，而且要厘清不同发展理念之间的逻辑关联。发展理念价值排序的真理原则与价值原则统一于社会发展实践之中，并实现"由价值转向真理"和"由真理转向价值"的相互转化，既要摒弃片面强调价值原则而忽视真理原则的急功近利、竭泽而渔的发展思路，同时又必须给予主体需要以足够的关注，规避"见物不见人"的发展风险，在遵循真理原则与价值原则相统一的基础上，明确发展动力，形成发展方法，定位发展目标，引领发展方向，为社会发展实践提供价值指引和精神向导。

其次，"怎样发展"与"为谁发展"是发展理念价值排序须回应的核心问题。"怎样发展"与"为谁发展"是当代中国发展理念价值排序所必须回应的方法论与价值论问题。发展理念的价值排序在坚持真理原则与价值原则的基础上，要对社会不同发展阶段的新形势、新矛盾、新问题和新需求等进行科学判断，分析当下社会最本质、最核心和最迫切的发展需要，解答在新阶段怎样发展和为谁发展的核心问题。

"怎样发展"内含着对发展动力、发展方法与发展要求等诸多层面的价值排序问题，主要涉及的是发展的方法论问题。其一，"怎样发展"必须要解答发展动力的价值排序问题，即依靠何种力量来推动发展的问题，这是发展实践中最关键、最核心的问题。"创新从形式上看是一种推陈出新、破旧立新的人类活动，本质上则是一种通过对事物规律、属性、关系的新发现新运用，更为有效地认识世界、改造世界的实践活动。"[①] 与常规实践相比，创新作为求新的开创性实践活动，需要耗费更多的劳动和时间，所创造的社会价值更大，是一种高级形式的实践活动，是人类本质力量的重要体现。在马克思看来，一方面，生产力是社会发展进步的决定力量，科技创新是推动生产力发展的重要因素，劳动生产力随着科学和技术的不断进步而不断发展，"蒸汽、电力和自动走锭纺纱机甚至是比巴尔贝斯、拉斯拜尔和布朗基

① 庞元正：《五大发展理念的哲学基础》，载《中国辩证唯物主义研究会·马克思主义哲学论丛》（2016年第3辑，总第20辑），社会科学文献出版社2016年版，第113页。

诸位公民更危险万分的革命家"①；另一方面，人是生产力发展的核心要素，创新实践不仅可以有效地推动生产力的快速发展，同时还可以促进人的社会关系以及素质、潜能的充分与全面发展。创新更能够激发主体改造世界的能动性和创造性，加深其对客观事物属性、规律、特征的理解和认识，拓展人们认识世界的深度和广度，从而更加有效地改造世界，使自身的需求得到更高程度的满足。

创新是当今时代的重大命题，其内涵丰富，是一个复杂的社会系统工程，涉及经济社会各个领域，坚持创新发展，必须"加强原创性、引领性科技攻关，坚决打赢关键核心技术攻坚战，强化国家战略科技力量，提升国家创新体系整体效能，推进科技体制改革，形成支持全面创新的基础制度，激发各类人才创新活力，建设全球人才高地"②。中国的发展必须要将创新放在发展动力的首要位置，以科技创新作为发展的第一动力，以人才资源作为生产力进步的第一支撑，不断推进经济结构创新调整，实现产业结构优化升级，逐步形成科技创新、制度创新、理论创新、文化创新协调进步的新发展体系，让社会发展实践在新动力、新结构、新体制、新战略、新理念中获得质的飞跃，从而实现更加平衡、更加协调、更为充分的发展。

其二，"怎样发展"还内含着对发展方法与发展要求等价值排序问题的解答。我们知道，人在改造和利用自然的实践中，建立了人与自然的关系和人与人之间的社会关系。人的发展与自然界和社会的发展是相互依存、相互制约、相互转化的辩证关系，三者互为发展条件，在彼此促进、相互协调的动态作用中实现各自的良性发展。这三者中任何一方的发展受到阻碍和限制，都必然会影响到其他两者的健康发展，进而对发展全局造成不利影响。可见，协调性与整体性是发展本身所蕴含的本质属性和内在要求，这种属性和要求反映在人与自然的关系上，就是要实现人与自然的和谐共生，在人类自身获得发展的同时充分尊重自然界的发展规律，强调在人与自然的互利互惠中实现永续发展；反映在人与社会的关系上，就是要求经济、政治、文

---

① 马克思：《资本论》（第 1 卷），人民出版社 2004 年版，第 579 页。

② 习近平：《在中国科学院第二十次院士大会、中国工程院第十五次院士大会、中国科协第十次全国代表大会上的讲话》，《人民日报》2021 年 5 月 29 日第 1 版。

化、人口等因素形成相互适应、相互促进的发展态势，不断推进各领域、各地区、各行业、各部门之间的同步协调发展。一个时代有一个时代的问题，每一个时代都必然会面临发展的诸多难题，而不同时代的矛盾特征又会发生新的变化。强调发展的平衡性和协调性，就是要在改革实践中既要善于抓住主要矛盾和矛盾的主要方面，把握矛盾的特殊性，同时又要善于运用普遍联系的系统论观点来分析矛盾解决问题，在发展实践中做到协调各方、统筹兼顾、总揽全局，使发展更加充分全面，获得更高质量。

在改革开放之初，我们过于强调经济建设在发展体系中的优先地位，而忽视了经济、政治、文化、社会、生态协调发展的重要性，导致了发展的不平衡与不充分。在人民日益增长的美好生活需要和不平衡不充分的发展之间的矛盾成为社会主要矛盾的今天，必须要着重突出平衡发展、充分发展的价值地位。随着社会经济的不断发展，人们的思想更加解放、个性更加丰富，其对"美好生活"的需要和向往也不仅仅表现为对物质经济生活的需要，而是更突出地体现为对民主政治、社会事业、精神文化、生态环境等多元化、多层次的需求。因此，新时代发展理念就是要在保证经济效益地位的同时，强调民主政治、文化繁荣、生态和谐与精神文明建设的重要性，突出社会、经济、人口、资源、环境协调发展的方法论作用，在讲原则、讲方法的前提下，走出一条生产发展、生活富裕、生态良好的平衡发展与充分发展的道路，加快实现社会的公平正义和人的自由全面发展。站在新的历史起点上，实现共同富裕不仅是经济问题，而且是关系党的执政基础的重大政治问题。要统筹考虑需要和可能，按照经济社会发展规律循序渐进，自觉主动解决地区差距、城乡差距、收入差距等问题，不断增强人民群众获得感、幸福感、安全感。①

"为谁发展"的问题内含着对价值主体与发展目标的价值排序，涉及的是发展的价值论问题。人民立场是马克思主义政党的根本政治立场，人民是历史的创造者，是社会进步的真正动力，人民利益是中国共产党一切工作的根本出发点和落脚点。"只有坚持以人民为中心的发展思想，坚持发展为了

人民、发展依靠人民、发展成果由人民共享，才会有正确的发展观、现代化观。"①

马克思认为，在资本主义私有制下，对剩余价值的追求是社会发展的核心目标，即"以物为本"是现代资本主义社会发展的本质逻辑。"随着人类愈益控制自然，个人却似乎愈益成为别人的奴隶或自身的卑劣行为的奴隶。甚至科学的纯洁光辉仿佛也只能在愚昧无知的黑暗背景上闪耀。我们的一切发明和进步，似乎结果是使物质力量成为有智慧的生命，而人的生命则化为愚钝的物质力量。"② 马克思认识到，这种由资本逻辑所推动的发展，本质上是一种主客观相倒置的发展思路，社会发展应逐步消灭资本的绝对力量，消除物对人的奴役，还人以价值主体的地位。社会主义的本质要求将人民放在发展主体价值排序的首要位置，保证人民平等参与、平等发展的权利，让社会发展成果更多、更公平地惠及全体人民，努力实现全体人民共同富裕。

在改革开放之初，落后的社会现实条件决定了我们必须要把经济建设放在一切工作的中心位置，在经济发展的同时也产生了贫富差距拉大、区域发展不平衡、环境资源恶化等诸多问题，同时还助长了"重物轻人"的思想倾向，相对忽视了人的主体性与多元化需求。随着社会生产力的快速发展，人民的思想不断得到解放，人力资源在生产力发展中的核心地位日益突出，人民在发展中的主体性价值得到进一步彰显。因此，在新时代，"要始终把人民利益摆在至高无上的地位，加快推进民生领域体制机制改革，尽力而为、量力而行，着力提高保障和改善民生水平，不断完善公共服务体系，不断促进社会公平正义，推动公共资源向基层延伸、向农村覆盖、向困难群体倾斜，着力解决人民群众关心的现实利益问题"③。只有切实突出人民群众在发展中的实践主体与价值主体地位，才能彻底改变将人与物主客体相倒置的发展思路，才能充分激发出广大人民的主动性、创造性与持久活力，为社会的协调发展与人的全面发展提供不竭动力。

再次，人的自由全面发展是发展理念价值排序须坚持的根本旨归。实现

---

① 习近平：《在省部级主要领导干部学习贯彻党的十九届五中全会精神专题研讨班开班式上的讲话》，《人民日报》2021年1月12日第1版。

② 《马克思恩格斯文集》（第2卷），人民出版社2009年版，第580页。

③ 《习近平谈治国理政》（第3卷），外文出版社2020年版，第343页。

人类的解放和人的自由全面发展是马克思主义的最高价值目标，贯穿于马克思主义发展理论中。在这一目标的指引下，马克思对人与社会的发展及其内在关系进行了全面系统的考察，形成了丰富而深刻的发展理论。在马克思主义发展理论视域中，实践作为推动人类社会发展的手段，蕴含着主体与客体、主观与客观、真理性与价值性、合规律性与合目的性的多维统一。唯物史观将环境的改变与人自身的改变看成是相一致的过程，认为人通过实践活动改造环境的同时实现对自身的改造。一方面，人作为对象性存在物，总是要在遵循客观规律的前提下对客观世界进行合目的性的能动改造，并在实践活动中逐步加深对客观世界发展规律的认识和掌握，提升自身改造世界的主动性和创造力，实现自我改变和自我超越；另一方面，环境的改变又总是朝着人的需要所规定的方向而有目的性地展开，经过实践活动改造过的客观世界，便跃迁为带有社会属性与价值属性的"人化自然、为我之物"，从而能够更加有效地满足人们不断发展的需要。因此，人既是社会发展的实践主体，又是社会发展的价值主体；既是社会发展的手段，又是社会发展的目的。

马克思恩格斯指出，在资本主义私有制条件下"人们的发展只能具有这样的形式：一些人靠另一些人来满足自己的需要，因而一些人（少数）得到了发展的垄断权；而另一些人（多数）经常地为满足最迫切的需要而进行斗争，因而暂时（即在新的革命的生产力产生以前）失去了任何发展的可能性"①。可见，在资本主义社会中，社会发展采取的是一种带有掠夺性与压迫性、与人的自由全面发展相背离的方式。社会主义作为资本主义的辩证否定与扬弃，其优越性不仅应表现在其具有更高的社会生产效率，更应体现在其具有更高的公平正义性和更有利于促进人的自由全面发展等方面。"正如人的需要具有无限增多、无限多样的性质一样，各种需要的提出、实施和满足，也就意味着人们趋向于自身的自由而全面的发展。因此，自由而全面的发展也就是人的最高需要，或者说是人的各种需要的总和。"②"自由

---

① 《马克思恩格斯全集》（第3卷），人民出版社1960年版，第507页。
② 刘荣军：《论人的需要与人的全面发展——对马克思〈1857—1858年经济学手稿〉的一种解读》，《西南师范大学学报》（人文社会科学版）2005年第6期。

而全面的发展"决定了人的需要不可能局限于单一的、片面的物质需要，而必然是包含了物质、精神、文化、交往等多层需要。在人民日益增长的美好生活需要和不平衡不充分的发展之间的矛盾成为社会主要矛盾的今天，人们对"美好生活"的向往不再仅仅表现为对物质经济生活的需要，而是更突出地体现为对民主政治、社会事业、精神文化等多元化、多层次的需求。因此，在新时代，新发展理念必须要始终关注人的多维发展需求，更加凸显人在社会发展中的主体性，不断推进社会发展与人自身发展的有机统一。同时，又必须要看到，社会发展是在生产力与生产关系矛盾运动的推动下，由无数具体发展阶段与节点构成的有机整体。在不同的历史阶段，社会发展实践必然会呈现出不同的现实样态，产生不同的发展需求与价值取向。新发展理念既要"立足当下"，以当下社会的发展需要为出发点，彰显时代所特有的价值关注、价值追求，又要做到"不忘初心"，以实现远大理想追求为归宿点，始终坚持把人的自由全面发展作为最高发展目标，推进当下利益与长远利益、阶段目标与远大理想的内在统一。

三　新发展理念价值逻辑演进的现实依据

对发展理念进行价值排序，要以当下中国所处的历史方位与社会现实作为具体情境，厘清各种价值理念的本源性、基础性和紧迫性，进而构建起较科学合理的价值排序图谱。随着社会发展实践的不断深入，我们必须要反思现存社会占据支配地位的发展理念的合法性基础，并且对未来发展中诸多发展理念的相对合理性进行判断与评价，分析众多发展理念之间的内在关联与相互影响。对于适应社会需要的发展理念，要根据其所具有的价值层级进行科学定位，对于可能导致某些风险的发展理念要做出准确评估与必要修正。当下中国社会正处于重大转型时期，新旧发展理念并存，且彰显着各自的价值原则。对发展理念进行价值排序，就是要建立起一种平衡矛盾、多元统一的价值体系，主导社会发展全局，确保发展实践能够科学有序地开展。

历经四十余年的改革开放，中国社会发生了巨大变革，出现了新矛盾、新问题、新需求，这些变化为发展理念价值排序的更迭演进提供了新的现实依据。创新、协调、绿色、开放、共享五大发展理念的提出，为中国当下乃至更长时期发展指明了思路，规定了发展的方向和着力点，是管全局、管根本、管长远的发展总纲与战略指导。这其中，创新是引领发展的第一动力；协调是持续健康发展的内在要求；绿色是永续发展的必要条件；开放是国家繁荣发展的必由之路；共享是中国特色社会主义的本质要求。① 五大发展理念既相互区别又相互贯通，构成了具有内在统一性的有机整体，反映出当下中国社会发展的现实价值诉求。

首先，创新高效、优质永续的发展诉求。我国当前的发展更多停留在劳动密集型与经济粗放型的阶段，仍然依赖大规模、低成本的生产要素投入，这就不可避免地需要通过对自然资源的过分开采来满足当代社会发展的需要，而这客观上却损害了后代人的发展权益。后代人尚未出场，其权益的行使与权利的维护只能依赖当代人的观念与行为，后代人的权利必须由当代人来代理，由当代人按照公平的原则进行分配②，也即从代际公平的伦理维度克服权利与责任分配的冲突，避免当代人获得发展的垄断权。一旦后代人的社会发展权益受限，当代人的价值意义便无从实现，因为"我们不仅仅是我们的个人特征和才能，不仅仅是一个与共同体割裂的孤立原子，正是在共同体中，我们的存在、我们的特征，以及我们的才能才获得了意义"③。在这个共同体中，确立每一个个体对他者的道德责任，是我们彼此成就对方、实现共享认同的基本前提。因此，当代中国发展理念的价值排序强调发展的可持续性，要求新时代发展实践必须承担起后代人不劣于我们所享有的生存与发展环境的责任。

唯物史观认为，生产力的发展是促进社会进步的决定因素，而在不同的社会时期，生产力提高所依靠的发展动力却有着本质性的不同。所以马克思说："手推磨产生的是封建主的社会，蒸汽磨产生的是工业资本家的社会。"④ 生产力的发展决定生产关系的变迁，而发展动力则是生产力发展的关键要素。纵观当今世界，随着新科技革命和产业革命的汇聚发展，特别是

---

① 《习近平谈治国理政》（第 2 卷），外文出版社 2017 年版，第 197—200 页。
② 参见廖小平《伦理的代际之维：代际伦理研究》，人民出版社 2004 年版，第 217—227 页。
③ ［美］罗伯特·所罗门、凯思林·希金斯：《大问题：简明哲学导论》（第 9 版），张卜天译，广西师范大学出版社 2014 年版，第 270 页。
④ 《马克思恩格斯文集》（第 1 卷），人民出版社 2009 年版，第 602 页。

第四次工业革命和第二次机器革命的纵深推进，科技进步已成为当今促进社会生产力发展的决定性因素，创新成为世界发展最为核心的驱动引擎，创新也成为推动社会永续发展的必然要求。

在历经四十余年经济社会的高速发展之后，中国社会生产力发展和综合国力都已经发生了质的跃迁。但是，总体而言，中国目前的创新能力还与西方发达国家存在一定的差距，创新能力不强，科技发展水平总体不高，科技对经济社会发展的支撑能力不足。"我国正处于转变发展方式的关键阶段。劳动力成本上升、资源环境约束增大、粗放的发展方式难以为继"①，如果仍然以高投入、高消耗作为核心发展动力，靠粗放型发展方式驱动经济的高速发展，就势必会造成更多的矛盾和问题，为社会发展遗留下诸多不利影响。科技创新搞不好，就无法实现发展动力的转变，就必然会在全球化发展浪潮中失去自身的优势。在当前形势下，中国社会的不少行业产能已达到峰值，出现了产能不减、价格疲软等问题，致使企业发展受到制约。要保持企业的优质增长态势，就必须着力培育和增强增长动力，通过发展创新技术，化解产能过剩问题，即"要完善政策支持、要素投入、激励保障、服务监管等长效机制，带动新技术、新产品、新业态蓬勃发展。要加快创新成果转化应用，彻底打通关卡，破解实现技术突破、产品制造、市场模式、产业发展'一条龙'转化的瓶颈"②。因此，当代中国发展理念价值排序必须将创新作为引领社会发展的核心动力，把人才作为支撑发展的第一资源，把创新摆在国家发展全局的核心地位，在发展实践中不断创新发展观念与发展方式，统筹推进科技、理论、制度、文化等多方面创新，突出创新在发展全局中的核心价值地位，加快实现优质高效、健康永续的科学发展。

其次，协调全面、绿色开放的发展诉求。发展并不是一个可以脱离社会系统而孤立的过程，应当从社会进步的历史进程和社会生活各个领域的相关作用场和坐标系中确定发展的本质。当代中国发展理念价值排序的文化态度应是整体发展、多样并存与生态和谐，单向度的 GDP 增长并不代表全方位的社会成长。发展不协调是中国社会发展长期以来始终存在的问题，其突

---

① 《习近平谈治国理政》（第 3 卷），外文出版社 2020 年版，第 237 页。
② 《习近平谈治国理政》（第 3 卷），外文出版社 2020 年版，第 251 页。

出表现在区域失衡、城乡二元、代际之间、经济与社会、经济与生态、物质与精神等多重矛盾关系之中。在以往的发展实践中，我们更多地注重对人们物质生活需求的满足，而相对忽视人的多维度需要。在新时代，人们的需求正日益呈现出多元性、多样性、多层次的特征，为此，"我们要在继续推动发展的基础上，着力解决好发展不平衡不充分问题，大力提升发展质量和效益，更好满足人民在经济、政治、文化、社会、生态等方面日益增长的需要，更好推动人的全面发展、社会全面进步"[①]。也就是在坚持发展经济的同时，要以更具系统性、全面性、包容性的思维实现人与自我、人与自然、人与社会、人与世界的内在和谐与外在有序。

一方面，人民美好生活的实现与人的全面发展都离不开良好的生存栖居环境，绿色发展是满足人民日益增长的美好环境需要的内在要求。"随着我国社会主要矛盾发生变化，人民群众对优美生态环境的需要成为这一矛盾的重要方面，广大人民群众热切盼望加快提高生态环境质量。"[②] 因此，只有始终坚持绿色发展的原则，我们才能真正走上生产发展、生活富裕、生态良好的文明发展道路，才能让美好生活的实现与人的全面发展建立在现实的平台基础上，才能始终保持经济社会健康永续科学发展。"推动形成绿色发展方式和生活方式是贯彻新发展理念的必然要求，必须把生态文明建设摆在全局工作的突出地位，坚持节约资源和保护环境的基本国策，坚持节约优先、保护优先、自然恢复为主的方针，形成节约资源和保护环境的空间格局、产业结构、生产方式、生活方式，努力实现经济社会发展和生态环境保护协同共进，为人民群众创造良好生产生活环境。"[③]

另一方面，当今世界正在经历新一轮大发展大变革大调整，各国经济社会发展关系日益密切，全球治理体系和国际秩序变革加速推进，构建人类命运共同体已成为大势所趋。实践告诉我们，要发展壮大，必须主动顺应经济全球化潮流，坚持对外开放，牢牢把握发展机遇，解决好内外联动的发展问

---

① 习近平：《决胜全面建成小康社会 夺取新时代中国特色社会主义伟大胜利：在中国共产党第十九次全国代表大会上的报告》，人民出版社 2017 年版，第 11—12 页。
② 中共中央宣传部：《习近平新时代中国特色社会主义思想学习纲要》，人民出版社 2019 年版，第 168 页。
③ 《习近平谈治国理政》（第 2 卷），外文出版社 2017 年版，第 394 页。

题，充分运用人类社会创造的先进科学技术成果和有益管理经验，以开放发展壮大自身、引领世界。而就现阶段而言，"我国对外开放水平总体上还不够高，用好国际国内两个市场、两种资源的能力还不够强，应对国际经贸摩擦、争取国际经济话语权的能力还比较弱，运用国际经贸规则的本领也不够强，需要加快弥补"①。为此，必须长期坚持对外开放的基本国策，发展更高层次的开放型经济，充分发挥内因与外因的联动作用。中国"将继续扩大开放、加强合作，坚定不移奉行互利共赢的开放战略，坚持引进来和走出去并重，推动形成陆海内外联动、东西双向互济的开放格局。积极参与推动全球治理体系变革，推动建设新型国际关系，推动构建人类命运共同体"②。同时，要辩证把握开放与自主、竞争与合作、引进来与走出去、内部投资与外部投资、内部发展与对外开放等多种矛盾关系，只有以更加开放的胸怀和视野来拥抱世界，以扩大开放带动创新，推动改革，促进发展，才能为创新发展、协调发展、绿色发展营造出更好的内部与外部环境。

由此，发展理念的价值排序必须突出强调发展的协调性、绿色性、开放性，就是要在科学发展经济效益的同时，强调扩大开放与合作共赢的发展思路，强调不断推进民主政治、文化繁荣、生态和谐与精神文明同步建设的重要性，以满足人民对美好生活的多维度需求，加快实现社会公平正义与人的自由全面发展。只有突出协调发展、绿色发展、开放发展的重要地位，才能真正做到统筹城乡发展、区域发展、经济社会发展、内部与外部发展、人与自然的和谐发展，才能切实解决工业化、信息化、城镇化、农业现代化等过程中存在的诸多矛盾难题，为实现美好生活奠定坚实的发展基础。

再次，尊重主体共建共享的发展诉求。马克思主义高度重视人在社会发展中的价值主体地位，强调人的能动性对社会发展的重要作用。"正是人，现实的、活生生的人在创造这一切，拥有这一切并且进行战斗。并不是'历史'把人当作手段来达到自己——仿佛历史是一个独具魅力的人——的目的。历史不过是追求着自己目的的人的活动而已。"③ 人既是推动社会发展

---

① 《习近平谈治国理政》（第 2 卷），外文出版社 2017 年版，第 199 页。
② 《习近平谈治国理政》（第 3 卷），外文出版社 2020 年版，第 193—194 页。
③ 《马克思恩格斯文集》（第 1 卷），人民出版社 2009 年版，第 295 页。

的实践主体，又是享受发展成果的价值主体，是社会物质财富与精神财富的创造者与享有者。因此，人是一切发展的最高价值目标，发展理念的价值排序必须要突出人在发展中的价值主体地位，强调以人民为中心的发展思想，彰显人民至上的发展价值观。"经济社会发展是人的发展的手段，人的发展则是经济社会发展的目的。人的多层次需要的满足，人的各种潜能的发挥，人的整体素质的提高，人的自由全面发展，是发展所应追求的最高价值。"①

中国的现代化发展过程注重对于全体人民发展权利的维护，但这并不必然推出在经济社会取得丰裕的发展成果之后，分配正义就一定会实现的结论。如何在坚持发展为人民、发展成果由人民共享中作出更有效的制度安排，使全体人民在共建共享中有更多的获得感，需要重新审视财富的分配正义、财富的社会公益与发展责任的共同承担等问题。马克思阐述的"异化"概念包含了发展成果共享的现实要求，发展成果若不是被人民所共享而成为一种异己的、与人相对立的东西，那么就会导致物质凌驾于人的价值主体之上，导致人与物处在一种倒置的"异化"关系当中。在这种关系中，人们感受到的只能是被剥夺感、异化感和无力感。新发展理念要求对发展成果实现利益共享与公平分配，用于以改善民生为主的社会建设，使全体人民的主体权益在公平正义的发展实践中得到切实保障。

在中国特色社会主义建设中，共同富裕的本质首先表现为各阶层平等参与现代化进程，共同享有现代化发展成果，换言之，提高作为发展主体的各阶层共同建设现代化的能力是实现共同富裕和和谐社会的首要前提。对此，阿马蒂亚·森认为，作为主体的个人是"福利"与"主观能动"、"成就"与"自由"的统一，"自由"与"主观能动"占有更为基础的地位，"我们应该用一个人所拥有的自由来代表他的利益，而不应该用（至少不能完全用）一个人从这些自由中所得到的东西（福利的或主观能动）来代表他的利益"②。为此，收入水平、粮食供给等同质性度量的分配方式在阿马蒂

---

① 杨信礼：《新发展理念的价值意蕴》，载中国辩证唯物主义研究会《马克思主义哲学论丛》（2016年第3辑，总第20辑），社会科学文献出版社2017年版，第274页。

② ［印］阿马蒂亚·森：《伦理学与经济学》，王宇、王文玉译，商务印书馆2000年版，第50页。

亚·森看来都不能解决根本问题，因为贫困不单纯是一种量化维度的供给不足，还是一种权利不足，只有真正保障人的基本权利，实现可行能力的增长才是新发展理念的题中之义。因此，新发展理念意在保障各阶层尤其是弱势群体共同参与现代化建设的权利与能力。

中国特色社会主义现代化建设中的共建共享问题最终以共同善的价值追求为道德共识，在情感、信念、道德、价值等方面处于互相同意与承认的共享状态是实现共建共享，进而达到社会正义的有效途径。中国当前贫富差距扩大、共同价值缺失，人们更多地感受到的是相对被剥夺感，以及由不确定性和风险性所引发的生存焦虑感，而不是个体自我创造、自我肯定的自豪感和尊严感。党的十九届五中全会强调，要扎实推动共同富裕，不断增强人民群众的获得感。获得感作为一种心理体验，与尊严感的发生机制类似，它产生于自己是这个社会共同体中的一员，是进行着独立创造、有独特贡献的一员的自我认知，并持续于对按实际贡献来获得经济社会改革发展成果的良序社会的认可。在共建共享中坚持维护个体的尊严是保障现代化建设朝着人民所向往的美好生活前进的基本价值准则。

中国特色社会主义进入新时代开启新征程，人民的主体性意识日益提高，对美好生活的向往更加迫切，在民主、法治、公平、正义、安全、环境等方面的要求不断增长。突出人民的主体地位，就是要改变以往"见物不见人"的发展思路，还人以真正的主体地位，给予人的需求以更多关注。一方面，进入发展攻坚阶段后，面对社会转型期出现的诸多矛盾和复杂问题，只有凸显人民群众的实践主体地位，充分调动全体人民的积极性、主动性和创造性，才能有效解决社会转型时期出现的诸多矛盾，继续保持良好的发展态势。另一方面，要强调发展为了人民，发展成果由人民共享的重要性，将广大人民的利益作为发展的根本目的，强调人民群众的价值主体地位。因此，对发展理念进行价值排序，要在注重提高发展效率的同时，进一步强调社会公平正义的重要性，也就是不仅要以速度、规模、总量作为衡量标准，而且要以质量、效益、公正、共享、健康、持续作为社会进步的价值尺度。"高质量发展应该不断满足人民群众个性化、多样化、不断升级的需求，应该实现投资有回报、企业有利润、员工有收入、政府有税收，并且充分反映各自按市场评价的贡献。"① 只有发展成果由人民共享，才能切实提高人民的生活质量，才能不断满足人们日益发展的多层次需求，不断满足其对美好生活的渴望与向往，才能在共建共享中不断推进人与社会的全面发展。

① 《习近平谈治国理政》（第 3 卷），外文出版社 2020 年版，第 238—239 页。

第 四 章

新发展理念价值逻辑的前沿考辨[①]

　　发展既是时代的主题，亦是时代的命题，主题预示着"必然"，命题警示着"应然"。在世界百年未有之大变局下，发展依然是解决诸多世界问题的基础和关键。从长远来看，在发展中仅考虑经济维度是不够的，发展当有伦理维度。[②] 尽管这一观念并不会引起较大争议，但在新自由主义[③]的经济哲学在世界范围内持续扩散的背景下，如何以伦理之维反思经济发展已然成为一项存在激烈争议的重大论题。在一般层面上，"发展"意味着事物的变化，社会中有些变化是自然发生的，有些则需要通过干预来发生。而发展伦理所强调的"发展"属于后者，它是一种柏拉图意义上的"发展"，指的是政府或非政府实体为使社会从当前状态转变为未来"改善"状态而采取一

---

　　① 该章部分内容以《发展伦理的正义前沿》为题发表在《浙江学刊》2021 年第 2 期。

　　② "发展"本身综合涉及政治、经济、文化、社会、生态等各个领域，而发展伦理学则是作为对发展的目的、内容、手段等进行根本性价值反思的交叉学科。本书主要探讨的是发展伦理学对经济领域的规范性反思。参见陈忠《发展伦理学的范式研究》，《中国社会科学》2006 年第 4 期。

　　③ 本书讨论的西方经济哲学中的"新自由主义"，是指英语中的 Neo‐Liberalism，而非 New‐Liberalism。在西方世界中，Neo‐Liberalism 和 New‐Liberalism 代表着两种持有不同主张的思想流派。在古典自由主义导致市场失灵后，19 世纪末 20 世纪初自由主义内部出现了明显的分化，自由主义内部的"新左翼"即新自由主义（New Liberalism）提出了某种明显带有社会主义色彩转向的主张，它沿着扩大政府干预、缩小私域自由的路线，关注社会治理和改革发展过程中的共同体和社会福利问题，凯恩斯主义和罗斯福新政皆属于此范畴。但这种新自由主义遭到了自由主义内部"新右派"力量（Neo‐Liberalism）的严重挑战。自 20 世纪 70 年代资本主义出现"滞胀"危机并由此陷入低谷以后，凯恩斯主义失势，新自由主义（Neo‐Liberalism）取而代之逐渐确立了主导地位，并一跃成为西方主要资本主义国家经济社会政策的支配性学说。在实践中，这种新自由主义主张缩小政府、自由市场、私有化、削减社会保障机构、开放国际商品与资本市场等。

系列有意识行动的结果。① 从这一层面上来说，新自由主义关于发展的主张，除了一些基本的经济学信念外，其本身还有意识形态的、政治的、社会的、伦理的含义。新自由主义的伦理辩护虽然将价值规范与完整的发展本身相关联，但其潜在的论点依然带有内在无法解决和无法摆脱的非正义性，其相关的理论、假设以及论证范式不能应对全球的普遍性挑战。由此，审视新自由主义的价值基础与理论建构，拓辟发展伦理的应然内涵与正义前沿，对重新理解自由、权利、福祉等概念，推进全球平等公正发展具有重要的理论与现实意义。就本质来看，无论是新自由主义对发展理念的表达，还是发展伦理对发展理念的再建构，其所体现的都是关于何种发展优先的价值排序过程及其结果，体现的都是对于发展前沿问题的关注。而这恰恰是我们研究新发展理念价值排序需要辨明的前提内容，也是我们坚定新发展理念的根本所在。

一　发展优先性的新自由主义认识及其困境

古典自由主义经济学家习惯于认为经济动力与冲动来自于"理性个人"及其纯粹无感情的成本与收益计算，继古典经济学家亚当·斯密提出"经济人"假设后，"理性人"假设作为该假设的延续使经济学发展取得了重大突破。这一理念表明：即使经济交往过程并不以道德哲学作为基本观照，但人们竞相追逐私利所造成的意外结果要比人们有意识地奉献社会更能有效地创造财富并增进社会总体幸福。就此而言，古典自由主义经济学家希望避开纷繁复杂的道德问题，仅通过使"收益—成本"最大化的理性计算，进而实现目标及手段的最优选择。然而，自20世纪80年代开始，得到极大复兴的新自由主义开始承认市场参与者的行为以及经济政策的制定也会受到社会规范的重要影响，② 新自由主义关于发展的政策主张以及其作为一种凯恩斯主

---

① Khan M. A., "Putting 'Good Society' Ahead of the Economy: Overcoming Neoliberalism's Growth Trap and its Costly Consequences", *Sustainable Development*, Vol. 23, No. 1, 2015, pp. 55 – 63.

② 新自由主义代表人物哈耶克认为，将哲学和经济学相结合的做法极富创造力，有助于我们思考文明和制度的形成问题，这些都是与发展问题紧密勾连在一起。对于一位经济学家而言，如若能够偶尔关注理论语言学问题，那么这对他只会有利无弊。参见［英］哈耶克《经济学、科学与政治学》，《哈耶克论文集》，邓正来选编译，首都经济贸易大学出版社2001年版，第438页。

义的替代性方案同样需要得到价值合理性的辩护。

(一) 发展优先性的新自由主义的理论建构

一些新自由主义经济学家认为，现实的发展情况是复杂的，它不是目标与手段间单纯的数理计算、数理推演以及数理模拟，为了确定更可靠更有利的行动方针，它经常涉及伦理与经济之间具有因果连锁反应的决策分析模型:[①]

1. 我们的政策应当完全受道德或社会排序 R 的支配。

2. X 的结果在 R 中排序高过经过认真考虑制定的其他任何政策的结果。

3. 因而我们的政策应当是做 X。

在这样一个三段论中，"前提 1"来自道德哲学或政治哲学的价值承诺，"前提 2"来自实证经济学以及对所有方案相关道德重要性的知识和经验解释，"结论 3"是个道德判断。这表明经济学家使用计量效用或比较效用来提供某项方案确切的重要性和优先权时，从原则上来说，他们将不得不依赖对伦理或道德观点的一般掌握来使决策更加合理，从而强化行动上的有效性。

据此而言，新自由主义的主要任务就在于创建一种解释框架，在这个框架内，不仅能够将一些关键的道德哲学或政治哲学的概念引入其中，而且能够在最大程度上有助于维护新自由主义的正当性，进而为新自由主义的发展理念提供强劲的道德或伦理支撑，消除古典自由主义发展理论的道德合理性批判。在此议题中必然涉及影响最为基础的众多规范性概念。其中，自由偏好、权利博弈、帕累托排序是新自由主义对发展进行伦理辩护，说明发展非价值中立性的三个基本维度，成为表明新自由主义对发展优先性理论建构的主要标识。

首先，偏好满足的自由理想。评价任何一种人类事务的道德性和正当性都离不开对"自由"的满足，这源于个体对其身体与心灵的天然拥有。新自由主义的根基性伦理辩护极大地继承了古典自由主义。这表现为它是从理

---

① ［美］麦克弗森:《经济分析、道德哲学和公共政策》，纪如曼等译，上海译文出版社 2008 年版，第 344 页。

性个体的偏好自由具有道德上的优先性开始的。① 每一个个体都对自己的身体、能力和天赋力量拥有原初的道德自由，个体自身的生命具有独立的、不可侵犯的道德意义。这一观点早在 17 世纪约翰·洛克的《政府论》中就已得到清晰阐明："这种免受绝对的、任意的权力干预的自由，对于一个人的自我保护如此必要，而且有如此密切的联系，因此他不能放弃这种自由，除非连他的自卫手段和生命都一起放弃。"② 新自由主义关于社会正义的宏大意旨在于赋予个体自由以更大的价值地位，其中，经济自由要比其他自由权项更为基本，因为其他权项只有在经济自由的基础上才具有得以展开和实现的可能，最大限度的经济自由进而能使人真正成为具有独立意义的道德主体。

新自由主义经济学家们认为，基于理性选择的个体偏好满足是判断发展伦理自由原则的"阿基米德支点"。新自由主义经济学家之所以重视个体的偏好满足，是因为他们相信类似"偏好"的比较概念要比一个类似"欲望"的非比较概念能更好地说明个体或群体的某种善的倾向。对于新自由主义经济学家来说，"善是许多个人对他们自己幸福的评估的集合，而不是某种可以撇开这些个人偏好并只根据某种独立的道德理论而予以评估的东西"③。实现自由的伦理前提不是自上而下强加设定的，而是承认个体自由的内在价值，从而使人们更有可能掌握他们自己的命运。而尊重并满足人的偏好是维系人的尊严、实现人的自由的重要表现，它体现为个体可以在行动前对多种预期结果进行效用排序，并自主采用效用顺序靠前的方案行动。市场可以依据人们的偏好把资源分配到最需要它们的地方，并自动为所有真正希望工作的人实现充分就业，由此形成个体福利与社会福利最优的道德循环。

从直觉经验来看，自由地为每个可取行为赋予效用值已深深刻在公民的道德认知中。效用函数预期值的最大化所表达的主观偏好与理性选择，使个

---

① 在当代经济学的价值承诺中，"理性个体"被理解为试图实现预期效用最大化的主体，而效用的大小是通过偏好的满足程度来确定的。因此，经济学经常被定义为"选择科学"（the science of choice），选择自由意味着可以权衡成本和收益，这本身具有道德规范意义。参见 Buchanan A.，"Economics and Ethics"，In C. L. Cooper，eds.，*Wiley Encyclopedia of Management*，2015，No. 2，pp. 1 – 5。

② ［英］洛克：《政府论》，杨思派译，中国社会科学出版社 2009 年版，第 160 页。

③ ［美］桑德尔：《金钱不能买什么：金钱与公正的正面交锋》，邓正来译，中信出版社 2012 年版，第 143 页。

体反而具备了进一步塑造社会的能力，创造更大的自我价值与社会价值。当代经济学家劳伦斯·萨默斯曾据此为新自由主义经济做道德正名，他认为极少有人正面评价新自由主义经济对道德的贡献，新自由主义经济特别强调对个体的尊重，即对其设定的需要、品位、选择和判断的尊重。"我们都在为这个世界上许多人的工作条件以及他们所得到的微薄补偿深感哀叹。然而，肯定有某种道德力量在支撑这种状况，即只要这些工人是自愿受雇的，那么他们便是因为这是他们最好的选择而来做这份工作的。难道减少个人的选择才是尊重吗，才是慈善吗，甚或是关切吗？"[①] 相比其他选择，"许多人选择受雇，是因为这样做给他们提供的机会比任何独立经营所提供的更好，更能让他们去过他们所想的那种生活"[②]。自由显然不是我们想要什么就能得到什么，而是我们做的每一次选择都是偏好满足的适当体现，都是理性对自己的最优配置。

其次，权利博弈的积极作用。"权利"是政治哲学的核心概念。在现代经济学中，对"权利"概念的理解基于两大思想传统，其一是以福利后果论为基础的英美经验主义传统，其二是以约束义务论为基础的欧陆先验主义传统。[③] 前一种观点认为权利能带来积极义务，即拥有自由的个体可以要求获取某种资源或服务；对比之下，后一种观点认为权利只产生消极义务，即权利是对人类某些行为的约束，任何人的权利不得被他人侵犯。因此，权利具有双重伦理意义：一方面，权利是个体实现目的和增进福祉的"驱动器"，另一方面，权利又是保护个体经济活动和私人生活的"护身符"。

这种双重伦理功能，使权利被视为一种社会基本善品，是人类自尊的必要前提条件。"在一个正义的社会，自尊的基础不是一个人的收入份额，而是由社会肯定的基本权利和自由的分配。"[④] 人作为自主性发展主体，其自

---

① 原文系出自经济学家劳伦斯·萨默斯（Lawrence Summers）担任哈佛大学校长时，在哈佛纪念教堂所作的主题为"经济与道德问题"（Economics and Moral Questions）晨祷演讲。转引自［美］桑德尔《金钱不能买什么：金钱与公正的正面交锋》，邓正来译，中信出版社 2012 年版，第 143 页。

② ［英］哈耶克：《自由宪章》，杨玉生、冯兴元、陈茅等译，中国社会科学出版社 2012 年版，第171 页。

③ 汪丁丁：《试述新政治经济学的三个维度——兼序〈后果评价与实践理性〉中译》，［印］阿玛蒂亚·森：《后果评价与实践理性》，应奇编，东方出版社 2006 年版，第 5 页。

④ ［美］罗尔斯：《正义论》，何怀宏译，中国社会科学出版社 2009 年版，第 431 页。

尊体现在对实现自身意图之能力的合理自信。善生活并非指占有多少资源，而在于这种善生活是否是人们自主行动的结果。因此，新自由主义经济学家对权利的理解是动态意义上的："事实上，在经济学视角下，几乎任何权利的界定，都依赖于社会博弈的均衡格局。"[①] 由于市场是一个制度框架，在这个环境中人的权利的实现依赖于个体之间的策略互动，当且仅当人们把自己的权利同他人的权利相契合的时候才能够实现自身的目的。例如，A 有从 B 手中购买门诊号的权利吗？或者说，B 可以自由转让他看病的权利给 A 吗？问题的关键取决于 B 的意愿。如果 B 是一位急需看病的患者，那么 B 不会愿意将看病的权利转让出去，相反，如果 B 愿意延迟看病或者其身份是黄牛党，那么这项交易会意外成功。换句话说，A 是否有购买插队看病的权利取决于 A 与 B 的谈判结果。

对照权利关系以及交易规则的界定，政府首先成为市场运作的内在构成要素，它通过一套法律体系首先为私人之间的经济互动划定了相对安全的范围，进而为权利的自由博弈提供了制度基础。在基础法律框架的保障下，按照诺奇克"按其所择给出，按其所选给予"[②] 的观点，权利关系实则反映的是基于经济考虑的意志关系，权利的变动、转让、增补具有相当程度的自主性。它所带来的变革使得个体能够在经济事务中有效地评估潜在风险与回报以充分利用自身优势，从而决定自己的生活状态。重要的是，"随时随地实施合约的能力是有效市场的核心支柱"[③]。权利博弈是一种能够进行低成本衡量、实施效率合约、赢得最大净收益的有效方式。在这种观念的驱使下，新自由主义开始把人们引向了那些能够增强他们作为自主性道德主体的谈判能力的制度，有限政府或自由放任制实际蕴含了对这一目标的追求，它构造了规范性标准内在于个体自身的激励结构。因此，将一系列广泛的自主裁量权作为基本的道德权利而尊奉，是新自由主义推定社会制度道德意义的关键

---

① 汪丁丁：《试述新政治经济学的三个维度——兼序〈后果评价与实践理性〉中译》，[印] 阿玛蒂亚·森：《后果评价与实践理性》，应奇编，东方出版社 2006 年版，第 6 页。

② [美] 诺奇克：《无政府、国家与乌托邦》，何怀宏等译，中国社会科学出版社 1991 年版，第 215 页。

③ [美] 道格拉斯·C.诺思：《制度、意识形态和经济绩效》，[美] 道·汉科·瓦尔特斯编：《发展经济学的革命》，黄祖辉，蒋文华译，上海人民出版社 2000 年版，第 113 页。

之处。

最后，帕累托最优的福祉寻求。新自由主义对发展结果的伦理判断在于经济发展在何种程度上满足个体效用，并增进社会总体福祉。它通常以帕累托最优作为参照。总的来看，对帕累托最优的理解可分为这样两个维度：一方面，发展要尽可能地通过市场机制使生产效率最大化、使消费者满足最大化，实现具有帕累托效率的资源配置；另一方面，在没有使任何个体境况受损的前提下，对至少能使一个人境况得到改善的次优结果进行帕累托改进。前者预设了一个效果论的道德诉求，具体来说，即，它主张发展应在完全竞争均衡中创造最大限度的总效用以提高整体福利；后者以帕累托改进作为资源再分配的标准来缩小与道德相关问题的距离，确保社会最不利者的福祉得到提高。

在传统的分析框架下，福利经济学第一定理提供了市场机制产生帕累托最优的条件，在完全竞争、没有进入或退出市场的障碍、不存在垄断等条件的假定下，"公司的利润最大化和消费者效用最大化行为以及供求机制决定了所达到的均衡就是帕累托最优"[①]。但此类条件之公平并不意味着发展结果的平等，由于初始资源分配的差异，在长期演进中穷人与富人之间无限扩大的差距在道德上也是无法被接受的。但新自由主义经济学家推定，人们在完全自由化、市场化、私有化的竞争条件下所创造的社会最大总效用会经由"财富下渗"的渗透原理使穷人的境况得到改善，而且新自由主义经济政策也不鼓吹极端市场或极端放任自由，相反，它主张政府或社会可以通过恰当干预，"有意识地创造出一种尽可能有利于竞争的制度"[②]，使个体能够在一套完备的市场体系内实现帕累托最优。新自由主义经济学家认为，"通过调整最初所拥有的资源来达到满意，那么完全竞争就是道德理想"[③]。罗伯特·诺奇克利用特定的情境描述对这种新自由主义的正义观念进行了阐述：在一个虚拟场景中，诺奇克假设我们每个人的初始分配份额为 D_1，它按照一种大家都认可的标准进行了初始平等分配；他假定每个人为了观看球星张

---

① ［澳］黄有光：《福祉经济学》，张清津译，东北财经大学出版社 2005 年版，第 27 页。
② ［英］哈耶克：《通往奴役之路》，王明毅等译，中国社会科学出版社 1997 年版，205 页。
③ ［美］麦克弗森：《经济分析、道德哲学和公共政策》，纪如曼等译，上海译文出版社 2008 年版，第 80 页。

伯伦的篮球比赛，需要支付给张伯伦 25 美分，但对观众来说，观看球赛的价值要远远高于每人支付的 25 美分；再假定该赛季有一百万观众观赛，那么赛季结束后，张伯伦会获得 25 万美元的高额收入。诺奇克将这次分配称为 D_2。诺奇克认为，既然所有人在起点 D_1 处都拥有平等公正的分配份额，并且人们自愿处置资源将 D_1 转向 D_2，那么按照"维持正义"与"转让正义"的标准，分配 D_1 和分配 D_2 必须被同时视为正义的。从本质上来讲，这正是在重新分配要素禀赋后，由完全竞争均衡产生的帕累托最优。

根据直觉主义认识论，这种帕累托最优不仅支持每个特殊个体最想要得到的效用，使每个人的价值选择都得到彻底的尊重；而且还满足一种恰当的道德标准，即程序正义。尽管完全竞争均衡没有产生绝对平等的分配结果，但关键在于所有参与者都能在程序正义的环境中合理地预期并收获他们努力的成果。相反，倘若这种完全竞争行动所导向的分配模式被打破，人们积极创造生产性经济增长的过程将会受到严重损害。在这样一种框架下，道德的做法是认可人们按照自己设定的方式将财富进行获利性投资，即如何去实现交换正义，而不是在穷人之间分配。"尽管慈善是相当重要的而且是善意的，但是在从事慈善活动时人们必须认识到，它只是帮助别人的一种有限的、不完全的方式。"① 并且慈善作为一种危机干预方式得以可能，也有赖于市场创造的物质繁荣。因此只有努力把市场的范围扩展到那些被排除在市场之外的人，才能使他们从帕累托最优带来的效用满足与物质繁荣中获益。

（二）发展优先性的新自由主义认识困境

但遗憾的是，新自由主义通过自由偏好、权利博弈的积极性以及帕累托最优实现对古典自由主义和建构自我对发展优先性的理论表达的努力，也存在着巨大的内在弊病，招致众多的关注和批判，这集中体现为不公正优势对自尊偏好的干预、权利博弈对社会关系的简单化处理，以及忽视增长的脆弱性等。

其一，不公正优势下的低自尊偏好。关涉人的自由之偏好满足，是被新

---

① ［英］米德克罗夫特：《市场的伦理》，王首贞、王巧贞译，复旦大学出版社 2012 年版，第 28 页。

自由主义置于例证核心地位的基本观点，并且发挥着重要的影响。但这并不必然意味着进入市场中的所谓"自愿契约"实现了人的自由这一伦理目标。考虑到人的偏好可能呈现出来的弱点，"人们很多的需要和愿望都可以被视为是弱点；相应地，人类存在物之间的很多交易都可以被罩上一种剥削性的光环"①。越是强烈的偏好，越可能使他们受到那些能够满足这些偏好的人们的伤害。当"买方垄断"市场试图利用个体的弱点获利，进而提供一系列低自尊选项时，个体的自愿偏好恰恰意味着的不是自由而是自由偏好掩盖下的隐性强迫。

正义不在于个体之间的自由交易是否对等，而在于自由关系中是否存在任意一方对另一方的剥削。尽管新自由主义经济学家主张，现代经济发展中所有的人际关系都是自由自愿的，但在这种自愿偏好的背后，那些占有较多社会资源的人同那些占有较少社会资源的人之间存在议价能力的不对称性，从而使许多据称为自愿偏好的行动实质上具有剥削性和强迫性。② 一方面，议价权力的不对称来源于经济分配的偶然性。按照罗尔斯的说法，这种不对称性不能排除资源分配受到自然运气和社会偶然因素的强烈影响，如若现有的资源分配是自然能力或禀赋的先前分布积累的结果，"我们可直觉到，自然的自由体系是最明显的不正义之处，就是它允许分配的份额受到这些从道德观点看是非常任性专横的因素的不恰当影响"③。除了偶然因素导致的不利分配，另一方面，它还进一步将"自然运气较差"的个体限制在了社会较贫困的范围之内。在绝大多数情况下，处于弱势地位的个体面对的是"沃尔泽所称的'绝望的交换'。在这样的交换中个体看来除了'同意'有害的、不公正的或者剥削性的交换以外便很少有其他的选择"④。处于有利议价地位的经济强势一方可以根据其自身利益设定不公正条款，这意味着不公正的优势使得穷人不能在议价时期望较好的境遇和前景。在这场"偏好满

---

① ［英］米德克罗夫特：《市场的伦理》，王首贞、王巧贞译，复旦大学出版社 2012 年版，第93 页。

② ［英］米德克罗夫特：《市场的伦理》，王首贞、王巧贞译，复旦大学出版社 2012 年版，第 3 页。

③ ［美］罗尔斯：《正义论》，何怀宏译，中国社会科学出版社 2009 年版，第 56 页。

④ ［英］米德克罗夫特：《市场的伦理》，王首贞、王巧贞译，复旦大学出版社 2012 年版，第91 页。

足"的把戏中，"消费的本身无疑是双重性的悲剧：以不足为始，以剥夺为终"①。

从另一个角度来看，基于经验的偏好满足不足以作为自由的规定依据。由于个体依据现实的境况作出的实际同意往往是基于某些生活经验，在不完全理性或不完全预见等因素影响下，会导致眼下偏好与实质福祉不一致。例如源自于不工作就会面临失业并导致饥饿的感性认知，工人"自愿"接受由雇主决定的工作。但在康德看来，这种实际同意并不能说明人的自由意志，因为它只不过是出于感性欲望的一种"假言命令"。康德认为，自由"不能从经验中推导出这概念，因为经验提供给我们认识的只是现象的规律［法则］，因而只是自然的机械作用、即正好是自由的对立面。……一种不被任何感性条件所战胜的、甚至完全独立于这些条件的规定根据，而正好是引向自由概念的。"② 一种实践之所以成为德性原则，当且仅当不依赖那些"偶然依附于意志之上的条件"③，所以，基于主观条件的偏好满足不能作为自由的普遍立法形式。

其二，权利博弈下肤浅的社会关系。对新自由主义经济学家而言，博弈权利的成功主要归功于工具理性概念的分析力，它不仅能使双方根据理性谈判推导出符合各方利益的公平诸原则，在客观上弹性的合作协议还能使资源得到最高效率的流动与分配。但从现实来看，由于每个独立博弈者都在权利博弈中秉持"最大最小原则"，即追求效用的最大化而做最小化的让步，在隐藏信息和隐藏行动的作用下，它始终无法跳出人们非合作的道德困境。"在非重复或有限重复'囚徒困境'博弈中，唯一的均衡即占优势策略的纳什均衡是（不合作，不合作）。"④ 这也意味权利的策略互动虽可能产生暂时的一致同意，却不能推导出道德真理。

这说明权利博弈的活力有着某种侵蚀社会道德结构的倾向，并以此削弱个体间联系的纽带、威胁权利博弈本身的高效率优势。但问题的症结在于，面对权利博弈所可能产生的道德风险，新自由主义忽略了"关系性的善"

---

① 许宝强、汪晖选编：《发展的幻象》，中央编译局 2001 年版，第 60 页。
② ［德］康德：《实践理性批判》，邓晓芒译，人民出版社 2003 年版，第 38 页。
③ ［德］康德：《实践理性批判》，邓晓芒译，人民出版社 2003 年版，第 23 页。
④ 韦森：《经济学与伦理学》，商务印书馆 2015 年版，第 63 页。

对人类事务的重要影响。在另外一个维度上，它将全部的力量投入在"设计契约"方面以增强对权利博弈负面影响的免疫力。

追求契约的完备性是保障权利博弈顺利开展的关键。虽然18世纪的古典契约论还不能对社会经济生活中各方面压力作出应变，但到了20世纪，现代契约论不仅能顺利完成较为完全的纯技术契约条款，而且已经明确地将不确定性问题纳入考察视野。它可以通过不同类型的保险或者第三方的强制规制来取代不确定性所造成的经济损失，于是，这种商业保险或第三方仲裁便被确立为一个绝对的理想，一种自足的价值。从实质上说，现代契约论视域下的权利博弈已剔除伦理道德因素，变成了纯粹自然程序演化的结果。然而，这种技术和程序操控下的契约关系却不自觉地造就了一个道德风险社会①：不可否认任何形式的契约都涉及两个或多个个体之间的某种持续"关系"，但在契约维系下这些"关系"经常表现为一组权宜之计的偶然联结，它主要围绕着彼此之间的利益最大化而运转。契约的达成不是基于共同的善观点而是依靠即时的社会接触；契约的履行也不会指望实现某种道德预期，而是有赖于各方设计契约的"能力"。即各方必须具备精确的预测能力、较强的计算能力或诉讼能力，以确保设计出一个效用最大化的正激励契约或惩罚最大化的负激励契约以诱使对方积极履约。由于这些肤浅的契约关系并不考虑其背后承担的道德因素，因此社会博弈的权利关系始终存在一种道德滞后，进而"导向'不断衰落的道德资本'与'始终肤浅的社会关系'这样一种恶性循环。"②

其三，无限增长下脆弱性的社会处境。受益于18世纪英国工业革命启动经济增长引擎，数亿万人逐渐摆脱物质匮乏的生存境遇。但新自由主义所面临的伦理争议在于，追求经济的最大增长是否是实现人类最大福祉的唯一基础。尽管持续不断的发展在过去的一两百年里极大改善了人类的生活，但同样紧迫的是，无限经济增长向人类生存环境注入的不是只有繁荣，还有人类脆弱性的社会处境。

---

　　① 由于契约关系下人们将成本收益作为经济活动价值选择和序列的首要依据，从而为伦理风险问题提供了经济学的依据。参见张彦《价值排序与伦理风险》，人民出版社2011年版，第70页。

　　② ［英］米德克罗夫特：《市场的伦理》，王首贞、王巧贞译，复旦大学出版社2012年版，第128页。

从另一个角度来看，同样的工业革命也被历史学家称为"大分流"，它造成欧洲以及随后的北美地区与世界其他地区之间巨大且至今仍然未能消除的鸿沟。① 这说明较丰裕的工业化社会对一部分人福祉的改善是以牺牲另外一部分人的福祉为代价的，经济增长的同时制造着贫穷、冲突、社会排斥以及性别和种族的歧视等恶性不平等，使一部分人成为发展的受害者。根据《2018 年人类发展报告的统计更新数据》，以物质不平等为例，在最富裕的1% 或 0.1% 人口中的 8 个人所拥有的财富相当于全球最穷的 36 亿人所拥有的财富总和，且全球最底层的一半人口的财富完全不见增长。此外，由于军事冲突、公共疫情或经济危机，一些国家或地区人口的预期寿命、健康水平、受教育程度、环境指标等维度持续下滑，严重侵蚀和挫伤了人类发展进程。这些逆向发展的演化揭示了现代性发展的双重矛盾向度，即增富与极端贫困化齐增、进步与持续存在的剥夺相伴。发展问题的复杂性与不稳定性说明我们不仅没有实现全部人的实质性繁荣，并且，"在我们今天追求美好生活的同时，我们正在渐渐侵蚀明天的幸福基础。我们正处在失去所有共同、持久的繁荣前景的真实的危险当中"②。

时至今日，新自由主义的首要公理依然是"帮助世界上穷人的最有效方式是继续开放市场"③。多数新自由主义经济学家认为，即使发展存在着负面后果，这种后果也是对所有人的共同威胁，进而使所有人背负起发展的代价。但事实恰恰相反，它只对那些处于贫困和弱势地位的人造成了最严重的打击。阿玛蒂亚·森将其称为"社会排斥"，即发展的负面影响导致弱势群体实质意义上的"可行能力"被剥夺，从而被部分地或整个地排斥在充分的社会参与关系外。"穷人参与增长的方式是独特的，他们往往是通过增加或更有效地利用他们最丰富的资产——劳动力——来参与增长的。"④ 但贫困造成的教育缺乏、营养不良、疾病侵袭使他们无法维持基本的劳动能力，

---

① ［美］迪顿：《逃离不平等：健康、财富及不平等的起源》，崔传刚译，中信出版社 2014 年版，第 18 页。

② ［英］杰克逊：《无增长的繁荣》，乔坤、方俊青译，中国商业出版社 2011 年版，第 4 页。

③ ［英］萨德－费洛、约翰斯顿编：《新自由主义：批判读本》，陈刚等译，江苏人民出版社 2006 年版，第 52 页。

④ ［美］迈耶、斯蒂格利茨编：《发展经济学前沿：未来展望》，本书翻译组译，中国财政经济出版社 2004 年版，第 144 页。

进而使他们经常暴露在外在冲击与内在无助的脆弱性之中。

二 发展伦理的辩护及其基本主张

新自由主义作用下的世界经济的确发生了巨大变化。它对市场中自由偏好的维护和权利博弈的肯定，无疑有助于提高市场效率；对契约精神的重推则抓住了现代经济的要害，这些对促进经济发展均有所裨益，其对全球化浪潮中自由市场贸易的拓展也顺应了人类现代化的历史潮流。但新自由主义基于自由偏好、权利博弈、帕累托排序的道德论据的最终导向是对功利性生产模式的偏爱，其最高的道德标准依然是资本积累。尽管必要的物质基础是一种公共善，但它并没有超越资本主义的生产方式，更没有从根本上质疑、批判其所谓"发展伦理"背后的资本逻辑，这就注定了新自由主义对自身存在基础的伦理辩护路径不可能获得成功。事实上，"在新自由主义支配下，经济增长速度已经下降，失业与就业不足现象已非常广泛，国家内部和相互之间的不平等进一步加剧，大多数人的生活条件与工作条件几乎到处恶化，生活在边缘的人在经受经济停滞的折磨"①。发展伦理对"何谓发展"的追问必然要超越新自由主义的狭隘视野，将人的自由、权利、福祉等根基性价值引入发展主体的现实伦理命运、关系性的善以及体面的全球性人类社会。

（一）超越人本学意义上的自由：对发展主体伦理命运的关怀

当代的主体困境之所以出现，其中一个重要原因就是"经济人"和"道德人"两个生存维度的矛盾。在罗尔斯看来，作为"道德人"，主体具备理性的能力（to be reasonable）和合理性的能力（to be rational）。前者使得主体能够实践促成社会合作的正义原则；后者使得主体能够合理地追求善的观念。这两种能力与社会平等息息相关，因为这两种能力构成了自由平等人类主体享有平等道德价值的基础。② 但是，"经济人"假设所隐含的主体

---

① ［英］萨德-费洛、约翰斯顿：《新自由主义：批判读本》，陈刚等译，江苏人民出版社 2006 年版，"导言"，第 7 页。

② Rawls J.，"*Justice as Fairness：A Restatement*"，London：Belknap Press of Harvard University Press，2001，pp. 18 – 19.

生存维度却试图瓦解"道德人"所促成的社会平等的伦理条件。换而言之，正是因为生产方式的非理性（对人和自然界的过剩剥削），以及由此造成的上层建筑的反理性（对主体的规训和暴力，以及危机当中无限趋向于"他者"逻辑的政治），滋养了"经济人"假设的物质基础，提供了表面上具有合理性的伦理话语。

因此，针对当代新自由主义的征候，要反思主体的危机和命运，就必须认识到资本主义生产方式的非理性与人类追求善的理性之间的冲突，辨识出这种冲突所导致的人类交往的异化。这也就是尤尔根·哈贝马斯所说的主体行为的两种冲突范式，即，"真正的交往行动"和"畸变的交往行动"①。"真正的交往行动"是重构主体自由的伦理条件的交往行动，它的真正目的是理解乃至和解，出发点是主体间的相互承认和共担义务，是启蒙运动以来一切理想政体和伦理设想的共识。"畸变的交往行动"则是现代性世界迫使主体不得不为了追求生存和过剩（虚假）欲望而堕入的窠臼，在其中，主体的自由以"他者"的非自由为代价，主体把握其个体化的命运以"他者"和公共的命运丧失为条件。

新自由主义笃定在资本主义生产方式下个体的偏好满足意味着个体自由和真正交往行动的实现。通常来讲，双方自由达成的自愿契约可以看作对此的道德表征。但事实却是工人的自愿偏好以及资本家和工人之间存在的有效契约并没有实现道德自证，这是因为工人为自身生存而劳动，除了按照资本家提出的条件接受雇佣外，并没有其他任何真正的选择。工人只是劳动条件的占有者，"资本（货币）可以任意跟任何种类的劳动相交换，从而也可以任意跟任何种类的劳动条件相交换"②。马克思认为，这种劳动对资本的实际从属关系相比较奴隶制只是形式上变得自由些，实际上工人的状况与奴隶的状况之间的差别是非常微小的，自由、自愿掩盖下是资本对人的统治，它彻底取消了人的自由，使个体完全屈从于资本主义生产。

马克思对人的自由和真正交往的证成路径亦是其对人类相互依赖的最可

---

① ［德］哈贝马斯：《在事实与规范之间：关于法律和民主法治国的商谈理论》，童世骏译，生活·读书·新知三联书店 2014 年版，"注释"，第 5 页。

② 《马克思恩格斯文集》（第 8 卷），人民出版社 2009 年版，第 512 页。

欲的社会图景的考察。这项任务批判汲取了黑格尔"市民社会"的思想。黑格尔指出，市民社会的形成改变了人们关于自由的理解，"在市民社会中，每个人都是以自身为目的，其他一切在他看来都是虚无"①。这使得整个市民社会都围绕"利己的目的"与"资本的增殖"而运作，每个个体都在尽力去获得更多的私有财产，以确保自己在其他活动中获得更大的自由。但黑格尔认为，市民社会中的个体即"私人"都把自身的利益提升到"形式的自由和形式的普遍性"这一过程中，却都没有实现自由的伦理性，亦即真正的自由。这些市民既没有节制又没有尺度："人通过表象和反思而扩张他的情欲——这些情欲并不是一个封闭的圈子，像动物的本能那样，——并把情欲导入恶的无限。"② 据此而言，"它不是作为自由、而是作为必然性而存在的，因为特殊的东西必然要把自己提高到普遍性的形式，并在这种形式中寻找而获得它的生存"③。在这场必然性的生存中，受资本逻辑的引导和塑造，发展主体之间的相互依赖性表现为纯粹工具性地利用彼此，"我同你的社会关系，我为你的需要进行的劳动只不过是假象，我们相互补充，也只是一种以相互掠夺为基础的假象"④。

马克思认为对现代主体命运及其自由理解必须超越市民社会的视野，超出私有制使我们对人自身以及人类关系的片面和愚蠢的理解，探寻实质性自由交往的根基。这种自由交往不是鲍威尔所论及的现代国家的社会秩序形态所能达到的人的政治自由状态，也不是经济学家提出的"把自由竞争看成是人类自由的终极发展，认为否定自由竞争就等于否定个人自由，等于否定以个人自由为基础的社会生产"⑤。而是超越资本主义以异化劳动和私有财产为核心的生产方式，克服资本主义市场经济自由其本身所制造的迷信，从而达到共产主义以自由劳动和社会财产为核心的积极共同体，完成"人向自身、向社会的即合乎人性的人的复归"，真正解决人与自然之间、人与人之

---

① ［德］黑格尔：《法哲学原理》，范扬、张企泰译，商务印书馆2017年版，第224页。
② ［德］黑格尔：《法哲学原理》，范扬、张企泰译，商务印书馆2017年版，第228页。
③ ［德］黑格尔：《法哲学原理》，范扬、张企泰译，商务印书馆2017年版，第229页。
④ ［美］布鲁德尼：《罗尔斯与马克思：分配原则与人的观念》，张祖辽译，上海人民出版社2017年版，第92页。
⑤ 《马克思恩格斯文集》（第8卷），人民出版社2009年版，第180页。

间矛盾的自由状态。这种自由始终对人与人之间的关系尤其是人与社会最不利者之间的关系保持高度敏感。马克思关注现实的人特别是最不利条件下劳动的人，最为突出的代表是农民、工人和妇女，马克思认为既然人是一种"类存在物"，那么诸如资本家对工人的关系、男人对妇女的关系就是一种"自然的类关系"。"在这种自然的类关系中，人对自然的关系直接就是人对人的关系，正像人对人的关系直接就是人对自然的关系，就是他自己的自然的规定。"① 从这个意义上讲，自由是实现人本身"自然的规定"，即超越人与人之间的买卖关系或货币关系，去理解"人如何生产人"，包括自己与他人、"自己为别人存在和别人为自己存在"的现实关系。"从这种关系就可以判断人的整个文化教养程度。从这种关系的性质就可以看出，人在何种程度上对自己来说成为并把自身理解为类存在物、人。"② 由此，我们可以这样认为，马克思通过揭示农民、工人和妇女的生存状况，来阐释"人的需要即他们的本性""人的本质是社会关系的总和"，进而精辟地概括出"人的类特性恰恰就是自由的自觉的活动"。故此，马克思对作为发展主体的人的伦理命运关怀，是一种基于"类关系"的人类自由交往的真正实现以及人类的真正解放。

（二）超越契约关系的权利：为"关系性的善"创造空间

契约的确与道德有关。从近代以来，但凡对现代性有所反思的学者，都通常会承认契约与伦理之间的巨大差距（乃至鸿沟）。事实上，在社会契约论者那里，契约本身的道德内涵就不是统一的。相比关心在一个契约构成的社会中如何分配权利的罗尔斯，洛克和卢梭等所热切关心的主题乃是"权力"，是诸如主权的来源、创制和制约等。③ 这种差别或许来自一个历史性的原因。早期社会契约论者所面对的资本主义社会形态较为直观和完整，契约所具有的道德力量的局限十分明显，因此国家及其权力能够被"大大方方"地承认作为补充性的道德力量。但是，在罗尔斯那里，整个理论的历史

---

① 《马克思恩格斯文集》（第1卷），人民出版社2009年版，第184页。
② 《马克思恩格斯文集》（第1卷），人民出版社2009年版，第184—185页。
③ 包利民：《古典政治哲学史论》，人民出版社2010年版，第6页。

语境被定格为已然十分"成功"的美国两个多世纪的宪政经验，契约已经被不可避免地被大家接受为公共政治的伦理基础。新自由主义构筑的权利博弈正义观念正是奠基在以罗尔斯为代表的现代契约主义之上的。罗尔斯认为，"契约"是可以推导出道德原则的，如"公平的正义"就是契约论的一个范例。由于"'契约'一词暗示着这种个人或团体的复数，暗示必须按照所有各方都能接受的原则来划分利益才算恰当"。①这种"契约"推导出的"公共性"正义原则尊重所有个体在合理选择过程中的权利，它"体现作为道德主体、有一种他们自己的善观念和正义感能力的人类存在物之间的平等"②。因此，良序社会是由人们一致同意的原则来调节的"互利互惠的合作体系"。

然而，反观对罗尔斯的建构主义具有决定性影响的康德伦理学，不难发现，契约的道德意义是十分有限的。因为，作为理性存在者，主体所期冀的幸福，在直观上应该是决定整个存在的"生命快意"的意识，从根本上来说则是"自爱的原则"③。这个意识和原则在康德看来绝不应该建立于市场、契约所体现的低级欲求的能力之上，而是应该超越契约的具有立法意义的东西。同样的观点也得到了黑格尔的支持。黑格尔就认为伦理层面的事务绝不应该以契约关系来理解和规定，否则将使得伦理本身堕入市民社会的抽象性之中。即使是表面上看来具有契约性的东西，例如婚姻，恰恰是"从契约的观点、从当事人在他们单一性中是独立的人格这一观点出发来扬弃"——契约观点本身。④换而言之，伦理层面的主体与主体的关系，之所以能够与契约关系和市场关系相区别，并且成为经济行为所追求的价值的最终落脚点，就是因为其非契约性的特征，这些特征长久以来被人们表述为忠诚、善良、怜悯等话语，但是其实质却是主体所追求的超越契约性的伦理价值。

从历史的基本演变轨迹来看，现代契约法治作为一种典型的社会治理方式，是集权制被取代的结果。它意味着个体的社会身份从"附属"到"独立"的转变，集权制下的等级秩序转向资本主义契约关系下的平等自由。但

① ［美］罗尔斯：《正义论》，何怀宏译，中国社会科学出版社2009年版，第13页。
② ［美］罗尔斯：《正义论》，何怀宏译，中国社会科学出版社2009年版，第15页。
③ ［德］康德：《实践理性批判》，邓晓芒译，人民出版社2003年版，第26页。
④ ［德］黑格尔：《法哲学原理》，范扬、张企泰译，商务印书馆2017年版，第205页。

是，等级秩序与契约关系都是独立于人的外在的规定关系，人与人之间的关系只要是外在的，权利博弈显然建立在一个虚假利己的前提之上。正如马克思在总结现代资本主义社会产生后所发生一系列变革时指出的，"它使人和人之间除了赤裸裸的利害关系，除了冷酷无情的'现金交易'，就再也没有任何别的联系了"①。就权利博弈中道德因素消散的问题，基于契约关系所代表的历史形态必然无法在当代实现逻辑自足，发展伦理内在地要求人与人之间建立一种凸显道德因素的内在于人的关系，这种关系在当代所展现出的征候已经能够表明，它是一种"依赖性关系"。契约关系下的权利博弈虽然包含着自愿、平等、公正等道德内涵，"但是，以契约关系为基础的合作还不是真正意义上的合作，而是合作的低级形态，即协作"②。如果说，新自由主义主张的伦理精神仅仅实现了从等级身份向契约身份转变的话，那么，发展伦理所讲的正义性则强调从契约身份向依赖性身份的转变。在等级关系的基础上建立起来的是权制，在契约关系的基础上确立起来的是法制，在依赖性关系的基础上则建构的是一种制度性关怀。

这种制度关怀试图进一步改进既有的契约主义关系体系，使之深化对人类依赖性本质的价值观照。列宁认为对关系本质的认识就是规律，"规律的概念是人对于世界过程的统一和联系、相互依赖和总体性的认识的一个阶段"③。因此，人的依赖性和脆弱性这一事实决定了制度关怀可能是正义体系最基本的价值观。人的重要标志和特征在于人能够与其他人形成情感联系，依恋与关切是人类生活的一个重要方面，是完整和健全的人类生活不可或缺的要素。"如果我们从生命的最初时刻就没有被人关心过，我们就不会存在。"④ 因此，制度性关怀的核心要素是以人类学视野强调"关系性的善"，不同于外在于人的契约关系，它强调社会关系是一种内在于人的伦理关系，从而避免了"孤独的自足性"导致人类变得脆弱和冷漠的风险。而在关系性依赖的视角下，全球发展的不公正不是个体孤立行动的简单线性结

---

① 《马克思恩格斯文集》（第 2 卷），人民出版社 2009 年版，第 34 页。
② 张康之：《论伦理精神》，江苏人民出版社 2012 年版，第 196 页。
③ 《列宁全集》（第 55 卷），人民出版社 2017 年版，第 126 页。
④ Biller‐Andorno N.，"Iab Presidential Address：Bioethics in a Globalized World—Creating Space for Flourishing Human Relationships"，*Bioethics*，Vol. 25，No. 8，2011，pp. 430–436.

果，而是由所有人"结构性共谋"所产生的系统性的不公正。① 每一个人都在无意的经济活动中参与并巩固了这种不平等的社会结构。就此而言，不可逃脱的社会关系以及介入性事实要求人们应该对彼此负有正义的义务。"在当今全球相互依存的世界中，许多这种结构性不公正涉及广泛分布在全球各地的人民，且绝不限于单一民族国家内部的进程。"② 所以说，人类追求自足性的恰当方式不是"降低我们对世界的要求，以便那些要求将会更一致地得到满足，相反，我们应该增加我们在世界中的活动，以及我们指向世界的活动，以便使世界更有规律地满足我们的高要求"③。唯一重要的东西不是我们对契约关系的精确控制，而是试图提升我们对社会联结责任以及关系性善的探索。

（三）有限度的效用增长：建构体面的全球性人类社会

启蒙运动以降，在"进步"这种形而上理想的引领下，现代性发展与人类的现存历史形态进行着持续的融合，其中"效用增长"是衡量发展的一个基本维度。将"发展"等同于"效用排序"，再将"效用总和最优"等同于美好生活的信念，支撑着整个社会历史的发展进程。发展概念——以效用的无限增长等价于人类繁荣是现代性的一种基本建制，现代性的经济发展逻辑"就是必须围绕'制造更大蛋糕'的任务来把社会能量激励起来"④。它除了使个体承认自身先在的、偶然的自然禀赋外，还要督促个体不断地实现理性的突破以确保争取最大效用。正如沃勒斯坦指出，"获得'更多'，就是发展，这是普罗米修斯式的神话，是一切欲望的实现，是享乐与权势的结合，也可说是两者的融合"。⑤ 增长作为推动经济发展的决定性动力，确立了经济增长和再生产统摄一切的理据或逻辑。它使"发展并注定保持发

① Aragon C. and Jaggar A. M. , "Agency, Complicity, and the Responsibility to Resist Structural Injustice," *Journal of Social Philosophy*, Vol. 49, No. 3, 2018, pp. 439 –460.

② Young I. M. , "Responsibility and Global Justice: A Social Connection Model," *Social Philosophy and Policy*, Vol. 23, No. 1, 2006, pp. 102—130.

③ ［美］纳斯鲍姆：《善的脆弱性》，徐向东、陆萌译，译林出版社 2018 年版，第 550 页。

④ ［美］古莱：《发展伦理学》，高铦等译，社会科学文献出版社 2003 年版，第 102 页。

⑤ Wallerstein I. , "Development: lodestar or illusion?", *Economic and Political Weekly*, Vol. 23, No. 39, 1988, pp. 2000—2021.

展"成为任何事物得以存在的基础特性，而且这种自我维系并不局限于人类学，在纵向范围上还是历史的，整个历史文化之演进也存在于"积累再积累"的发展理脉之中。

尽管"对增长的质疑被视为是疯子、理想主义者和革命者的举动。"①但是，我们必须反思这样的发展。这种质疑源于三个方面，首先"在物质上，没有一个有限系统的子系统可以无限增长。经济学家们必须要回答持续增长的经济系统如何能与一个有限的生态系统相一致的问题"②。其次在精神上，人们对发展的无限欲望，常常导致生产性手段不足以负担那些欲望，那么，人类的生存是否真的如赛林斯所比喻的那样，"人类如服苦役的囚犯，自困在自身欲求之无穷与自身手段之不足的永恒殊悬之中"③ 而注定成为一场命定悲剧。最后在社会上，发展总是使贫困处于风险之中，财富的多寡在资源的可选择范围和可利用的便利程度上是不同的，它影响人在寿命、教育、健康等基本方面的社会适应力。

繁荣是人类社会的共同愿景。但仅仅依靠持续不断的物质手段与理性诉求的扩张，来推动人类社会的持久繁荣是站不住脚的。对无限发展的集体性盲目，只能导致繁荣逐渐蜕变成为一种幻象，而不是一种可靠的愿景。繁荣具有物质上、精神上、社会上的重要尺度。而能够体面地、富有尊严地参与社会生活的"能力"越来越被视为是实现繁荣的关键因素。

阿玛蒂亚·森曾多次提出人类的繁荣可从实现其生活质量的"能力"来判断。在他看来，"生命中的活动可以看成一系列相互关系的'生活内容'，即'一个人处于什么样的状态和能够做什么'的集合"。④ 这些生活内容包括最基本的生存需求（营养供给、身体健康等生命机能的维持）、社会机会（享受教育、医疗及其他社会服务）、安全保障（失业救济、紧急救助和其他防护性保障）等个体生存状态的构成要素。而社会状态的良善程度恰恰在于个体有能力去选择性实现这些生活内容。纳斯鲍姆认同并深化了森的"能力"观点。纳斯鲍姆认为人作为一种伦理性的存在，其所具有的尊严在

① ［英］杰克逊：《无增长的繁荣》，乔坤、方俊青译，中国商业出版社2011年版，第16页。
② ［英］杰克逊：《无增长的繁荣》，乔坤、方俊青译，中国商业出版社2011年版，第16页。
③ 许宝强、汪晖选编：《发展的幻象》，中央编译出版社2003年版，第58页。
④ ［印］阿玛蒂亚·森：《再论不平等》，王利文等译，中国人民大学出版社2016年版，第44页。

任何时候都是完全平等的；同时，人作为一种社会性的存在，与他人携手建构具有平等意味的共同生活亦是体现人类尊严的一部分。无限发展并不能改善落后地区人口的生存状况进而实现与发达国家共同享有人类尊严的社会愿景，从发展与现代性生成的关系来看，以资本逻辑为主导的现代性扩张本身是一种难以维持的高剥夺过程。"它发展到一定的程度，就产生出消灭它自身的物质手段。"[1] 因此，发展伦理显然要对全球效用经济及其运行持有批判眼光，从发展追求物质积累、富裕程度、最大效用转移开来，关注那些影响个体幸福程度或生活质量的最低限度的能力。纳斯鲍姆概括了包括生命、身体健康和身体完整等十项"核心人类能力"，它们关涉作为人的核心资格，是真正的人的活动的起点。在一种道德的充分性为导向的正义观中，这十项核心人类能力的实现不会只局限在某个特殊的政治共同体范围内，相反，它要求克服狭隘的民族依恋，把个体视为道德关怀的终极单位，而无关乎他的信仰、种族或国籍的差别。面对发展的效用主义缺陷，任何一个国家及个体在寻求一种体面的、共同生活的世界愿景方面都有巨大的改善空间。

诚然，在过去很长一段历史时期内，新自由主义经济学家们追问的核心问题始终是一个社会可以为经济做些什么。[2] 他们认为只要不干预市场、推动资本主义全球化，世界性的经济增长和福祉改善就会是必然的结果。然而，我们这个世界见证了太多令人震撼的反差——新自由主义的正义理想与人类现实处境之间的巨大反差。在全球治理体制变革正处于历史转折点这一关键时刻，世界急迫地需要共同采取行动以解决紧迫的社会问题。所以，是时候去反思和纠正新自由主义的理论惯性，掉过头来去追问经济可以为社会做些什么。

三　新发展理念价值逻辑的正义前沿[3]

总的来看，发展实践所具有的质量与发展所存在的品质与所诉求的境界

---

① 《马克思恩格斯文集》（第 5 卷），人民出版社 2009 年版，第 873 页。

② Khan M. A. ，"Putting 'Good Society' Ahead of the Economy: Overcoming Neoliberalism's Growth Trap and its Costly Consequences"，*Sustainable Development*，Vol. 23，No. 1，2015，pp. 55 – 63.

③ 本节部分内容以《"发展好的"与"好的发展"：新发展理念价值排序的选择可能》为题发表于《内蒙古社会科学》2020 年第 3 期。

由发展价值观的有无、合理及先进与否决定。① 发展伦理在批判新自由主义
发展理念之中表达了一种更为优越的发展主张，它强调从超越人本学意义上
做到对发展主体自由价值的关怀；看到权利对契约关系的超越性，为"关系
性的善"创造空间；实现一种有限度的效用增长，从而建构体面的全球性人
类社会。诚如不少学者所认为的，发展伦理所根本主张的是建构起一条伦理
型发展道路，因为其对新自由主义发展理念的批判所建立的根本基础是只关
注经济发展所带来的诸多代价与焦虑。在这种倡导伦理型发展的理念中，
"价值"在发展之中被极端演绎：认为"价值"构成人之存在与现实生活过
程中因具体的情景不断进行选择的客观依据。② 即发展伦理强调不再以物理
化的测量、数据化的计算作为判定发展的手段，而是将"价值"作为研判
发展的尺度。而这一认识也致使发展伦理所主张的伦理型发展路径面临着一
系列风险与诘问。

　　这主要表现为：一方面，极易陷入主观主义。从伦理型发展看，"价
值"是人创造出来的、引领发展的、为人认识的、构成人之知识性存在的对
象。差异存在是人之生活世界的客观事实，既表现为因遗传而存在的先天差
异，又表现为因生存机会不同而导致的后天差异。尽管两者在差异构成上存
在区别，却并不影响两者存在着一致的结果：形成对"价值"的差别体认。
这意味着在未形成最普遍的"价值共识"之前，存在着取决于因自身对
"价值"的认知程度而提出的符合自身发展诉求的发展主张。这就造成了在
发展标准、发展评价、发展实践等方面存在着因主观认识而带来的相对主
义。同时，纯粹从价值逻辑出发思量如何发展也忽视了发展现实，造成以价
值线索彻底置换发展理念价值排序的现实线索。只谈发展"价值"不仅造
成了行动中的发展与现实中的发展相脱节，甚至会出现否认发展现实重要价
值的虚无主义倾向，因而这也只是主观地勾勒出一幅发展的乌托邦蓝图。

　　另一方面，极易导致抽象主义。"价值"这一概念最早萌芽于政治经济
学，而非哲学。只有从"价值"的经济维度中抽身出来，"价值"概念的哲

---

① 袁祖社：《社会公共正义信念与发展合理化的价值逻辑》，《北京大学学报》（社会科学版）2018
年第 4 期。

② 马俊峰：《马克思主义价值理论研究》，北京师范大学出版社 2012 年版，第 32 页。

学形态才能建立。① 可见，"价值"概念既源于又高于经济维度。伦理型发展所追求的价值是一个具有深刻哲学意蕴的概念，与人如何在外部的固有的必然性中表达与建构自我息息相关。在批判新自由主义发展理念存在的对物质文明发展与人之获得解放与自由的应然关系的背离时，伦理型发展具有回归两者应然关系的价值指向。但对人表达自我、占有自由的纯粹哲学意念上的优先性思考直接覆盖了价值具化的物质底蕴，这就走入了抽象主义的价值表达，进而导致不知如何进行发展实践，评价与判定发展的标准也随之空洞化。同时，将发展的现实逻辑进行彻底置换是将发展问题的概念化与理念化，这忽视了发展本身是一个具象的实践问题，它不仅关系到价值理念，更关系到具体实践。因此，这就决定了尽管发展伦理具有超越新自由主义发展理念的优越性，但它所存在的实践风险也意味着它无法成为发展正义的根本指引。

概言之，发展理念的价值排序归根结底反映的是价值观问题。对于价值观而言，标准与选择是其核心范畴。② 标准具有规范性的提示，提供选择的判断依据与对象参考。在阿玛蒂亚·森与贝纳多·科利克斯伯格看来，文化是发展的关键。他们认为发展的努力受到一个社会价值观念的显著影响。③ 相似的是，弗朗索瓦·佩鲁也强调发展的关键问题就在于具有这样的文化意识，即，"制定的新的标准并找到使旧价值观念更新但同时又不是歪曲它们的新手段的需要"④。基于此，弗朗索瓦·佩鲁通过"三个必须"细化了发展标准的条件要求：一是社会前进的条件设置："必须就生活条件、文化和政治意志的锻炼提高个人和群体的标准。"⑤ 二是良好结构的条件安排："必须始终使特殊的经济和社会结构向着最佳一般结构的方向发展，以促进该共同体内每个个别成员的个性全面发展。"⑥ 三是实践的条件要求：在具有前

---

①　邓安庆：《正义伦理与价值秩序：古典实践哲学的思路》，复旦大学出版社 2013 年版，第 7—8 页。

②　孙正聿：《作为现实自我意识的价值观》，《当代中国价值观研究》2018 年第 5 期。

③　［印］阿玛蒂亚·森、贝纳多·科利克斯伯格：《以人为本：全球化世界的发展伦理学》，马春文等译，长春出版社 2012 年版，第 191 页。

④　［法］弗朗索瓦·佩鲁：《新发展观》，丰子义等译，华夏出版社 1987 年版，第 22 页。

⑤　［法］弗朗索瓦·佩鲁：《新发展观》，丰子义等译，华夏出版社 1987 年版，第 22 页。

⑥　［法］弗朗索瓦·佩鲁：《新发展观》，丰子义等译，华夏出版社 1987 年版，第 22 页。

两个条件之时，必须促使革新、投资收益、艺术创造性、科学知识在整个人口中的普及尽可能地迅速。① 这种"文化意识"在求索发展理念价值排序的努力同时，也揭示着发展的文化使命：既要关怀个人又要关切群众共同的生活世界，并认为这是发展应具有的恒定的价值精神。

在这一衡量发展的标准之中，群体与个体的持续性发展及其发展受用构成发展理念价值排序的核心要件，继而为判定一种发展理念价值的优越性与先进性提供了基本的价值标准，这集中表现为：一是以个体生存权利、发展权利、根本利益为度量，该种发展理念是否能有效促进个人更好地、更多地、更大地在服从外部的固有的高级的必然性的基础上表达自我、占有本质、获得自由、在物质文明日益繁荣的社会中增进多种幸福体验。二是以群体发展诉求为考量，该种发展理念是否从现实中推进了群体面临的公共生活难题的解决、从价值理念致力于普遍意义之上的发展共识之达成。三是以人之存续的亘长性为思量，该种发展理念是否存在着可持续性的内在规定。这表明，优越的、先进的发展理念应根植于价值理性与工具理性之统一中，由价值的与现实的逻辑共同编织，是过程与结果的辩证统一。这恰恰是新发展理念的出场语境。

在一种总体性意义上，新发展理念表现为对生活世界的理解与阐释。生活世界是人存在和创造的基本现实。何为生活世界，尚未具有明确的定义。一种普遍的做法是采用现象学的方法对生活世界进行描述。这反映了生活世界的复杂性，但在对其进行描述的过程中却指明了生活世界的一个本质特性，即可意识到性。这即意味着对生活世界进行理解与阐释不仅是可能的，也是人确证和体认自我存在的一种方式。发展是构造生活世界的人的意向性活动，并通过发展理念塑造生活世界的基本面貌，反映人之存在状态。从发展理念出发理解与阐释生活世界也就是对人之存在、人之发展的认识。新发展理念秉持发展理念优越性与先进性的标准，以一种更优越更先进的眼光去理解与阐释生活世界，反映人的存在与发展。从现实之维来看，新发展理念对生活世界的阐释表现为人对生活世界之存在的领悟与践行，让生活世界成为现实的被人规定与把握的一种活动，进而揭示出人是一种现实性的存在，

---

① ［法］弗朗索瓦·佩鲁：《新发展观》，丰子义等译，华夏出版社1987年版，第22页。

并依据现实以发展去构建生活世界。从价值之维而言，新发展理念通过规定人如何走向生活世界而达到对生活世界的阐释，新发展理念是人在意向性的构造生活世界过程中形成的与生活世界的意涵性关联，体现的是人对生活世界的使用与整合，让生活世界符合自身存在的需求，做到人对自我如此这般存在的理解、诠释与实现，注重从价值逻辑规定人与生活世界的存在样态及发展应然，从而说明了人是一种超越性存在。新发展理念也表现为对生活世界的建构，这体现为人通过发展思考着自我应该如何存在、如何发展，是人自我求索更好的存在的努力。新发展理念价值排序具有高位格的价值品质，具体表现在以下三个方面。

一是在进行价值排序的逻辑上做到了价值的与现实的统一。从发展理念的演进谱系来看，对发展现实的体认与把握贯穿着发展理念的发生与发展。改革开放以来，我国发展理念谱系经历由以经济发展为中心到新发展理念的多个发展阶段，对应着不同的发展现实，所关切的核心发展问题，发展的中心与重心因发展现实的差异存在着不同的价值取向。新发展理念的总结与提炼深刻地反映着我国发展的现实逻辑：创新面临的是发展动力的现实供给问题，协调凸显的是发展平衡的现实需要问题，绿色注重的是发展和谐的现实要求问题，开放揭示的是发展联动的现实道路问题，共享关怀的是发展正义的现实价值问题。从世界发展史来看，创新意识与创新能力的不充足导致不少国家发展乏力，无力发展；发展的两极分化造成大规模大范围阶级冲突，在极端分化之下造成社会整体动荡；发展对生态的破坏导致自然的报复，雾霾对人体的危害、荒漠化对土地的吞噬等展示着自然报复的凌厉性；发展的自我封闭产生了夜郎自大的危害后果，被狠狠甩在时代之尾；不公正的社会发展造成同一个国家具有扭曲的多重发展面相，丑陋无比。诚如埃里希·弗罗姆所看到的，自工业时代以来，无止境的进步这一伟大允诺从未被兑现。①

而新发展理念的价值逻辑则以其包含着深邃价值意涵的科学内涵得以呈现，具体表现为创新内蕴着先进，协调彰显着公平，绿色呈现着和谐，开放标志着包容，共享昭示着正义。这些充满着价值意涵的科学内涵：第一，共

---

① ［美］埃里希·弗罗姆：《占有还是生存》，关山译，生活·读书·新知三联出版社1989年版，第3—4页。

同构成新发展理念的价值承诺，即要走向以公平、和谐、正义为核心价值的高质量发展，这是发展的向善价值逻辑的彰显。第二，发展、公正、先进、和谐、正义的价值认识也是从发展的社会史之中体悟到与总结出的深刻的发展真理，体现了发展的求真价值逻辑。第三，新发展理念科学内涵的价值意蕴描绘了在人与自然和谐共生中，可持续推进人类福祉最大化的社会发展美好图景，揭示了发展的达美价值逻辑。由此点明了新发展理念价值逻辑的形成线索。从而可以说，新发展理念在价值排序过程中所秉持的现实与价值相统一的基本逻辑，从根本上实现了对发展伦理与新自由主义发展理念的超越。

二是在以人民为中心的价值宗旨上统一了工具理性与价值理性。新发展理念与人之存在的关联内在地决定着新发展理念具有以人民为中心的价值自觉。从本质上来看，新自由主义发展理念是以工具理性为合理性安置的，而发展伦理的发展主张则体现出价值理性的实践安排。尽管发展伦理批判了新自由主义存在的发展对人的异化弊端，但其也表现为一种对人与发展之关系的认识偏颇，这呼吁发展理念应正义地体认以人民为中心的发展价值。唯物史观揭示了社会发展的创造者、推动者是人民群众，这表明了在发展理念上坚持以人民为中心的意涵表达是发展的人民共创与共治，从而从根基上规定了发展与人的应然关系。对人之美好生活的孜孜求索是社会发展史对发展的本质披露，这意味着发展是人之求索美好生活的实践方式，人也以发展追求与享用美好生活。在这一意义上，在发展理念上坚持以人民为中心的意涵表达还应当包括（求索美好生活的）发展由人民共享。因此，以人民为中心的发展理念是事实判定与价值判断的统一，既肯定发展，又肯定发展的价值，体现出工具理性与价值理性的深度融合。这是新发展理念的合理性依据所在，也深刻回答了靠谁发展、为谁发展这一基础的发展之问。表现在实践之中，新发展理念通过其科学内涵的逻辑指向来表达新发展理念的合理性依据如何指引发展。一方面，新发展理念科学内涵的现实逻辑指向对发展现实的认识与判断，体现了工具效能的价值意识，具有工具理性的一般特性，也即是五大发展理念对于发展的"现实化"过程，要求在现实发展过程中彰显出人民在创新、协调、绿色、开放、共享上的共创共治。另一方面，新发展理念科学内涵的价值逻辑为创新、协调、绿色、开放、共享赋予深厚的发展价值，使其成为指引发展的价值导航标，并指向着人类福祉可持续的最大化，从而反映出价值理性的现实功效，即共享（美好生活的）发展。因此可以说，工具理性与价值理性的深刻融合揭示了"新发展理念在本质上蕴含一种'以人民为中心的共创共享共治'的普惠理念"①。

三是在凸显发展的综合评价上统一了过程导向与结果导向。新发展理念的科学内涵不仅揭示了发展的价值预设与承诺，更突出了评价发展的综合性特质。与综合性评价相对应就是复杂性思考。埃德加·莫兰强调"复杂性思考能够面对整体的和根本的问题（而非个别现象），触及存在的意义，增加人认知的智性能力和敢于担当的行动勇气"②。这道明了新发展理念具有的直面发展问题、拷问发展意义、增加发展底气、展示发展智慧的基本性质。以这一综合性评价体系统一过程导向与结果导向是新发展理念应对复杂性发展的本质特色，这表现为：发展伦理在批判新自由主义发展理念的过程中首先确证了发展是一个综合的、整体的、长远的过程，进而批判了新自由主义对现时态发展结果的绝对强调和对发展的表象化追求。新发展理念肯定发展伦理对发展整体性与过程性的确认，认可其对新自由主义发展理念的批判，但极力主张规避陷入主观主义、抽象主义与虚无主义的风险，强调对好的发展的认识应建立在对发展的综合评价之上。这体现为：一方面，突出规律的制约性。客观规律的存在是发展的基本特质，提供了发展确定性存在的根由。认识到发展受规律强制能提升发展的主体积极性，促进发展资源的集中。这是强调即时性发展结果的新自由主义发展理念的重要支撑，但这种发展还存在着背离发展规律的风险，即为求达到发展结果进行肆意发展。这种发展的后果往往带来的是对人之持续性存在的威胁与人之自由的损害。因此，新发展理念重视综合性发展评价中的规律性强制，实则是将发展规律作为发展根基，坚决反对蔑视发展规律的盲目发展，防止走向发展的背反面。另一方面，体现主体的选择性。确认以人为中心的发展实则确认了人具有的发展能动性。从发展的历史来看，人选择发展的能力具有消极与积极之分，

---

① 韩庆祥：《世界多样与普惠哲学——构建引领新时代发展的马克思主义哲学》，《学术月刊》2018年第9期。

② ［法］埃德加·莫兰：《伦理》，于硕译，学林出版社2017年版，第8页。

并分属于不同的发展领域，消极发展对应的是自然发展，积极发展面对的是社会发展。新自由主义、发展伦理与新发展理念都是对人之美好生活的一种发展求索，存在于三者之中的主体性选择即是积极选择。发展伦理强调以过程性为发展的导向，指出了确定性与不确定性并存的发展实际，而陷入主观主义、抽象主义与虚无主义的诘问则揭示着发展伦理因放大了主观能动性而产生的对发展确定性与不确定性关系的不恰当认识。霍克海默在反思不确定性之痛时重视以伦理的确定性"治疗"不确定性带来的"疼痛"，这一做法在于提醒人应关注确定性与不确定性之间的关系，这构成了新发展理念重视综合性评价的核心关切：发展的综合性评价看重主体对发展确定性与不确定性关系的认识与把握能力，体现了主体具有从不确定性中寻找确定性，防范确定性被不正义利用的能力，并坚持将正确处理确定性与不确定性的关系作为第一顺位安排，从而做到了以发展的综合评价统一发展的过程导向与结果导向。

综上所述，反思新发展理念的价值排序是为了对人之构造生活世界的发展实践与发展意义之间一度失去的联系的重新找回与再次构建，根本表现为对人与生活世界如何交往的审思和对何种品质、何种境界的生活才是人之美好生活的回应。因此，我们应看到新发展理念价值排序的前沿性，看到其在"有限度的发展"和"可选择的现代性"背后的价值选择，即为人类的自由、全面、美好生活而期许的发展未来。

第　五　章
新发展理念价值逻辑的核心命题^①

　　每个社会在发展不同阶段都会有与之相对应的价值排序，其具体状况需要根据社会的矛盾属性、历史方位、发展阶段、发展任务与发展目标等多重条件进行分析和判断，根据国情与人民需要对各发展理念进行选择与排序，确定与当下社会状况最符合、最适应的发展理念，明确其在发展总体系中的优先地位，统领社会发展全局。但无论是何种发展理念，都无法脱离对两个核心价值命题的回答：一是生存价值命题，其观照的是价值主体的存在样态，这是一个社会价值排序的基本前提和出发点；二是发展价值命题，其观照的是价值主体如何进行发展，这是一个社会在不同时期根据社会需要进行价值排序的具体指向。新发展理念形成于社会主要矛盾转化下时代基础、社会基础与价值基础相统一的基点之上，其价值排序的演进同样遵循历史依据、理论依据与现实依据的统一。总的来看，新发展理念体现了中国共产党在争取民族独立、人民解放和实现国家富强、人民富裕的百年强国之路中一脉相承又与时俱进的价值取向，集中关涉了生存与发展两大价值命题。具体来看，从争取民族独立、人民解放到维护国家总体安全，新发展理念内含着生存价值命题核心要义从"民族持存"到"总体安全"的动态变化；从以经济建设为中心到深入贯彻新发展理念，新发展理念意味着发展价值命题的核心要义从"经济发展"到"共同富裕"的样态转换。在当今中国社会，生存与发展两大价值命题处于深度融合、内涵深化的现实状况下，走出具有中国特色的、符合中国实际的社会主义现代化道路，引领社会主义现代化强

---

　　① 该章部分内容以《中国共产党百年强国之路的价值命题：要义与走向》为题发表在《江苏行政学院学报》2021 年第 5 期。

国建设，是新发展理念面向未来的总的价值走向。

一　新发展理念的生存价值命题：
从"民族持存"到"总体安全"

理解发展理念，首先要把握社会的发展阶段。新民主主义革命时期，中国共产党经过艰苦卓绝的探索，逐渐认识到中国革命必须经过新民主主义革命这个历史阶段，在此基础上提出了中国革命的任务和战略策略，领导广大人民取得中国革命胜利。新中国成立之初，中国共产党在总结中国革命道路经验的基础上，深刻地认识到，从新民主主义社会进入社会主义社会需要经历一个过渡阶段，由此形成了党在过渡时期的总路线，顺利完成了社会主义革命任务，进入了社会主义建设阶段。改革开放以后，在深刻总结世界社会主义特别是中国社会主义建设正反两方面经验的基础上，党中央作出中国正处于并将长期处于社会主义初级阶段的重大判断，并据此提出了党的基本路线，开辟了改革开放和社会主义现代化建设的崭新局面。党的十八大以来，党中央带领人民在前人长期奋斗的基础上统筹推进"五位一体"总体布局、协调推进"四个全面"战略布局，推动党和国家事业取得历史性成就、发生历史性变革，推动中国特色社会主义进入了新时代。因此，正确认识党和人民事业所处的历史方位和发展阶段，是中国共产党明确阶段性中心任务、制定路线方针政策的根本依据，是中国共产党领导革命、建设、改革不断取得胜利的重要经验。回顾历史，从争取民族独立到追求国家富强，在不同的发展阶段中，中国共产党对生存价值命题有着一以贯之的不懈关注和持续努力。生存价值作为价值排序中最基础和首要的价值，对价值主体具有存在论意义。立足新发展阶段，为全面发展营造稳定的国内外环境，实现安全发展，同样是新发展理念的重要原则。具体来看，新发展理念代表了党中央对新发展阶段生存价值命题新样态的认识和总结，这一过程主要表现为生存价值命题要义从"民族持存"到"总体安全"的动态变化。

在新民主主义革命时期，中国社会的基本国情是半殖民地半封建社会，晚清封建政权的落后腐朽和国外帝国主义的殖民侵略致使中华民族遭遇了前所未有的民族危机，中国人民面临着中国命运"走向何处"的时代关口。在这样特殊的国情下，唯有保证民族生存，国家发展才具备客观条件。因而，生存价值在国家价值谱系中处于绝对优先的排序地位。在中国人民进行反帝反封建的过程中，生存价值命题首先突出表现为如何实现"民族持存"。

所谓"持存"，从哲学意义上讲，是指事物在对立性质的转换中保持自身的同一性。亚里士多德在实体范畴中使用这个词，在亚里士多德看来，经历对立性质的转换而保持自身同一性是实体独有的特性，即"实体不仅能在数目上保持单一，而且能容受相反的性质，如某个人，在数目上始终是同一个人，但他有时白，有时黑，有时发热，有时发冷，有时行善，有时行恶"①，这种特性即是持存。可以看出，持存首先意味着一种变化的语境，是实体在对立性质的转换中对自身同一性的确证，是变与不变的统一。同时，持存具有重要的价值维度意义，即它为价值关系的产生提供了存在论基础。根据亚里士多德的观点，"第一实体乃是其他一切事物的载体"，承载着"第一实体和其他一切事物的关系"②。没有实体的持存，依赖于实体的价值关系就无法产生，因而，持存也可以被视为是一种前提性价值。类似地，马克思也指出："一切人类生存的第一个前提，也就是一切历史的第一个前提，这个前提是：人们为了能够'创造历史'，必须能够生活。"人类只有满足了生命持存这一第一需要，才会由"已经得到满足的第一个需要本身、满足需要的活动和已经获得的为满足需要而用的工具又引起新的需要"③。事实上，"无论是个体还是共同体都存在价值排序问题"④，恰如维持人的生命持存是人作为价值主体永恒的生物学前提，对于近代中国而言，民族持存乃是第一需要，是其他价值关系得以生发的历史前提。

中国共产党领导人民追求"民族持存"这一价值目标，在根本上包含

---

① ［古希腊］亚里士多德：《亚里士多德全集》（第1卷），徐开来译，中国人民大学出版社2016年版，第11页。

② ［古希腊］亚里士多德：《亚里士多德全集》（第1卷），徐开来译，中国人民大学出版社2016年版，第8页。

③ 《马克思恩格斯文集》（第1卷），人民出版社2009年版，第531页。

④ 张彦：《论当代中国的价值排序及核心价值观建设》，《武汉科技大学学报》（社会科学版）2013年第1期。

着对旧中国国家性质进行转换，实现民族独立、人民解放的意蕴。如前所述，持存首先意味着一种变化的语境，是事物在对立属性的转换中保持自身的同一性。因而，中国共产党将持存价值置于首要地位，其目标不是要在旧中国半殖民地半封建社会的基础上建立一个新政权，而是要改变这种社会性质，成立一个人民当家作主的新中国。在中国共产党成立以前，中国人民也对国家出路进行过艰辛探索，但不管是洋务运动、戊戌维新运动还是辛亥革命，都没能改变旧中国的社会性质。毛泽东指出："从鸦片战争，太平天国，戊戌维新，辛亥革命，直至北伐战争，一切为解除半殖民地半封建地位的革命的或改良的运动，都遭到了严重的挫折，因此依然保留下这个半殖民地半封建的地位。"① 究其原因，在于这些运动都没有将矛头直接对准帝国主义和封建主义，也没有找到真正革命性的力量。直到马克思主义传入中国，在科学理论的指导下，中国共产党自觉以中国的特殊社会性质为切入点，才辨明了中国革命的前进道路。党的二大宣言指明："各种事实证明，加给中国人民（无论是资产阶级、工人或农民）最大的痛苦的是资本帝国主义和军阀官僚的封建势力，因此反对那两种势力的民主主义的革命运动是极有意义的，即因民主主义革命成功，便可得到独立和比较的自由。"② 依据马克思主义的阶级分析理论，中国共产党找了中国革命的真正主体力量——无产阶级，对革命对象和革命力量树立了清晰的认知。实现民族独立和人民解放，使中国成为一个一脉相承的民族国家而焕然一新，成为中国共产党在革命时期首要的价值目标。朝着民族持存的价值目标，中国共产党领导人民取得了新民主主义革命的胜利，建立了一个以无产阶级为领导、以工农联盟为基础的人民民主专政的新中国，彻底改变了中国的社会性质。

新中国成立以后，民族持存的价值目标基本得以实现，生存价值命题的表现样态更突出地呈现为如何实现国家安全。一般地讲，"安全"指的是主体不受到威胁的一种状态，从价值层面来讲，其包含着两个层面的内涵："从客观上来说，衡量的是对已获取价值的威胁的缺失状况，从主观上来说，

---

① 《毛泽东选集》（第 2 卷），人民出版社 1991 年版，第 449 页。
② 中共中央文献研究室中央档案馆：《建党以来重要文献选编（1921—1949）》（第 1 册），中央文献出版社 2011 年版，第 132 页。

衡量的是对这些价值将遭受攻击所抱有的恐惧的缺失状况。"[①]"安全"价值与"持存"价值密切相关，指向的是对"持存"这一前提性价值的持续满足，是价值主体在生存问题得以保障之后所生发的直接需要，是生存价值在更高阶段的特殊表现。具体来讲，中国共产党所追求的国家安全，就是使民族持存这一前提性价值不受威胁的状态，是生存价值命题在新中国成立后所表现出的新样态。

就初生的新中国而言，其直接面临着两大层面上的安全问题：从客观层面看，新中国面临国内反动残余势力和国际上帝国主义的双重威胁；从主观层面上看，中国共产党基于对当时"战争与革命"国际主题的判断，认为存在再次爆发世界大战的可能性。在1950年6月中国共产党第七届中央委员会第三次全体会议上，毛泽东作了《为争取国家财政经济状况的基本好转而斗争》的书面报告，他指出："帝国主义阵营的战争威胁依然存在，第三次世界大战的可能性依然存在。"[②] 从毛泽东对国际形势所进行的判断可以看出，当时党中央在开展国民经济建设的同时，对政治、军事等传统安全的考量仍占据了主导地位。因此，中国共产党在新中国成立以后，迅速肃清了国民党在新解放区的残余势力，稳定了国内的社会环境，并派遣中国人民志愿军赴朝进行保家卫国的抗美援朝战争，围绕台湾问题同美国展开斗争，在外交上倡导和平共处以团结一切可能的和平力量。这些工作顺利地巩固了新生的人民政权，为社会主义制度在中国的建立提供了保障。

进入改革开放时期，邓小平对国际形势做出了准确判断，认为和平与发展已成为时代主题。在以实事求是的态度打破原有思想桎梏之后，党将工作中心重新转移到经济建设上来。这一重大决策不仅为国家安全奠定了坚实的物质基础，同时还促进了中国共产党关于生存价值命题的深入思考。一方面，以发展作为安全的基础。粉碎"四人帮"以后，邓小平深刻地认识到，综合国力的落后成为制约维护国家安全的重要原因，为此，他指出："不搞

---

　　① ［美］阿诺德·沃尔弗斯：《纷争与协作：国际政治论集》，于铁军译，世界知识出版社2005年版，第133页。

　　② 中共中央文献研究室：《建国以来重要文献选编》（第1册），中央文献出版社1992年版，第251页。

现代化，科学技术水平不提高，社会生产力不发达，国家的实力得不到加强，人民的物质文化生活得不到改善，那末，我们的社会主义政治制度和经济制度就不能充分巩固，我们国家的安全就没有可靠的保障。"① 另一方面，更加重视非传统安全。随着冷战结束，世界多极化与经济全球化深入发展，国家安全的内涵不再局限于传统的政治、军事范畴，而是向经济、科技、生态以及能源等诸多领域拓展。为此，江泽民、胡锦涛等党和国家领导人先后提出了以"互信、互利、平等、协作"为核心的新安全观和"综合安全观"等思想，深化和扩展了国家安全这一价值目标的内涵和外延，为深入推进改革开放提供了有利的外部环境。

党的十八大以来，中国共产党对生存价值命题的认知上升到"总体安全"的阶段。随着中国特色社会主义进入新时代，面临对外维护国家主权、安全、发展利益，对内维护政治安全和社会稳定的双重压力，各种可以预见和难以预见的风险因素明显增多。面对新形势和新挑战，以习近平同志为核心的党中央提出了总体国家安全观，强调以人民安全为宗旨，以政治安全为根本，以经济安全为基础，以军事、文化、社会、科技安全为保障，以促进国际安全为依托。既重视外部安全，又重视内部安全，对内求发展、求变革、求稳定、建设平安中国，对外求和平、求合作、求共赢、建设和谐世界；既重视国土安全，又重视国民安全，坚持以民为本、以人为本，坚持国家安全一切为了人民、一切依靠人民，真正夯实国家安全的群众基础；既重视传统安全，又重视非传统安全，构建集政治安全、国土安全、军事安全、经济安全、文化安全、社会安全、科技安全、信息安全、生态安全、资源安全、核安全等于一体的国家安全体系；既重视发展问题，又重视安全问题，发展是安全的基础，安全是发展的条件，富国才能强兵，强兵才能卫国；既重视自身安全，又重视共同安全，打造命运共同体，推动各方朝着互利互惠、共同安全的目标相向而行，为全面建成小康社会、实现中华民族伟大复兴中国梦提供了重要保障。

总体国家安全观，体现出对国家安全领域传统与非传统两方面众多问题的全面性、综合性、系统性、辩证性观察、认识和处理，具有系统的非传统

---

① 《邓小平文选》（第2卷），人民出版社1994年版，第86页。

思维和丰富的非传统内容。一方面，"总体国家安全观"突出表现出了"以人民安全为宗旨"的特征，打破了传统国家安全观侧重于捍卫国家主权和领土完整的不平衡性特征，更加关注作为社会主体的人的自身安全价值，将安全的最终价值复归于人的自由全面发展，不仅体现了安全作为发展前提性价值的地位，更指明了个人发展与国家安全的辩证关系，国家安全则是个人发展的前提条件，每个人的自由全面发展是国家安全的价值指向。另一方面，总体国家安全观的显著特点是"人类命运共同体"框架模式的构建。总体国家安全观致力打造中国同世界密切联系的命运共同体，主张命运共同体是实现国家安全的重要因素，体现了与"他者"谋求共同安全才能最终实现自身安全的现代国家生存观和现代新型国际关系思想。传统国家安全观往往通过诉诸安全的主观层面，即"威胁不存在"来界定安全，这导致安全的边界受到主观因素的影响而模糊化。在追求主观层面安全的过程中，"零和博弈"思维逻辑普遍存在于国际交往之中，他国利益的满足往往被视为实现本国安全的阻碍和不安全因素。不同于"零和博弈"思维逻辑，总体国家安全观立足于世界经济政治一体化发展的时代特征，主张构建"互利合作""多边共赢""竞争共处"的安全模式，体现了一种"优态共存"的安全逻辑，其安全的可能性边界不再由一国的主观判断来确定，安全因而就有了某种绝对的意义。

新发展理念是在坚持总体国家安全观的基础上，倡导安全与发展并重的发展理念，是中国共产党综合国内外发展环境深刻而复杂的新变化，关于如何实现科学发展的新认识。新发展理念不仅深刻揭示了实现更高质量、更有效率、更加公平、更可持续发展的必由之路，也深刻揭示了实现更为安全发展的必由之路。在百年未有之大变局下，中国特色社会主义事业所面临的机遇和挑战都在发生深刻变化，所带来的不确定性因素，必然导致各种风险的生成与叠加，影响甚至威胁新发展阶段的稳定性与健康性。为此，习近平总书记在省部级主要领导干部学习贯彻党的十九届五中全会精神专题研讨班开班式上发表重要讲话指出："从忧患意识把握新发展理念。随着我国社会主要矛盾变化和国际力量对比深刻调整，必须增强忧患意识、坚持底线思维，随时准备应对更加复杂困难的局面。要坚持政治安全、人民安全、国家利益至上有机统一，既要敢于斗争，也要善于斗争，全面做强自己。"①《中共中央关于制定国民经济和社会发展第十四个五年规划和二〇三五年远景目标的建议》同样将安全发展问题摆在突出位置，强调要把安全发展贯穿国家发展各领域和全过程。面对国内外可能爆发的风险和挑战，必须增强在困难局势中化风险为机遇、化挑战为动力、化被动为主动的自觉意识和责任意识，进一步增强忧患意识、风险意识和底线思维；不断提高危机处理能力，有效防范系统性风险，避免颠覆性危机；建立健全化解各种风险的体制机制，维护政治安全、人民安全、国家安全。其中，政治安全是在新发展阶段实现总体安全的前提和保障，没有政治安全，其他安全就无从谈起；人民安全是实现国家总体安全的价值指向和归属，发展是为了人民的发展，每个人的安全构成国家总体安全的必要条件，只有人民安居乐业，政治才会稳定、社会才会和谐、经济才会繁荣；国家安全是总体安全的载体，在百年未有之大变局中，首先需要关注的就是国家与国家之间利益关系的调整和重构，只有国家不受外部威胁，总体安全才具有可能实现的平台。

从实现"民族持存"到维护"总体安全"，新发展理念标志着中国共产党在百年强国之路中对如何实现当代中国社会生存价值的最新认识，凝聚了中国共产党领导人民建设社会主义现代化国家的重要经验。一方面，以辩证的眼光看待生存与发展的关系。通过坚持在国家发展各领域和全过程中全面客观地统筹两者的关系，才能为实现生存价值提供正确的方法论基础。另一方面，坚持一切从实际出发。通过对国内国际形势的正确判断，并随着实践的发展不断调整对生存价值命题核心内涵的认识，坚持实事求是、与时俱进，则是实现生存价值的关键因素。

二　新发展理念的发展价值命题：从"经济发展"到"共同富裕"

中国共产党争取民族独立、人民解放的目的是实现国家富强、人民富

① 习近平：《深入学习坚决贯彻党的十九届五中全会精神 确保全面建设社会主义现代化国家开好局》，《人民日报》2021年1月12日第1版。

裕。虽然在新发展阶段，我国的外部环境依然处于复杂变化之中，但国家和人民的生存价值已经基本得以保证。新发展理念的关注重心仍是发展价值命题，是对新发展阶段发展思路、发展方向、发展着力点的集中回答。通常来讲，"发展"指的是前进的、上升的运动，具有价值指向性，即发展的最终目标指向主体需要的满足。但是，由于作为发展价值主体的人的需要具有历史性，发展的标准会在历史进程中产生变化，是要在特定历史阶段进行回答的问题。习近平总书记指出："理念是行动的先导，一定的发展实践都是由一定的发展理念来引领的。发展理念是否对头，从根本上决定着发展成效乃至成败。实践告诉我们，发展是一个不断变化的进程，发展环境不会一成不变，发展条件不会一成不变，发展理念自然也不会一成不变。"[1] 因而，在谈论发展价值时，必须明确什么样的发展才能满足主体需要这一重要问题。德尼·古莱列举了人们关于社会发展的三种观点：（1）"发展等同于可以用总数衡量的经济增长"；（2）"发展＝经济增长＋社会变革"；（3）发展意味着"所有社会、所有团体和社会中的所有个人的质的改善"[2]。其中，经济增长意味着生产力的提高和物质产品的丰裕，是发展价值的物质维度；经济增长推动社会发生全方位变革，是发展价值的社会维度；社会成员在社会全方位的发展中实现自身需要的满足，所有个人实现自身自由全面的发展，是发展价值的主体维度。古莱的理论大致总结了西方国家现代化道路中发展价值在三层维度上的依次展开。

然而，近代中国现代化的发展过程不同于西方国家，原因在于发展价值命题是在"时空压缩"的特殊情景中展开的。发展具有历时性的特征，从发展价值的物质维度到主体维度，即从"创造丰富的发展成果"到"合理分配发展成果"，进而实现人的自由全面发展的过程，通常需要经历漫长的时间跨度。但是，中国在过去一百年里经历了从封建主义到社会主义的巨大跨越，这使得中国的发展价值命题浓缩了发达国家三个世纪现代化进程中的发展任务。特别是中国现代化过程中发展价值物质维度、社会维度与主体维

---

① 《习近平谈治国理政》（第 2 卷），外文出版社 2017 年版，第 197 页。

② ［美］德尼·古莱：《残酷的选择：发展理念与伦理价值》，高铦、高戈译，社会科学文献出版社 2008 年版，前言，第 2—3 页。

度的共时性在场，给中国共产党和中国人民进行现代化建设带来了前所未有的挑战。一般来说，只有获得发展成果，才会面临如何分配成果、实现人的自由全面发展的问题，发展价值的物质维度必然具有时间上的先在性。纵观历史，中国共产党在带领人民建设社会主义的长期实践中，形成了许多发展理念和战略，但在发展价值命题上，首先表现为如何实现"经济发展"这一样态。

在革命时期，中国共产党已开始就如何进行"经济发展"进行了有益探索，集中表现为新民主主义经济建设初步尝试。在第一次国内革命战争时期，中国共产党已经意识到土地革命是中国革命的主要内容，积极开展土地革命团结农民和群众，争取革命力量。在抗日战争时期，中国共产党在革命根据地确立了"自给自足，自力更生"的建设方向，着重发展农业和手工业，初步进行了新民主主义经济的建设实践。解放战争时期，毛泽东进一步提出了新民主主义革命的三大经济纲领，即"没收封建阶级的土地归农民所有，没收蒋介石、宋子文、孔祥熙、陈立夫为首的垄断资本归新民主主义的国家所有，保护民族工商业"[①]，并着重发展国营经济，使之成为国民经济的领导力量，为新中国成立以后国民经济的恢复与稳定指明了正确方向。

新中国成立以后，如何进行战后国民经济恢复，进而开展社会主义经济建设更是摆在中国共产党面前的主要问题。1956 年 4 月，毛泽东发表《论十大关系》，系统讨论了涉及生产力与生产关系、经济基础和上层建筑等十个方面的问题，其中对经济建设方面关系的讨论则是重点。毛泽东在回忆时提到："在十大关系中，工业和农业，沿海和内地，中央和地方，国家、集体和个人，国防建设和经济建设，这五条是主要的。"[②] 这意味着经济建设中的矛盾在当时已经成为中国社会的主要矛盾。随后在党的八大上，这一主要矛盾更是被明确提出，党的八大决议指出："我们国内的主要矛盾，已经是人民对于建立先进的工业国的要求同落后的农业国的现实之间的矛盾，已经是人民对于经济文化迅速发展的需要同当前经济文化不能满足人民需要的

---

① 《毛泽东选集》（第 4 卷），人民出版社 1991 年版，第 1253 页。
② 《毛泽东文集》（第 7 卷），人民出版社 1999 年版，第 370 页。

状况之间的矛盾。"① 虽然之后党在开展建设实践的过程中出现了左倾错误，但党的八大从分析社会主要矛盾出发开展经济建设的思路仍是具有开创性的，也在开始建设社会主义时期取得了良好的发展成效。这使得中国共产党越发深刻地认识到，正确把握党和人民事业所处的历史方位和发展阶段乃是明确阶段性中心任务、制定路线方针政策的根本依据。

进入改革开放时期，中国共产党以实事求是的态度对以往建设社会主义实践进行了深刻反思，重新将工作中心转向以经济建设为中心的社会主义现代化建设上来，进而在发展价值命题上取得了前所未有的成就。一方面，改革开放以后，中国共产党更加深刻地意识到，发展才是解决中国一切问题的"总钥匙"，对于实现中华民族伟大复兴具有决定性意义。对此，邓小平深刻地指出："中国解决所有问题的关键是要靠自己的发展。"② 以经济建设为中心，中国共产党突破了陈旧观念和体制的束缚，确立了建立社会主义市场经济体制的改革目标，并在推进改革开放的伟大实践中，实现了社会生产力和综合国力的质的跃迁，使人民的物质文化生活水平获得了长足改善，在"有发展成果"这一发展价值的物质维度上取得了巨大成就。另一方面，随着改革开放的不断深化，中国共产党对发展价值的认识逐渐深入社会维度和主体维度。由于中国现代化发展"时空压缩"的特殊情景，中国共产党在改革开放后迅速地面临了如何合理分配发展成果的问题。为此，围绕"实现什么样的发展，怎样发展"这个基本问题，以胡锦涛为代表的中国共产党人提出了以人为本、全面、协调、可持续的科学发展观，坚持把发展作为党执政兴国的第一要务，通过发展增加社会物质财富、不断改善人民生活的同时，也注重通过发展保障社会公平正义、不断促进社会和谐，在强调发展价值物质维度的同时，将发展价值的社会维度与主体维度纳入持续观照视域。朝着经济发展的价值目标，中国共产党带领人民取得了全面建成小康社会的历史性成就，发展价值的物质维度和社会维度基本得以保障，主体维度得以初步彰显。

---

① 中共中央文献研究室：《建国以来重要文献选编》（第 9 册），中央文献出版社 1994 年版，第 341 页。

② 《邓小平文选》（第 3 卷），人民出版社 1993 年版，第 265 页。

进入新时代，人民日益增长的美好生活需要和不平衡不充分的发展之间的矛盾成为中国社会主要矛盾。发展价值的主体维度更加凸显，中国共产党所面临的发展价值命题更集中表现为如何实现"共同富裕"这一全新样态。

"共同富裕"是发展价值主体维度在社会主义制度下的独特表达。"共同富裕"包含两层含义：一方面，"富裕"意味着解放和发展生产力是共同富裕的应有之义，其不仅表征着物质生活的极大丰裕，同时还是社会主义现代化的重要衡量标准；另一方面，"共同"意味着建设现代化的过程不是部分人甚至少数人的事业，社会主义现代化建设的成果应当惠及全体人民。就其目的来说，共同富裕彰显了人的自由全面发展和人的解放的价值指向；就其手段来看，在实现共同富裕的过程中蕴涵了对平等和正义等价值原则的深刻关切。一般来说，发展价值在根本意义上指发展对于人的需要的满足。然而，在社会主义制度下，单单"发展是为了满足人的需要"这样的主张仍然是模糊的。事实上，在私有制下，社会发展只是满足了少数人的需要，且往往伴随着严重的财富两极分化和人的异化。对此，恩格斯在说明废除私有制会带来的后果时特别提到："由社会全体成员组成的共同联合体来共同地和有计划地利用生产力；把生产发展到能够满足所有人的需要的规模；结束牺牲一些人的利益来满足另一些人的需要的状况。"① 这实际上意味着，社会主义制度下发展价值主体维度是以社会全体成员需要的满足为目标，在当代中国，则集中表现为实现作为发展主体的全体人民的美好生活，而非仅仅停留在物质生活水平提高、部分人自由全面发展的状况。

新发展理念是中国共产党在深刻总结中国发展历史经验教训的基础上形成的，也是在深刻分析国际发展大势的基础上形成的，集中反映了党对经济社会发展规律认识的深化，是针对新时代中国发展中的突出矛盾和问题所提出的。新发展理念体现出明确的价值指向性，全体人民共同富裕是其根本目的。创新发展是逐步实现共同富裕的动力源泉，为其提供了恒久的内生动力；协调发展是实现共同富裕的内在要求，是为缩小不同群体收入差距过程中的冲突与矛盾提供的一个缓和与化解的途径，"统筹兼顾"、可持续发展观、"五位一体"总体布局与"四个全面"战略布局等是对协调发展规律的

---

① 《马克思恩格斯文集》（第1卷），人民出版社2009年版，第689页。

深化认识；绿色发展是实现共同富裕的生态保障，也是有效推进人与自然和谐共生的生态动力，代表着社会发展质量水平的提高，彰显了人们从求生存到盼生活、盼生态的自主自觉意识的转换；开放发展是实现共同富裕的外在支撑，只有坚持"引进来"与"走出去"相统一，深度融入世界经济，才能为逐步实现共同富裕提供有利的国际环境；共享发展是共同富裕这一价值目标的集中体现，对创新发展、协调发展、绿色发展、开放发展有着目的性的引领作用。对此，习近平总书记指出："共享理念实质就是坚持以人民为中心的发展思想，体现的是逐步实现共同富裕的要求。"[1] 展望2035年远景，《中华人民共和国国民经济和社会发展第十四个五年规划和2035年远景目标纲要》提出，"人民生活更加美好，人的全面发展、全体人民共同富裕取得更为明显的实质性进展"[2]，为进一步实现发展价值的主体维度，走向共同富裕提出了更为明确的目标。

从强调"经济发展"到追求"共同富裕"，新发展理念标志着中国共产党在百年强国之路中对如何实现中国社会发展价值的经验总结和最新认识，为推进建设社会主义现代化国家提供了宝贵启示。一方面，发展必须是遵循经济规律的科学发展。坚持运用唯物史观，科学地分析社会主要矛盾变化，依照经济发展的客观规律开展建设实践，是发展价值命题的落脚点。另一方面，发展必须是观照全体人民的共同发展。只有做到发展成果由全体人民共享，使全体人民的美好生活真正得以逐步实现，持续的获得感才会进一步激发人民作为发展主体的能动性与创造性，为进一步实现发展价值的主体维度、实现共同富裕提供充足的动力。

三　新发展理念的价值走向：
建设社会主义现代化强国

进入新发展阶段，中国社会发展的生存价值命题与发展价值命题，更加

---

① 《习近平谈治国理政》（第2卷），外文出版社2017年版，第214页。

② 《中华人民共和国国民经济和社会发展第十四个五年规划和2035年远景目标纲要》，人民出版社2021年版，第9页。

突出地交织于社会主义现代化的逻辑主线之中。自中国共产党成立以来，经由新民主主义革命到社会主义革命，社会主义制度在中国逐步建立起来，中国共产党成功带领人民实现了生存价值命题从民族持存到国家安全的样态转变，就发展价值命题进行了初步探索与实践，为中国走上社会主义现代化道路提供了制度保障；进入改革开放时期，中国共产党在反思总结先前现代化道路经验的前提下，探索更适合中国社会自身的现代化模式，协调生存与发展两大价值命题的关系，领导人民集中精力进行经济建设，为中国建设社会主义现代化国家奠定了物质基础；进入新时代，党的十九大对进一步开启全面建设社会主义现代化国家新征程作出了从全面建成小康社会到基本实现现代化，再到全面建成社会主义现代化强国两个阶段的安排，为中国走向社会主义现代化强国作出了战略部署。目前，中国正处于全面建成小康社会、实现第一个百年奋斗目标之后，乘势而上开启全面建设社会主义现代化国家新征程、向第二个百年奋斗目标进军的新发展阶段。立足新的历史方位，中国共产党强国之路的生存与发展两大价值命题处于深度融合的全新样态。结合新历史方位中改革发展和时代变迁的历史境遇，充分把握新时代下生存与发展两大价值的辩证关系，走出具有中国特色的、符合中国实际的社会主义现代化道路，成为新发展理念引领社会主义现代化建设的价值走向。

现代化是人类社会发展的必经阶段，但每个国家的现代化道路却必然存在差异性，走什么样的现代化道路归根结底是由各国的基本国情所决定的，每个国家都有权选择适合自己的现代化道路。新发展理念是中国共产党在综合国内外发展环境深刻而复杂变化的基础上所做出的关于发展理念的新认识和新要求，因此，将新发展理念作为我国现代化建设的指导原则，也是由中国现代化建设的基本国情所决定的。

第一，中国的现代化是人口规模巨大的现代化。14亿多人口规模的现代化在人类历史中史无前例。但是，在全面建设社会主义现代化国家的进程中，超大人口规模虽然带来了巨大挑战，也是动力和优势所在。一方面，巨大的人口规模为进一步实现发展价值提供了显著优势。改革开放以来，中国共产党领导人民进行经济建设，不断释放"人口红利"，大量劳动力从乡村进入城镇就业，为城市化和产业结构优化提供了充足动力。进入新时代，随着中国人口受教育水平的普遍提高，更多高素质劳动力带来了发展质量的提升，巨大人口规模正在由发展成本优势向发展效率优势转化。另一方面，巨大的人口规模还为进一步保障生存价值提供了根本力量。习近平总书记指出："人民群众是我们力量的源泉。我们深深知道，每个人的力量是有限的，但只要我们万众一心、众志成城，就没有克服不了的困难。"① 在中国特色社会主义制度下，实现全体人民的美好生活是中国共产党解决社会矛盾的根本动力，凝聚来自巨大人口规模的强大合力，则是中国共产党应对各种风险挑战的根本力量。只有坚持以人民为中心的发展思想，坚持发展为了人民、发展依靠人民、发展成果由人民共享，才会有正确的发展观和现代化观。

第二，中国的现代化是全体人民共同富裕的现代化。共同富裕是发展价值命题在社会主义制度下的集中体现，是中国共产党建设社会主义现代化强国的价值归属。现代化是世界潮流，在西方国家的现代化进程中，物质财富充裕是普遍目标。但是，由于社会财富分配上的两极分化，发展价值的物质维度和主体维度在西方国家现代化道路中往往呈现不平衡的态势：丰沛的物质财富成果未能带来人的自由全面发展，反而加剧了人的异化现象。从这一角度看，共同富裕体现了中国式现代化与西方国家现代化的根本区别，即其具有社会主义特征与优势。在改革开放初期，邓小平就指出："社会主义不是少数人富起来、大多数人穷，不是那个样子。社会主义最大的优越性就是共同富裕，这是体现社会主义本质的一个东西。"② 进入新时代，习近平总书记指出共同富裕乃是中国式现代化的基本目标："在全面建设社会主义现代化国家新征程中，我们必须把促进全体人民共同富裕摆在更加重要的位置，脚踏实地、久久为功，向着这个目标更加积极有为地进行努力，促进人的全面发展和社会全面进步，让广大人民群众获得感、幸福感、安全感更加充实、更有保障、更可持续。"③ 在中国特色社会主义制度下，共同富裕体现为发展价值命题和现代化强国建设的有机统一。因此，完整、准确、全面贯彻新发展理念，就是要以共享发展的理念解决人民日益增长的美好生活需要和不平衡不充分的发展之间的矛盾，缩小城乡区域发展差距和居民生活水

---

① 《习近平谈治国理政》（第 1 卷），外文出版社 2014 年版，第 5 页。
② 《邓小平文选》（第 3 卷），人民出版社 1993 年版，第 364 页。
③ 习近平：《在全国脱贫攻坚总结表彰大会上的讲话》，《人民日报》2021 年 2 月 26 日第 2 版。

平差距，为更广大群体的人民实现优质的公共服务，不断提升人民的获得感、幸福感和安全感，逐步实现人民共同富裕，使人民生活更加美好。

第三，中国的现代化是物质文明和精神文明相协调的现代化。由于中国现代化道路处于"时空压缩"的特殊情景，客观上要求全面建设社会主义现代化国家必须同时观照发展价值的多重维度，实现"两个文明"相互协调的发展。习近平总书记在党的十九大报告中指出："我国社会生产力水平总体上显著提高，社会生产能力在很多方面进入世界前列，更加突出的问题是发展不平衡不充分，这已经成为满足人民日益增长的美好生活需要的主要制约因素。"① 新时代，中国人民对美好生活的需要是全方位、多层次的，不只在发展的物质维度，同时在民主、平等、法治等涉及精神文明建设的社会维度上提出了更高的要求。根据人类社会发展的历史规律，社会主要矛盾的变化必然使得人们在需求层次上产生排序变化。当代中国的发展已经不再单一追求财富积累和物质沉淀，同时还追求个人精神的满足，这使得精神文明建设必然处于社会发展中的突出地位。能否协调好物质文明与精神文明在发展过程中的互动关系，成为中国式现代化道路真正满足人民美好生活需要的关键因素。因此，完整、准确、全面贯彻新发展理念，就必须统筹推进"五位一体"总体布局，把我国建设成为富强民主文明和谐美丽的社会主义现代化强国，为实现全体人民自由而全面的发展提供条件，最终实现中华民族伟大复兴的中国梦。

第四，中国的现代化是人与自然和谐共生的现代化。人与自然的关系是社会主义现代化建设中的基本问题，事关生存与发展两大价值的融合提升。一方面，在当前时代，生态环境问题已经突破国家边界，成为全球性挑战，中国生态安全同时受到来自国内发展与国际传播舆论场的双重压力。维护生态安全，减少资源和生态环境对社会主义现代化进程的制约与威胁，已经成为新发展阶段实现生存价值的重要维度。另一方面，生态文明建设还是促进发展价值多维度深度实现的重要突破方向。在经济社会发展全面绿色转型的大背景下，优美的生态环境已经成为经济增长和人民美好生活的重要生长

① 习近平：《决胜全面建成小康社会 夺取新时代中国特色社会主义伟大胜利——在中国共产党第十九次全国代表大会上的报告》，人民出版社 2017 年版，第 11 页。

点。为此，习近平总书记指出："我们要建设的现代化是人与自然和谐共生的现代化，既要创造更多物质财富和精神财富以满足人民日益增长的美好生活需要，也要提供更多优质生态产品以满足人民日益增长的优美生态环境需要。"① 人与自然和谐共生，已经成为社会主义现代化强国建设必然呈现的新样貌。因此，完整、准确、全面贯彻新发展理念，必须坚持绿色发展的理念，将生态文明建设融入整个现代化建设之中，加快转变经济发展方式，实现"绿水青山就是金山银山"的生态发展道路，守住自然生态安全边界。

第五，中国的现代化是走和平发展道路的现代化。走和平发展道路是中国共产党基于对中国近现代以来所经历苦难与挫折的深刻总结，结合国际具体形势所做出的正确判断，表达了中国共产党和中国人民追求生存与发展两大价值的深切愿望。一方面，只有坚持走和平发展道路，彰显中国式现代化道路"强而不霸"的特质，展示大国担当，赢得国际认可，才能使国家安全的生存价值得到充分保障，为发展价值的进一步实现提供条件。另一方面，只有坚持走和平发展道路，中国才能通过和平的国际环境不断发展自身，在同世界各国的互利合作当中取得更丰富的发展成果，实现发展价值的多维度提升。同时，坚持走和平发展道路，还必须紧密关注世界格局出现的新变动。当今世界正经历百年未有之大变局，外部环境的深刻变化要求全面建设社会主义现代化国家更好地统筹发展与安全之间的关系，保障国家利益，回应国际诉求，实现互利共赢，促进生存价值与发展价值的融合提升。因此，完整、准确、全面贯彻新发展理念，必须在树立忧患意识的同时，坚持开放发展的理念，既做好应对更加复杂更加困难局势的准备，又在对外开放的过程中争取和平的国际环境，推动构建人类命运共同体，在危机中育先机，在变局中开新局。

新发展理念来自对中国发展实践的系统总结，也必将继续引领新发展阶段中国的发展实践。新发展理念不仅推动了新时代中国发展的深刻变革，也必将重构新时代中国社会的发展逻辑。只有完整、准确、全面把握和贯彻新发展理念，才能把新发展理念贯穿发展全过程和各领域，进一步厘清和把握

① 习近平：《决胜全面建成小康社会 夺取新时代中国特色社会主义伟大胜利——在中国共产党第十九次全国代表大会上的报告》，人民出版社 2017 年版，第 50 页。

当代中国生存与发展两大价值命题所呈现出的复杂性样态，促进二者的融合提升。这不仅直接影响中国社会未来走向和中国人民的持续发展，甚至关乎人类社会的前途命运和世界文明的历史进程。在百年未有之大变局中，中国特色社会主义推动物质文明、政治文明、精神文明、社会文明、生态文明协调发展，创造了中国式现代化新道路，创造了人类文明新形态。中国式现代化新的发展道路更需以马克思主义为指引，以中国化的具体实践为导向，解答好时代向中国人民发出的发展之问。

第　六　章

美好生活的选择悖论与价值超越[①]

　　2017 年，党的十九大指出："我国社会主要矛盾已经转化为人民日益增长的美好生活需要和不平衡不充分的发展之间的矛盾。"美好生活理念在当今时代的新出场是对社会主要矛盾转化的时代回应，也是对中国传统社会理想的时代演绎。"大同社会"与"小康社会"作为两种理想的社会安排，为美好生活提供了形而上的价值预设。儒家的"德福一致""里仁为美"论，佛家的"慈悲利他"思想，道家的"虚静恬淡无为"等观念为人应如何达到美好生活境界提供了不同进路。较之古人，当代人的价值观更趋纷繁复杂。对于美好生活的可能性，陈嘉映就曾言："我们有一点儿品格，有一点灵性，但远没有强大到单靠品格和灵性获得幸福，我们还想在最通俗的意义上过上好日子。"[②] 同样，"美好生活"也是西方学者一直关注的话题。柏拉图的"理想国"、亚里士多德的"至善"论阐释了美好生活的应然之道。近代以来，以边沁为代表的功利主义将"快乐的最大化"和"痛苦的最小化"作为基本的道德原则，构建了量化幸福观。尼采的"上帝死了"这一命题将漂浮在天国的美好幻影拉回到现世的个人生活。马克思从历史性和共同体维度展开对资本主义制度的批判，以"自由人的联合体"与"每个人的自由全面发展"为目的，探讨作为双主体的个人与社会实现个人解放和美好生活的实践进路。

　　新时代美好生活是对以往至善、德性、快乐等概念的确证和提升，是工

---

　　①　该章部分内容以《论新时代美好生活的选择悖论及其超越》为题发表在《思想理论教育》2018 年第 6 期。

　　②　陈嘉映：《何为良好生活：行之于途而应于心》，上海文艺出版社 2015 年版，第 213 页。

具价值和内在价值相结合的统一体，它以每个个体都有选择美好生活的权利和机会为出发点，以人对经济、政治、文化、社会、生态等方面的充分选择为支撑，以人在选择生活方式的过程中对意义世界的不懈追求为归宿。然而，理想与现实的冲突张力使得美好生活价值理念与人民对美好生活的现实选择之间存在差距。面对新时代社会发展的现实，人民对于美好生活的选择呈现出包括"选择丰富"与"选择贫困"在内的悖论。化解美好生活的选择悖论，必须通过发展。对此，习近平总书记指出，围绕解决好人民日益增长的美好生活需要和不平衡不充分的发展之间的矛盾，我们要坚决贯彻创新、协调、绿色、开放、共享的发展理念。① 从价值逻辑与实践安排来看，习近平总书记的这一重要论断，以理论、实践和价值的统一逻辑关联起"社会发展"与"人民生活"，既体现了生活因发展而美好的中国智慧，又构建了以新发展理念引领美好生活实践的中国方案。在此意义上，厘清新发展理念的理论基础、演进历程和正义前沿，以此为理论指导和价值指引，揭示美好生活选择悖论的呈现方式，探索以新发展理念超越选择悖论的可行路径，对于化解社会主要矛盾、实现美好生活的社会理想具有重要意义。

一　社会主要矛盾转化对发展问题的新要求

人类认识世界、改造世界的过程，就是作为实践主体的人发现问题、提出问题、直面问题、研究问题和解决问题的过程，"坚持问题导向是马克思主义的鲜明特点"②。问题是时代的声音，"只有立足于时代去解决特定的时代问题，才能推动这个时代的社会进步；只有立足于时代去倾听这些特定的时代声音，才能吹响促进社会和谐的时代号角"③。从中国社会发展的时代语境出发，中国特色社会主义进入新时代，社会主要矛盾已经从"人民日益增长的物质文化需要同落后的社会生产之间的矛盾"转化为"人民日益增

① 习近平：《在庆祝改革开放 40 周年大会上的讲话》，人民出版社 2018 年版，第 31 页。
② 习近平：《在哲学社会科学工作座谈会上的讲话》，人民出版社 2016 年版，第 14 页。
③ 习近平：《之江新语》，浙江人民出版社 2007 年版，第 235 页。

长的美好生活需要和不平衡不充分的发展之间的矛盾",这是中国共产党基于问题意识、倾听时代声音做出的科学判断,更是我们党对新时代发展问题的价值追问与全新考量。

(一)以风险意识研判新的发展形势

社会主要矛盾既是推动社会发展的主要动力,也是一定时期社会发展占据主导地位、需要着力解决的最主要问题。因此,社会主要矛盾的转化意味着要以强烈的问题意识和风险意识研判社会发展的新特征与新任务,在准确识变中为发展难题把脉定向,以科学应变和主动求变推动更高质量、更有效率、更可持续、更加公平、更为安全的发展。改革开放四十多年来,中国共产党领导中国人民在对内改革、对外开放的人间正道上实现综合国力由弱到强的历史性巨变、人民生活由温饱到小康的历史性跨越,我国发展呈现出新的阶段性特征:一方面,通过"提出一系列新理念新思想新战略,出台一系列重大方针政策,推出一系列重大举措,推进一系列重大工作,解决了许多长期想解决而没有解决的难题,办成了许多过去想办而没有办成的大事"[1],我国在经济建设、民主法治建设、思想文化建设、社会建设、生态文明建设等方面取得了全方位、开创性的发展成就。另一方面,高速发展背后所累积的结构性问题日益突出,在"需要""供给"和"需要与供给之间的关系"的动态发展中,重视发展的质量和效益成为新常态下的重点任务,人民群众的"美好生活需要"呈现出基于主体自觉的全方位、多层次和个性化样态。根据人民网全国两会调查结果显示,2013 年,网民关注的十大热点问题依次为社会保障、反腐倡廉、收入分配、住房保障、医疗改革、稳定物价、食品药品安全、法治中国、行政体制改革和国防建设。[2] 2017 年,"反腐倡廉"位居热词榜榜首,同时社会保障、医疗改革、就业和收入、教育公平、住房、环境保护、公共安全、依法治国、脱贫攻坚也是两会热词。[3] 2020 年,

---

① 习近平:《决胜全面建成小康社会 夺取新时代中国特色社会主义伟大胜利——在中国共产党第十九次全国代表大会上的报告》,人民出版社 2017 年版,第 8 页。

② 彭波:《"社会保障"最受网友关注》,《人民日报》2013 年 2 月 27 日第 19 版。

③ 《人民网 2017 年两会调查:反腐倡廉暂居十大热点榜首》,人民网,http://society.people.com.cn/n1/2017/0224/c1008-29106598.html。

新增热词"国家安全"获网民高度关注,"食品安全""药品安全""个人信息安全"成为广大网民最关注的三大公共安全问题。① 站在"十四五"规划的新起点上,依法治国、社会保障、乡村振兴、"打虎拍蝇"、绿水青山、金融风险、教育改革、住有所居、数字化生活、社会治理成为民心所系的热切关注。② 两会热词反映的是不平衡不充分的发展难题,折射的是供需关系存在的结构性矛盾。这既显性地勾勒出人民的生活愿景,也建构着发展的基本坐标。在唯物史观视域下,人类社会的一切活动在其本质上都与需要、供给及其关系有关,需要和供给及其关系也从总体上映射出一个时代和社会的发展状况。在此意义上,"不平衡不充分的发展"指向的是"供给方","人民日益增长的物质文化需要"代表的是"需求方",我们必须"从物质生活的矛盾中,从生产力和生产关系之间的现存冲突中"分析"整个社会人们的需要状况""整个社会的供给状况"和"整个社会供给满足人们需要的状况"③,从而实现对作为发展问题的社会主要矛盾的完整把握。

"事物的性质主要地是由取得支配地位的矛盾的主要方面所规定的。取得支配地位的矛盾的主要方面起了变化,事物的性质也就随着起变化。"④ 相较于社会主要矛盾的"需求方",供给问题是矛盾的主要方面,其既体现在产业结构、收入分配结构、城乡发展结构、区域发展结构的不平衡上,也体现在"政府治理能力、科技创新能力、文化生产能力、社会服务能力、生态供应能力的不充足上"⑤,这些发展中的问题具有累积社会风险、诱发社会冲突的可能性。从经济领域来看,在政府和市场"两只手"的同向发力中,生产力得到极大解放,社会活力显著增强,但资本现代性所带来的普遍矛盾性也使得贫富差距、城乡矛盾、就业压力、劳资矛盾等成为阻滞经济社会发展的风险源。从政治领域来看,"在资本为权力创造政绩、权力为资本扫除障碍的过程中"⑥,社会发展面临着权力与资本合谋下的政府公信力下

---

① 《两会调查:新增热词"国家安全"获网民高关注》,人民网,http://politics.people.com.cn/n1/2020/0518/c1001-31713855.html。

② 姜永斌:《从两会热词展望2021》,《中国纪检监察报》2021年3月5日第2版。

③ 韩庆祥:《深刻把握我国社会主要矛盾转化的新特点》,《政策瞭望》2017年第10期。

④ 《毛泽东选集》(第1卷),人民出版社1991年版,第323页。

⑤ 肖巍:《作为发展问题的我国社会主要矛盾及其解决思路》,《思想理论教育》2018年第6期。

⑥ 何建津:《论资本时代的发展问题》,《哲学研究》2009年第4期。

降风险，民粹主义泛滥下的阶层对立与反民主风险。文化领域的市场化大众化与意识形态的惯性相互纠缠，主流意识形态淡化、文化殖民主义、消费主义文化泛滥等风险挑战着我国的文化安全防线。而资源的有限性、需求的无限性与资本的逐利性之间的矛盾加剧了我国的现代化进程所面临的资源约束与生态压力，同时发达国家利用全球化转移资源消耗型和污染密集型产业，这使得气候变化、环境污染、生态系统退化、环境社会性群体事件等多种形式的生态环境风险增量累积，威胁着我国的社会主义现代化建设。风险的本质不在于它"正在"发生，而在于它"可能会"发生，这种可能性不只是逻辑演绎的或然性，也不只是在社会自发运动过程中产生出来的，而且是在人们赋予其意义的过程中产生出来的，同时还是人们对潜在危害、危险和威胁的技术敏感而生产出来的。① 而当前人们的风险认知与风险预期仍受制于极化思维的影响，并采取恐惧或漠视的风险应对方式。事实上，风险生存已经成为人类的一种生存方式，要"确立一种积极的建设性的风险生存理念，自觉地将其纳入到人的生存和发展之中"②。一方面，要克服单一的线性思维，增强风险意识，重视科学技术和各种现代性的制度安排对于社会发展的负面效应。另一方面，风险与责任内在相关，风险意识也是一种责任意识。"每一个个体、团体、政府、组织都应该为它们的所作所为承担相应的后果。有鉴于此，责任就更需要成为普遍性的伦理原则"③，责任伦理突出责任的前瞻性和实质性，强调积极的风险预测和行为约束，要求每个社会主体承担社会责任和代际责任，在风险共担中不断化解社会矛盾、共建美好生活。

（二）以人民立场扩展新的发展内涵

习近平总书记在十八届中央政治局常委与中外记者见面会上明确提出，

---

① ［英］芭芭拉·亚当、乌尔里希·贝克、约斯特·房·龙：《风险社会及其超越》，赵延东、马缨等译，北京出版社 2005 年版，第 3 页。

② 贾英健：《风险生存及其历史扬弃》，《山东社会科学》2009 年第 11 期。

③ 薛晓源、刘国良：《全球风险世界：现在与未来——德国著名社会学家、风险社会理论创始人乌尔里希·贝克教授访谈录》，《马克思主义与现实》2005 年第 1 期。

"人民对美好生活的向往，就是我们的奋斗目标"①。自此，美好生活从大众话语转换为政治话语，被纳入中国共产党的执政目标体系。党的十九大将"人民日益增长的美好生活需要"作为新时代社会主要矛盾的一个重要方面提出，这表明人民群众的生存发展状态和经济社会发展产生了更高层次、更深内涵、更广领域的现实关联。同时，社会主要矛盾的转化决定了我们党在制定发展新战略、作出发展新部署时，必须坚持人民至上的政治立场和价值原则，推进中国社会实现从"数量式发展"到"内涵式发展"的时代跃迁。数量式发展"以 GDP 总量和排名为基本指标，将财富的单一性增长作为评价社会的唯一评价体系，忽视政治文化条件与共同幸福生活的伦理"，"大量的生产与分配活动占据个体的全部身心，个体近乎机械化的存在日益表现出单向度的思想和行为模式"②。不同于数量式发展将财富增殖最大化作为最高目标，内涵式发展要求重新追问"发展为了谁""发展依靠谁""发展成果由谁共享"，并在公平正义、共同富裕、人的自由而全面发展等价值问题的审视中实现对"现实的人"的深沉观照。

首先，要在社会主要矛盾转化的科学研判中确认"发展为了谁"。从"人民日益增长的物质文化需要"到"人民日益增长的美好生活需要"，人民群众生存发展需求的转变不仅是党和国家基于马克思主义人本理论与发展事实的研判，更是我们党从"以人民为中心"的价值立场和"为人民谋幸福"的初心使命出发而作出的价值判断。人民立场是马克思主义政党的根本政治立场，是内含于中国共产党发展思想的根本精神，正如毛泽东所指出的，我们必须回答和解决好"为什么人"这一根本性问题，我们的党是无产阶级政党，必须站在人民大众这一根本立场上。明晰"为谁发展"的问题是一个社会选取何种发展原则、发展方向、发展路径的思想前提，我们党对于这一问题的回答既呈现出一脉相承的连贯性，又表现出鲜明的时代特征。毛泽东历来重视人民群众的利益问题，他指出，"就得和群众在一起，就得去发动群众的积极性，就得关心群众的痛痒，就得真心实意地为群众谋利益，解决群众的生产和生活的问题，盐的问题，米的问题，房子的问题，

---

① 《习近平谈治国理政》（第 1 卷），外文出版社 2014 年版，第 4 页。
② 张彦：《发展观决定发展道路》，浙江大学出版社 2020 年版，第 50—51 页。

衣的问题，生小孩的问题，解决群众的一切问题"①。进入改革开放和社会主义现代化建设时期，邓小平将充分实现人民群众的利益作为经济社会发展的最高标准，提出"解放生产力、发展生产力，消灭剥削，消除两极分化，最终实现共同富裕"的社会主义本质论，为改革开放保驾护航。江泽民提出"三个代表"重要思想，强调要把实现和维护最广大人民群众的利益作为改革和建设的根本出发点。在建设社会主义和谐社会和纠偏物质至上的物本发展观的现实背景下，胡锦涛提出"以人为本"的科学发展观，强调要始终把实现好、维护好、发展好最广大人民的根本利益作为党和国家一切工作的出发点和落脚点。进入新时代，"中国共产党人第一次明确提出'人民'是处于中心位置的，并将'以人民为中心'置于我国经济社会发展的各个方面和环节来阐释。"② 习近平指出："为什么人的问题，是检验一个政党、一个政权性质的试金石。……必须始终把人民利益摆在至高无上的地位，让改革发展成果更多更公平惠及全体人民，朝着实现全体人民共同富裕不断迈进。"③

其次，要在社会主要矛盾转化的现实分析中明确"发展依靠谁"。唯物辩证法认为，以社会现实为依据的主要矛盾是变化发展的，社会主要矛盾不断转化的过程，实际上是社会不断发展的过程。在所有推动社会发展的要素中，人是主体，是最具主观能动性与创造性的要素。因此，社会主要矛盾的转化其实是人发展的结果，化解社会主要矛盾必须依靠人民，让人民成为社会发展的创造者、推动者和评价者。一方面，人民群众是历史的创造者，是社会历史实践的主体，化解社会主要矛盾既是为了人民，同时也必须依靠人民。在解决不平衡不充分的发展、创造美好生活的过程中会碰到许多现实困境，只有人民群众最了解发展的痛点和难点，只有真正做到问计于民、问需于民，才能在群众智慧与社会期盼的有机结合中推动社会发展与人民生活的样态变革。而要实现这一愿景，并推动其持续生成，就要发挥人民群众作为

①　《毛泽东选集》（第 1 卷），人民出版社 1991 年版，第 138—139 页。

②　秦书生、李瑞芳：《新时代中国共产党人以人民为中心思想的逻辑理路——基于"不忘初心、牢记使命"视角的分析》，《湖南大学学报》（社会科学版）2021 年第 4 期。

③　习近平：《决胜全面建成小康社会 夺取新时代中国特色社会主义伟大胜利——在中国共产党第十九次全国代表大会上的报告》，人民出版社 2017 年版，第 44—45 页。

历史主体的实干精神和创新活力。对此，习近平总书记指出，"人世间的一切幸福都需要靠辛勤的劳动来创造"①，要"让全体人民进一步焕发劳动热情、释放创造潜能，通过劳动创造更加美好的生活"②。而当前，"网红直播""明星天价片酬""躺平哲学"等现象卷起的速成风、慵懒风等对劳动至上的价值观产生了冲击与消解。对此，我们必须高扬奋斗精神、突出劳动价值，并通过日趋完善的制度设计为人民群众创造公平的劳动环境和竞争环境。另一方面，要让人民群众成为检验发展成果的最终评价者和最高裁决者，始终以群众满不满意、高不高兴、答不答应为工作的出发点和落脚点，善于把握人民群众对美好生活的新期待，勤于反映人民群众对社会发展的新要求，在政策制定、规范出台、落地实施、评比评选所形成的完整闭环中突出人民群众的民主监督与评价作用，在人民群众的生动实践中不断开辟科学发展的新境界。

最后，要在社会主要矛盾转化的目标指引中厘清"发展成果由谁共享"。新时代我国社会主要矛盾的转化是关系全局的历史性变化，其指向的是在更加平衡、更加充分、更高质量的共享发展中实现共同富裕和人的自由全面发展。中国当前贫富差距大、生态环境恶化、共同价值缺失，在人与物的倒置"异化"关系当中，人们更多地感受到的是"相对被剥夺感，以及由不确定性和风险性所引发的生存焦虑感"③，而不是共享发展机会的尊严感与共享发展成果的获得感。阿马蒂亚·森认为，作为主体的个人是"福利"与"主观能动"、"成就"与"自由"的统一，"自由"和"主观能动"占有更为基础的地位，"我们应该用一个人所拥有的自由来代表他的利益，而不应该用（至少不能完全用）一个人从这些自由中所得到的东西（福利的或主观能动的）来代表他的利益"④。依循阿马蒂亚·森的理解，收入水平、粮食供给等同质性度量的分配方式并不是实现共同富裕的根本之策，问题的关键在于，如何在关注供给不足的同时，避免落入数量式发展的困境和

---

①　中共中央文献研究室：《十八大以来重要文献选编（上）》，中央文献出版社 2014 年版，第 70 页。

②　《习近平谈治国理政》（第 1 卷），外文出版社 2014 年版，第 46 页。

③　张彦：《发展观决定发展道路》，浙江大学出版社 2020 年版，第 52 页。

④　[印] 阿马蒂亚·森：《伦理学与经济学》，王宇、王文玉译，商务印书馆 2000 年版，第 50 页。

权利不足的窠臼，从而保障社会各阶层尤其是弱势群体可行能力的增长。在此意义上，我们要坚持充分发展与公正发展相统一、多元发展与立体发展相统一、优先发展与均衡发展相统一、高效发展与永续发展相统一的原则①，在满足人的生存性需求和全面发展需求的现实实践中，实现对人的权利的保障、人的福祉的增进、人的素质的提高、人的个性的完满和人的自由的实现。

（三）以系统观念探索新的发展模式

作为经济社会发展的集中体现和现实映射，社会主要矛盾揭示了社会发展的基本关系、核心要素与关键问题。我国社会主要矛盾的变化是关系全局的重大变化，面对新形势、新问题和新需求，要以系统观念"分析当下社会最本质、最核心和最迫切的发展需要，解答在新的历史发展阶段要'怎样继续发展'的核心问题"②，从而以新的发展模式推动经济社会的全面协调可持续发展。习近平总书记指出："我国社会主要矛盾的变化是关系全局的历史性变化，对党和国家工作提出了许多新要求。"③ 全局性表明社会主要矛盾及其发展变化是系统性、全方位的，历史性则表明这种变化是遵循历史发展规律的，具有不可逆性和时代性。社会主要矛盾的转化，揭示了现阶段人民群众的生活愿景与生活现实之间的落差，主要归因于"不平衡不充分的发展"，要解决这一问题，必须将系统观念作为基础性的思想和工作方法，在前瞻性思考和全局性谋划中实现发展理念、发展结构、发展动力、发展要求和发展方法的战略性布局与整体性推进。

一是社会主要矛盾的转化要求全面更新发展理念。理念是行动的先导，发展理念从根本上决定着经济社会发展的现实走向与实际成效。德尼·古莱指出，人们"总是无批判地使用'发展'概念"，"在批判地观察之下，许多明显的发展证明是'反发展'。相反地，看来一般的成就却往往构成真正

---

① 参见张智《通往人的全面发展之路：社会主义条件下人的现代化研究》，中国人民大学出版社2019年版，第273—275页。

② 张彦：《发展观决定发展道路》，浙江大学出版社2020年版，第40页。

③ 习近平：《决胜全面建成小康社会 夺取新时代中国特色社会主义伟大胜利——在中国共产党第十九次全国代表大会上的报告》，人民出版社2017年版，第11页。

的发展进展"①。长久以来,人们总是自觉或不自觉地将发展窄化为生产规模的扩大和经济的增长。诚然,实现现代化需要合理的增长,但发展并不等同于单向度的经济增长。2013年4月,习近平总书记在中央政治局常委会会议上明确指出,不要把国家确定的调控目标作为各地经济增长的底线,更不要相互攀比甚至层层加码,要立足提高质量和效益来推动经济持续健康发展,追求实实在在、没有水分的生产总值,追求有效益、有质量、可持续的经济发展。② 2015年10月,在党的十八届五中全会上,我们党针对经济社会中的发展动力问题、发展不平衡问题、人与自然和谐问题、发展内外联动问题和社会公平正义问题,提出了创新、协调、绿色、开放、共享的发展理念,为正确认识和处理社会主要矛盾提供了价值原则与方法论指导。

二是社会主要矛盾的转化要求全面调整发展结构。在经济领域,新时代社会主要矛盾主要表现为经济结构的调整落后于市场需求的发展,解决这一问题的中国方案是推进供给侧结构性改革。供给侧结构性改革的关键是以增量改革促进存量调整,抓好去产能、去库存、去杠杆、降成本、补短板,通过优化投资结构、产权结构、产业结构和产品结构等方式,"加强优质供给,减少无效供给,扩大有效供给,提高供给结构适应性和灵活性,提高全要素生产率,使供给体系更好适应需求结构变化"③。在此基础上,要优化分配结构和消费结构,在调整国民收入的分布结构和增加居民收入所占比重的过程中彰显社会主义经济发展的正义之维,不断释放人民群众的消费潜能,使国内需求成为经济增长的主动力。在优化经济发展结构的同时,统筹推进"五位一体"总体布局、协调推进"四个全面"战略布局,更加关注政治结构中的民主问题、文化结构中的生产社会化问题、社会结构中的公平问题、生态结构中的可持续发展问题等,以物质文明、政治文明、精神文明、社会文明和生态文明的协调发展回应和实现人民群众对美好生活的向往。

三是社会主要矛盾的转化要求全面释放发展动力。社会主要矛盾的转化

① [美]德尼·古莱:《发展伦理学》,高铦等译,社会科学文献出版社2003年版,第238页。

② 习近平:《论把握新发展阶段、贯彻新发展理念、构建新发展格局》,中央文献出版社2021年版,第476页。

③ 中共中央文献研究室:《习近平关于社会主义经济建设论述摘编》,中央文献出版社2017年版,第102页。

意味着要科学解答在新时代依靠何种力量来改变供需不平衡的发展现状并推动更加平衡、更高质量、更为充分的发展，发展动力问题是发展实践中的关键问题。重视创新是马克思主义的优良传统，马克思与恩格斯曾指出，"全部问题都在于使现存世界革命化，实际地反对和改变事物的现状"①。创新意味着主体要根据实践的变化，加深对事物属性和规律的认识，拓展认识世界的广度与深度，推动自身思维"按照人如何学会改变自然界而发展"，从而在具有主观能动性和创造性的实践中推动生产力的快速发展和个人能力的全面提升。从国家发展战略来看，"创新是引领发展的第一动力，是建设现代化经济体系的战略支撑"②，只有大力实施创新驱动战略，以科技创新作为发展的第一动力，以人才资源作为生产力进步的第一支撑，才能有效破解科技领域"原始创新能力不强"和市场领域"企业创新能力不足"的现实困境，"逐步形成科技创新、制度创新、理论创新、文化创新协调进步的新发展体系"③。从国际形势来看，当前受新冠疫情等各种复杂因素的交织影响，"黑天鹅"频飞，"灰犀牛"乱撞，世界经济增长动能不足，人类社会面临着经济低增长的"新平庸"风险。对此，习近平总书记指出，"世界经济彻底摆脱'新平庸'的风险，只能向创新要动力"④。面对"百年未有之大变局"，改革创新成为各国化解挑战、谋求发展的方向，也只有加强理论创新、实践创新和制度创新，才能从根本上回答中国和世界"向何处去"的未来之问。

四是社会主要矛盾的转化要求全面提升发展目标。从发展的一般性目标来看，解决人民日益增长的美好生活需要和不平衡不充分的发展之间的矛盾，是国家治理现代化最核心的议题之一，而社会主要矛盾的转化也将对国家治理现代化的内涵、路径、方式等产生深刻影响。⑤ 毛泽东曾指出："对于矛盾的各种不平衡情况的研究，对于主要的矛盾和非主要的矛盾、主要的

---

① 《马克思恩格斯全集》（第 3 卷），人民出版社 1960 年版，第 48 页。
② 习近平：《决胜全面建成小康社会 夺取新时代中国特色社会主义伟大胜利——在中国共产党第十九次全国代表大会上的报告》，人民出版社 2017 年版，第 31 页。
③ 张彦：《发展观决定发展道路》，浙江大学出版社 2020 年版，第 41 页。
④ 习近平：《抓住世界经济转型机遇 谋求亚太更大发展——在亚太经合组织工商领导人峰会上的主旨演讲》，《光明日报》2017 年 11 月 11 日第 2 版。
⑤ 参见汪玉凯《社会主要矛盾转化对国家治理提出的新任务》，《国家治理》2017 年第 41 期。

矛盾方面和非主要的矛盾方面的研究，成为革命政党正确地决定其政治上和军事上的战略战术方针的重要方法之一。"① 回顾党的百年征程，党治理国家、制定政策离不开对社会主要矛盾的科学判断与准确把握。当前，必须积极适应社会主要矛盾变化凸显的新问题与新变化，使治理体系的完善和治理水平的提高有效对接社会发展需求。从发展的根本目标来看，社会主义发展为了人民，发展成果由人民共享。作为新的价值叙事和更高的发展目标，人民群众对美好生活的向往一方面要求民众在物质、民主、文化、民生、生态、安全等方面综合权利的充分实现与增量累积，另一方面关涉在"以人民为中心"的发展理念下社会良善运行的制度安排。新时代的社会发展要规避"见物不见人"的发展风险，不断增强人民群众民生福利的获得感、全面发展的幸福感与制度完善的安全感。

二　美好生活选择悖论对发展问题的新挑战

海德格尔说："此在的本质在于它的生存。"② 人的生存或存在是其开展美好生活选择行为的根本前提，人们对美好生活的选择过程实质上就是人的存在方式的展现和实践过程。在当下中国各地，因可供人存在的生产资料与生活资料的丰富程度各异，对存在意义的定位有别，人们对美好生活的选择呈现出包括选择丰富与选择贫困在内的多重悖论，这些选择悖论对人与社会的发展提出了更富张力和挑战的现实之问。

（一）美好生活选择的三重悖论

一是选择主体的丰富性与主体剩余悖论。新时代作为我国发展新的历史方位，为人民群众主体性的发挥提供了广阔空间。首先，人民群众日益增长的美好生活需要彰显了选择主体的自主性。马克思认为："动物只是按照它所属的那个种的尺度和需要来构造，而人却懂得按照任何一个种的尺度来进

---

① 《毛泽东著作选读》（上册），人民出版社 1986 年版，第 167 页。

② ［德］海德格尔：《存在与时间》，陈嘉映、王庆节译，生活·读书·新知三联书店 1987 年版，第 52 页。

行生产，并且懂得处处都把固有的尺度运用于对象；因此，人也按照美的规律来构造。"①"美的规律"贯穿于美好生活需要的始终，是美好生活需要的本质所在。自主性是选择主体丰富性的起点和基础，人对"美的规律"的自觉认知和对美好生活的自主需要使得人摆脱了"为了生存而生存"的窠臼，转而追求生活的品质与意义。其次，人民群众选择机会的不断增加丰富了主体的选择性。一方面，新时代中国特色社会主义的发展减少了对主体期望拥有美好生活的各种制约，为人的生存和发展提供了多种可能性，实现了由"被选择的生活"向"自主选择美好生活"的转化。另一方面，在客观世界所提供的诸多可能生活中选取合乎目的性与规律性的生活方式既是美好生活的本质内容，也是美好生活选择的必然要求。人民群众对于美好生活包括民主、法治、环境、公平、正义等在内的明确定位正是其自由意志的彰显和选择美好生活标准的体现。最后，人民群众在奋斗中争取美好生活体现了选择主体的创造性。康德认为："生命是一个存在者按照欲求能力的规律去行动的能力。"② 美好生活选择主体的丰富性归根结底在于主体在创造美好生活的过程中对生命本质的确证。

然而，城乡、区域、代际发展的不平衡削弱了弱势群体对美好生活的选择权，加剧了主体剩余现象。"主体的剩余即人的独立性及生命价值的受限乃至于受奴役。"③ 一方面，人的独立性受限。在资源和机会过度向城市、东部以及富裕阶层倾斜的现代化进程中，弱势群体逐步被边缘化，同时，他们用来满足美好生活需要的客观条件不够充分。弱势群体虽然可通过阶层的流动争取美好生活选择的机会，但却呈现出一种无法在上流阶层扎根的异化，如"都市忍者""废弃人口"等，实际上是作为精英群体享受美好生活的附属品而存在的。社会提供的诸多可能生活对他们来说反而是一种"不可能"。由此可以看出，弱势群体独立性的缺失是其获得美好生活的自主选择权的首要障碍。另一方面，人的生命价值受限。美好生活作为对人的生命本质的确证和生命价值的提升，是满足自我实现需要的重要目标。一旦自我缺

---

① 《马克思恩格斯选集》（第 1 卷），人民出版社 2012 年版，第 57 页。
② ［德］康德：《实践理性批判》，邓晓芒译，人民出版社 2003 年版，第 9 页。
③ 邹诗鹏：《现代性与剩余》，《学术月刊》2016 年第 8 期。

失向上发展的机会与动力，由美好生活所证实的人的本质力量便逐步被人的不确定性所淹没。因缺乏良好的教育、稳定的收入和较好的谋生技能，社会弱势群体在实现美好生活的过程中被强烈的无力感以及"过剩"的感觉所包围和侵蚀。对于未来美好生活的不确定性的恐惧使他们沦为生命的奴隶与附庸。因此，生命价值受限是弱势群体美好生活选择能力较弱的根本表现。

二是选择对象的丰裕性与资源稀缺悖论。社会生产力的高度发展为人们提供了多样的生产方式、生活方式与交往方式，丰富了美好生活选择的对象。首先，数字化、智能化的生产方式提升了美好生活的附加值。奥特加认为："技术就是设法去生活，完成生活给予的任务。"[1] 数字化、智能化生产作为一种技术实践，以对美好生活的规划为着力点，以满足人民群众的美好生活需要为归宿，通过人工智能、数字化产品等手段突破了时间与空间的限制，提高了劳动生产率，使人从高负荷的劳动中解放出来，在享受丰富的物质产品的同时提升了对美好生活品质的追求。其次，休闲化、多样化的生活方式为人们提供了多种美好生活。从消费方式来看，人的消费选择逐渐由单一的满足生存的消费转向注重自我发展的消费，由单纯的物质消费转向物质消费与精神消费并重阶段。从工作方式来看，虚拟办公的发展打破了单一职业和身份的束缚，为"斜杠青年"的出场奠定了基础。最后，虚拟交往作为新时代的人际交往方式，拓宽了人的交往空间，彰显了美好生活选择主体的自由意志。虚拟交往以平台的开放性、准入身份的平等性、交往的自由自主性为特点，提供了主体性表达的重要工具。

然而，当前中国社会发展的总体质量和效益还不高，发展远未充分，这使得美好生活的选择资源呈现一定的稀缺性。一方面，公共产品的供给不足。公共产品作为公共选择的重要对象，它的供给程度直接关系着美好生活的实现程度。曼瑟尔·奥尔森将公共的或集体的物品界定为："任何物品，如果一个集团 X1，…，Xi，…，Xn 中的任何个人 Xi 能够消费它，它就不能不被那一集团的其他人消费。"[2] 然而，就社会发展程度来说，某些公共

---

① 敬狄、王伯鲁：《追求美好生活的技术——奥特加·加塞特的技术实践伦理价值论》，《东北大学学报》（社会科学版）2017 年第 6 期。

② ［美］曼瑟尔·奥尔森：《集体行动的逻辑》，陈郁等译，上海三联书店、上海人民出版社 1995 年版，第 13 页。

产品呈现出一定的排他性与竞争性，无法满足每个个体的需要（展开）。另一方面，创新资源短缺。创新资源作为创建美好生活的重要战略资源，它的丰富程度直接影响着美好生活品质的高度。目前，中低端资源的过剩与高端创新资源或产品的不足共同制约了主体对高质量、高品质美好生活的追求。实际上，"选择的实质就是永远指向还未满足的欠缺，因此，它永远不是'此在'的东西，它不只是着眼于存在，而只能是使存在更加实在的一种'充盈'和趋势。选择是对可能性的一种谋划"。① 主体选择美好生活的实质在于通过解决当下中国社会具体实践中所出现的发展不足、资源稀缺问题来使"此在"的生活向好的、完满的方向发展。选择对象的"贫困"作为一种尚未满足的匮乏，是主体开展美好生活选择行为的重要指向。当然，正是因为"匮乏"，选择才有对未来美好生活的可能性进行谋划和奋斗的动力。如何克服作为"此在"的选择对象的"匮乏"，使其逐步向"充盈"转化，是主体实现美好生活的重要突破点。

三是选择标准的多元化与方向迷失悖论。选择是主体依据一定的标准对客体所作的价值判断和取舍。一旦离开选择标准，主体对美好生活的选择行为则难以有效展开。社会的多元化发展与个人自主性的不断增强预设了选择标准的多元化。"何为美好生活"，对持有不同选择标准的主体来说具有不同的意味。然而，不同的选择标准都是对客体的属性对主体需要的契合度的综合考察。正是基于主体需要或价值观念的不同，不同的主体对于同一个客体才有不同的选择。具体来说，基于功利的选择标准，主体将美好生活定义为能够带来最大利益的生活方式，故而以"功利"为出发点选择最能谋求虚荣的名誉和利益的"美好生活"；基于享乐主义的选择标准，主体将美好生活视为能够最大程度地享乐的生活方式，从而以"享乐"为对照点选择最能满足欲望和放纵自我的"美好生活"；基于拜金主义的选择标准，主体将美好生活看作能够拥有最多金钱的生活方式，故而以"金钱"为衡量点选择最快最多地获取财富的"美好生活"。由此可以看出，主体对于美好生活的多元价值排序和选择标准体现了其所具有的多种价值观念。

选择标准的多元化导致了选择泛滥和选择标准的不确定性。黑格尔说：

---

① 周书俊：《选择论》，中央编译出版社 2006 年版，第 26—27 页。

"无性格的人从来不作出决定。……具有这种性情的人知道，如果作出规定，自己就与有限性结缘……但是他又不想放弃他所企求的整体。"① 因此，选择的实质是对无限性的扬弃和对有限性的确定。主体对美好生活的选择过程实际上是以价值立场为逻辑起点，对众多的可能生活进行价值排序并作出取舍的过程，是对具有无限规定性的美好生活作出有限选择的过程。在选择标准日益多元化的今天，面对诸多可能的美好生活，主体呈现出一种无从选择的焦虑。究其原因，主要在于选择主体对于各式各样的美好生活都有"绝对性"的希求，却无法依据特定的标准进行准确的选择，且对选择的自由与限制关系的认识过于绝对化。美好生活的无规定性表面上看是对主体自由选择权的充分肯定和对选择标准多元化的确认，实际上反映了主体性的异化。此外，选择标准的物化预设了价值虚无和选择方向的迷失。在以物的依赖性为基础的人的独立性阶段，主体在自我设定或不设定中对多元化的美好生活进行取舍，而这个取舍的标准一度呈现出包括功利、享乐等在内的受资本逻辑支配的异化，陷入了以自我存在的虚无与恐慌为标志的意义危机。冯友兰认为人生有四大境界：自然境界、功利境界、道德境界和天地境界。② 以何种标准选择意味着主体以何种境界存在。"没有标准的选择的生命中不能承受之轻的存在主义的焦虑"③ 作为美好生活选择方向迷失的根本体现，恰恰是人受制于现实功利境界的典型写照。

（二）选择悖论是新时代社会主要矛盾的缩影

人民对美好生活选择的丰富与贫困的悖论是社会主要矛盾转化的必然结果，浓缩了新时代社会主要矛盾的全部内涵，是社会主要矛盾在选择视域中的投射与缩影。新时代社会主要矛盾通过选择悖论得以体现。对选择悖论的解读和超越有助于我们对新时代社会主要矛盾进行全面分析和有效化解。

首先，选择悖论是社会主要矛盾转化的必然结果，这是选择悖论作为新时代社会主要矛盾缩影的基本前提。社会生产力的迅速发展和人的主体性的

---

① ［德］黑格尔：《法哲学原理》，范扬、张企泰译，商务印书馆 1961 年版，第 24 页。
② 冯友兰：《中国哲学简史》，北京大学出版社 2013 年版，第 321 页。
③ 孙正聿：《标准与选择：我们时代的哲学理念》，《黑龙江社会科学》2015 年第 6 期。

不断增强使得社会主要矛盾实现由"人民日益增长的物质文化需要同落后的社会生产之间的矛盾"向"人民日益增长的美好生活需要和不平衡不充分的发展之间的矛盾"转变。在落后的社会生产阶段,基于生产生活资料的匮乏,人的生存状态呈现出一种"没有选择的标准"或基于物质层面的选择贫困。选择的单一性和匮乏性的背后隐藏的是普遍意义上的物质贫困。在新时代背景下,社会主要矛盾的主要方面与次要方面出现了新的样态,人们对于美好生活的选择视域也呈现出新的表征方式。基于贫富差距的不断扩大,以往物质视域下的选择贫困不能映射当前的选择境遇。人的存在方式总体上呈现出一种"没有选择的标准"和"没有标准的选择"的悖论,即选择贫困和选择丰富的悖论。在人的生命活动中,个体对于美好生活的选择无时不在、无处不在。在社会发展的历史进程中,社会主要矛盾同样具有时间和空间上的持续在场性。当作为"此在"的社会主要矛盾转化为人民日益增长的美好生活需要和不平衡不充分的发展之间的矛盾时,选择境遇以选择悖论的方式呈现。可见,选择悖论的出场是社会主要矛盾转化的必然结果,选择由单一性向多重悖论的转变过程反映了社会主要矛盾的转化过程。因此,选择悖论从根本上说是作为新时代社会主要矛盾的衍生现象而存在的,其产生与演变状况完全取决于人的美好生活需要是否以及在多大程度上受制于不平衡不充分的发展。新时代社会主要矛盾的化解为跨越选择丰富与选择贫困的悖论,实现由选择贫困向选择丰富的转化提供了指引。当制约人民日益增长的美好生活需要的发展不平衡不充分问题从根本上得以解决时,选择悖论将会随之消解。

其次,选择悖论浓缩了新时代社会主要矛盾的全部内涵,这是选择悖论作为新时代社会主要矛盾缩影的根本依据。一方面,选择悖论在主要内容上与新时代社会主要矛盾具有根本一致性。具体而言,选择主体的自主性、选择性与创造性,选择对象的丰裕性,选择标准的多元化是对"人民日益增长的美好生活需要"的具体诠释,是美好生活需要在选择视域中的映射。或者说,"人民日益增长的美好生活需要"正是通过选择主体对于美好生活的多元选择才能得以彰显。同时,选择主体的剩余、选择资源的稀缺和选择方向的迷失是"不平衡不充分的发展"的具体体现。从选择贫困中我们可以透视出发展的不平衡不充分现象。另一方面,选择悖论在逻辑结构上与新时代社会主要矛盾具有同构性。选择悖论与新时代社会主要矛盾都作为对立统一的逻辑结构而存在。在这种对立统一的逻辑结构中，不平衡不充分的发展是社会主要矛盾的主要方面；与此相应，选择的贫困是选择悖论的主要方面。社会主要矛盾与选择悖论的性质都取决于以不平衡不充分的发展为内涵的选择贫困。此外，选择悖论的超越在价值指向上与新时代社会主要矛盾的化解具有同向性。化解社会主要矛盾的价值指向在于促进人的全面发展和社会的全面进步，以满足人民日益增长的包括物质需要和精神需要等在内的美好生活需要，丰富和提升人的本质。超越选择悖论的价值指向在于促进选择主体的完善与选择对象的充盈，以丰富人的选择方式与存在方式。选择悖论是社会主要矛盾显现的重要场域，选择悖论的超越有助于社会主要矛盾的化解。

最后，选择悖论是新时代社会主要矛盾的具象化和现实化，这是选择悖论作为社会主要矛盾缩影的基础。选择是人之为人的意志表现，是连接个人和社会的重要纽带，人对社会提供的生产生活资料的选择能力直接体现了社会的发展程度。社会主要矛盾是对社会发展状况的宏观把握，而当前呈现的选择丰富与选择贫困的悖论无疑是对社会主要矛盾的具体反映。选择悖论使得抽象的社会主要矛盾得到直观化、具体化的形象体现，并以具象化方式展现了新时代社会主要矛盾的整体概观，全息地记录了社会主要矛盾的要义，把社会主要矛盾浓缩成具体的可感知的针对具体事物的选择悖论。具体来说，人在对美好生活进行选择的过程中所表现出的"有得选"与"没得选"的冲突、多元选择与无从选择的冲突将复杂的、宏观的社会主要矛盾具象化为具体而微的矛盾体。人通过认识和分析在美好生活选择过程中所面临的具体冲突，进一步透视出隐藏在其背后起决定作用的社会主要矛盾。此外，社会主要矛盾作为历史唯物主义的重要范畴，是中国共产党分析基本国情、把握社会发展整体态势的重要理论依据。社会主要矛盾的时代性与人民性决定了其必须面向社会实践和人民生活。选择悖论作为新时代社会主要矛盾嵌入人民日常生活的重要标志，是新时代社会主要矛盾的现实性所在。因此，社会主要矛盾的现实化程度取决于人们在日常生活中感受和体会选择悖论的深度。在由抽象到具体、由理论到现实的发展进程中，社会主要矛盾以美好生活选择悖论的现实超越路径为依托，逐步获得突破的动力和能力。

三 新发展理念对美好生活选择悖论的新开解

创新、协调、绿色、开放、共享的新发展理念是针对新时代社会主要矛盾和社会发展的具体困境而提出的，为我们提供了管根本、管全局、管长远的价值引领与战略导向。新发展理念以引领高质量发展、实现人民对于美好生活的向往为目的，强调工具理性和价值理性的统一，为超越选择悖论提供了可能路径。

（一）以新发展理念的人民性超越选择主体的丰富性与主体剩余悖论

新发展理念将共享作为发展的出发点和落脚点，在对"为什么发展"的问题回应中，彰显了马克思主义的根本价值追求，也在价值理性的高扬中内在标明了发展的合目的性。马克思和恩格斯认为，资本主义社会中的种种不平等、不合理现象都根源于资产阶级在政治经济上拥有的各种垄断权力以及剥削与被剥削关系，生产资料私有制和剥削制度使得"社会越发展人类越不平等"成为残酷的现实。因此，马克思主义自诞生之日起，就将冲破资本主义腐朽落后的生产关系的束缚，推动社会生产力的发展，实现人的自由全面发展作为革命理想与实践愿景。而共享理念"本身就蕴含在马克思构建的未来自由人联合体中，蕴含在从'我'迈向'我们'的伦理追求中。"[①] 正如马克思和恩格斯所构想的，"由社会全体成员组成的共同联合体来共同而有计划地尽量利用生产力；把生产发展到能够满足全体成员需要的规模；消灭牺牲一些人的利益来满足另一些人的需要的状况；彻底消灭阶级和阶级对立；通过消除旧的分工，进行生产教育、变换工种、共同享受大家制造出来的福利，以及城乡的融合，使社会全体成员的才能能得到全面的发展"[②]。

共享发展理念的内涵表现在四个方面：从共享的覆盖面来看，共享是全民共享；从共享的具体内容来看，共享发展就是要保障人民群众在经济、政治、文化、社会、生态等方面的合法权益；从共享的实现途径来看，共建才

---

① 张艳涛、张瑶：《"共享发展"：当代中国发展的目标和归宿》，《前线》2017 年第 6 期。
② 《马克思恩格斯全集》（第 4 卷），人民出版社 1958 年版，第 371 页。

能共享，人人都要承担发展的社会责任；从共享的推进程度来看，要在从低级到高级、从不均衡到均衡的渐进共享中推动发展。在当代中国的发展语境下，社会公正问题日益成为触及社会各阶层、影响经济社会发展全局的突出问题，共享发展正是问题倒逼之下的现实抉择，它要求以合理的制度安排，为人们提供"各尽其能"的机会，保障社会成员"各得其所"的权利。在公平正义的价值范导下，以生产领域的分配正义超越选择主体的丰富性与主体剩余的悖论成为一种可能。

从本质上说，选择主体的丰富性与主体剩余的悖论是由贫富差距造成的。马克思说："劳动生产了美，但是使工人变成畸形。"① "忧心忡忡的、贫穷的人对最美丽的景色都没有什么感觉；经营矿物的商人只看到矿物的商业价值，而看不到矿物的美和独特性。"② 资源和机会的匮乏不仅使得"被选择"成为弱势群体生活的常态，更制约了其主体性的发挥。主体的剩余使他们丧失了感受与创造美好生活的能力。在马斯洛的需要层次理论中，自我实现的需要是最高层次的需要。然而，面对不能承受的生命之重，弱势群体所奋力争取的只不过是最基本的生存需求的满足。因此，推进生产力的不断变革，在生产关系领域重视分配正义具有必要性与紧迫性。一方面，社会要为每个个体提供平等的选择与构建美好生活的自由、机会与权利。罗尔斯在论证平等自由原则与机会的公正平等原则时指出："每个人对与所有人所拥有的最广泛平等的基本自由体系相容的类似自由体系都应有一种平等的权利。……依系于在机会公平平等的条件下职务和地位向所有人开放。"③ 美好生活以每个个体都有选择理想的生活方式的机会与权利为出发点，当然，绝对的起点公平与结果公平在当前社会发展的限度内难以实现，但在构建美好生活的过程中以分配正义为标准加强对美好生活选择的不公平现象的调整与治理，对于保障人民日益增长的美好生活需要，实现选择主体的平等选择至关重要。另一方面，受制于某些先天不足的因素，农民工、失业者等弱势群体在美好生活选择过程中往往处于被选择的境遇，且总是作为最少受惠者

---

① 《马克思恩格斯选集》（第 1 卷），人民出版社 2012 年版，第 53 页。
② 《马克思恩格斯文集》（第 1 卷），人民出版社 2009 年版，第 192 页。
③ ［美］罗尔斯：《正义论》，何怀宏等译，中国社会科学出版社 1988 年版，第 292 页。

而存在。社会在保障资源、机会与权利等公平分配的基础上，应当更加注重对于弱势群体的权益保护。正如罗尔斯所说："社会的和经济的不平等应这样安排，使它们……在与正义的储存原则一致的情况下，适合于最少受惠者的最大利益。"① 在全面建成小康社会的关键阶段，我们党针对贫困地区和贫困人口采取精准扶贫与精准脱贫战略，在对贫困群体进行大量的人力资本投入的基础上，保障他们享有充分的就业机会与受教育机会，进而增强其构建设美好生活的信心和信念。同时，为改变贫困群体与其他群体在美好生活选择过程中所表现出的权利不对等现象，党和国家为贫困群体提供相应的利益诉求与利益表达机制，以激发贫困群体脱贫致富、为实现美好生活而积极奋斗的内生动力。因此，立足以人民为中心的发展理念，以分配正义为核心缩小贫富差距，是超越选择主体的丰富性与主体剩余悖论、丰富选择主体本质的必然要求。

（二）以新发展理念的实践性超越选择对象的丰裕性与资源稀缺悖论

实践的观点是马克思主义哲学的基本观点，实践性是马克思主义的鲜明品格。坚持实践的观点，就是要从思想意识上确立实践理性、明确实践价值，在具体行动中坚持实践标准、落实实践举措，在正确认识世界的基础上实现对世界的有效改造。人们往往基于事实判断和价值判断形成对世界的完整认知。事实判断是对事物本身的描述和指陈判断，其在指向实然世界的过程中为改造世界提供规律性认识和理论指导。价值判断则是对事实与人、主体与客体之间价值关系的肯定性或否定性判断，即客体的存在和属性同主体尺度和需要之间是否一致，其在应然世界的建构中为改造世界提供价值坐标和方向指引。而人类的实践活动就是促使实然世界不断接近应然世界的历史性、革命性过程，也就是以工具理性为手段不断实现价值理性的过程。新发展理念的意义不仅在于为发展问题提供一种新的认识视角，更在于其内容和要求是对改革开放四十多年来实践经验的深刻总结，能为问题的解决提供一种可能性的方法指导。创新、协调、绿色、开放、共享的五大发展理念"不是凭空得来的，而是在深刻总结国内外发展经验教训、分析国内外发展大势

---

① ［美］罗尔斯：《正义论》，何怀宏等译，中国社会科学出版社 1988 年版，第 292 页。

的基础上形成的，也是针对我国发展中的突出矛盾和问题提出来的，集中反映了我们党对我国发展规律的新认识。"① 当前，中国社会发展的总体质量和效益还不高，存在公共产品不足和创新资源短缺的现实问题，美好生活的选择资源呈现出一定的稀缺现象。资源的稀缺性可以进一步划分为绝对稀缺和相对稀缺。绝对稀缺表现为资源的有限性和人类欲望的无限性之间的矛盾，它可以用人们主观上的满足程度等指标进行评价。解决绝对稀缺问题，关键在于改善生产力发展水平，提高物质文明程度。相对稀缺则与整个社会现有资源的利用、生产能力的发挥、收入分配的合理性乃至整个经济的运行机制有关，可以用人均产出水平等指标来衡量。解决相对稀缺问题，关键在于降低欲望的膨胀速度，合理引导人们的消费观和消费行为，不断提高精神文明程度。新发展理念恰好能基于自身的实践品格，以新的发展精神和发展方法有针对性地解决资源的绝对稀缺和相对稀缺问题，在对选择悖论的超越中实现事实与价值的统一。

在解决资源绝对稀缺的问题上，一方面，创新发展作为对现存事物的"革命化"变革，决定了发展速度、效能、可持续性，从根本上说是对可供人们进行美好生活选择的生产生活资料的创造性改变。创新发展旨在使人突破固有的选择模式，在坚持全面系统观点的同时，牵住科技创新这个"牛鼻子"，加快科技创新成果向现实生产力的转化，从而摆脱低质量选择的束缚，解放和发展选择空间，提高选择的质量和效益，超越选择对象的丰裕性与稀缺性之间的悖论，满足选择主体对于美好生活的充分选择需要。另一方面，美好生活的价值理想内含着人对于"诗意地栖居"的向往。优质的空气、纯净的水源、安全的环境等自然条件是人实现优质生活的必要保障。人对良好的生态环境和绿色产品的需要与高污染、高能耗的发展之间的悖论呼唤绿色发展理念的出场。绿色发展以推进美丽中国建设为目标，是对人与自然和谐相处的美好关系的表达，是生产力发展、生活富裕、生态优美的综合体现。面对自然界提供的多种选择对象，绿色发展理念所关注的是作为选择主体的人如何以一种合乎理性的选择去代替对自然界的大规模征服和利用。在

① 中共中央文献研究室：《习近平关于社会主义经济建设论述摘编》，中央文献出版社2017年版，第21页。

解决资源的相对稀缺问题上，协调发展、开放发展、共享发展聚焦资源配置、资源协同、资源享有等视角，为选择悖论的解决提供可行方案。协调发展将选择主体视为一个有机统一体，以城乡、区域、物质文明与精神文明的平衡发展为中心，着力为选择主体构建均等的公共服务，提供均等的选择机会，保证美好生活选择要素在选择主体间自由流动，推进美好生活选择空间向社会弱势群体延伸，为解决"主体剩余"问题提供了可能范式，满足选择主体对于美好生活的平等选择需要。费孝通说："各美其美，美人之美，美美与共，天下大同。"① 美好生活作为世界性话语体系，囊括了各个民族、各个国家的多元美好生活理念。美好生活的构建需要各国的相互借鉴、包容与合作。开放发展以人类命运共同体视域下的互利共赢为目标，搭建了民族美与世界美相互融合的平台，形成了以内外联动为基础的选择主体在全球范围内的主体性协同。共享发展在协调发展的基础上，以"人人参与、人人尽力、人人享有"为原则，使得美好生活对于选择主体来说具有共享的性质，即美好生活的不断推进尊重每个选择主体的选择独立性，提升每个选择主体的选择能力，发挥每个选择主体的自主自为性价值。共享发展保障了选择主体对于美好生活的平等选择权、参与权和享有权，为超越选择主体间的悖论，实现共同富裕奠定了基础。由此可见，选择悖论在创新、协调、绿色、开放和共享的新发展理念指引下，逐步获得现实的开解与超越。

（三）以新发展理念的引领性超越选择标准的多元化与方向迷失悖论

新发展理念是科学标准和道德标准的统一，其在"真"和"善"的统一中探寻工具理性与价值理性、手段与目的、规律和意义之间的平衡，实现人与社会发展之"美"的追求。首先，"创新、协调、绿色、开放、共享"的新发展理念产生于对多种发展理念的比较、排序和提炼，能指引选择主体廓清选择需要、明确选择方向。面对客观世界所提供的多种生存和发展方式的选项，选择主体往往处于一种因随意选择而造成的选择迷失和选择无序状态。新发展理念的价值就在于，以"真、善、美"为标准，通过价值排序，引领选择主体在澄清价值观念的基础上进一步明确自身对于生存发展的真正

---

① 费孝通：《"美美与共"和人类文明（上）》，《群言》2005 年第 1 期。

需要，从而提升对于"想过一种怎样的生活""想实现什么样的发展"的鉴别力与判断力。当今社会，主体选择能力不强在很大程度上取决于其所奉行的选择标准的模棱两可性。面对多元选择标准，新发展理念能为人们提供主流的价值导向与选择规范，使人们逐步认识到将美好生活和自我发展等同于功利、金钱与享乐是错误的观念，强化其对真理性与价值性相统一的认知。与此同时，新发展理念强调选择自由与选择责任的对立统一。选择能力的提升不是取决于主体在生存发展过程中的绝对选择自由度，而是取决于其在有限的选择中选择责任的确立和增强。选择自由并不意味着选择主体不顾他人对于生存发展的选择意志而肆意地占有美好生活选择要素。新发展理念主张选择主体在进行选择的过程中，坚持社会价值与个人价值的统一，树立对自我选择结果的责任意识和担当意识。因此，新发展理念助力于选择能力提升的表现在于其使得选择主体对于选择标准有明确的认知，对于选择对象的重要程度有充分的权衡，且自觉肩负起在自身所选择的生存发展方式的基础上实现推动个人发展和社会发展的责任。

选择标准的多元化与方向迷失的悖论实质上是主体选择需要与选择能力的分离，是价值虚无与德性式微的后果。阿玛蒂亚·森将能力贫困作为考察贫困问题的重要视角，强调可行能力在人的自由全面发展过程中的不可或缺性。现代性的个人作为一种有限的存在，往往局限于诸多美好生活的素材之内，而丧失了选择理想生活方式的能力。事实上，美好生活不仅指人在面对诸多富有美感的对象时所具有的多元选择需要，更重要的是指人作为选择主体在选择生活方式的过程中所具有的能够作出高质量选择的能力。而作为一种经过价值比较、价值清理、价值排序和价值提炼的产物，新发展理念的意义在于，能为人们对于美好生活的选择提供一种价值标准和能力要求，从而增强选择对人的本质力量的确证，达到主体的选择需要和选择能力的和谐。具体而言，从伦理角度来看，创新发展理念"不仅在创新动机上顺应中国社会发展，更重要地体现出道德主体内涵的道德素质或者说道德品质。创新发展要求主体拥有创新素质，承担起创新的责任，扛起创新的大旗"①。这就要求个体在面对因循守旧与推陈出新、知难而退与攻坚克难的现实选择时，

---

① 谭德礼、江传月：《论新发展理念的伦理意蕴》，《道德与文明》2018 年第 3 期。

把创新作为一种对国家发展的主动担当，不断挖掘自身的创新潜能和提高创新能力。协调发展是一种克服不平衡发展的价值选择，体现了社会主义大爱精神。协调发展理念从思想意识上要求个体树立全局意识，培育集体主义精神，发扬艰苦奋斗精神，在职业选择时能主动选择到欠发达地区建功立业、在祖国和人民需要的行业领域有所作为，实现中国梦与个人梦的同频共振。绿色发展理念是一种人与自然和谐相处的伦理取向，也是对生活方式和发展方式的现实指引，习近平总书记对此特别提出，"推动形成绿色发展方式和生活方式是贯彻新发展理念的必然要求"①。对于个体而言，要将绿色、健康、可持续作为日常生活和个人发展的基本原则，高度重视资源稀缺性和代际发展命题，珍惜自然资源，善待自然环境，本着对未来负责、对全人类负责的态度自觉参与生态伦理道德建设。开放发展理念内蕴着人类命运休戚与共的伦理情怀，要求具有开放包容的道德意识。从道德哲学的角度看，开放意味着：一方面，个体要提高自身的道德修养，在走出去的过程中讲好中国故事，不断扩大中国影响力；另一方面，个体要紧跟时代潮流，关注人口、环境、政治、安全、贫困等具有全球性、综合性和挑战性的问题，不断形塑自身的全球化视野和人类命运共同体情怀。共享发展理念体现了以人民为中心的价值目标，倡导公共善与个人善的统一，尊重个体的生命价值、人格尊严和发展权利。这就要求个体增强权利意识，崇尚公平公正，树立正义感和责任感，敢于反对制度不平等、身份不平等、权利不平等、机会不平等现象。同时，珍视属于全体社会成员的劳动成果和公共资源，以同理心和同情心关怀弱势群体，实现"我"和"我们"的共同发展。

---

① 《习近平在中共中央政治局第四十一次集体学习时强调 推动形成绿色发展方式和生活方式 为人民群众创造良好生产生活环境》，《人民日报》2017 年 5 月 28 日第 1 版。

第　七　章

创新发展与思维变革[①]

　　发展的观点是唯物辩证法的基本观点，马克思主义哲学意义上的发展"不只是对人与社会生存状态和存在过程的描述，而且是对人与社会的存在状态和存在过程的评价"[②]。作为主体的一种思维方式和思维活动，创新思维既是对人类生存状态的可能性描述，也是对人类思维品质的肯定性评价。创新思维是从根本上破除只防出错、不求出新，只求保险、不担风险的思维定式，克服唯书唯上、崇洋崇古、照搬照套的行为惯性。作为主体的一种思维力量，创新思维的终极价值在于通过思维范式的变革促进人的全面发展与社会的整体性进步。

　　习近平总书记指出，"创新是一个民族进步的灵魂，是一个国家兴旺发达的不竭动力，也是中华民族最深沉的民族禀赋。"[③] 中国社会发展的历史，就是一部不断创新的历史。旧中国深陷积贫积弱、落后挨打的民族危机，从思维层面看，拒绝创新和排斥变革是重要原因之一。而有识之士的救亡图存运动，正是在思维变革和创新实践中具体展开的。善于创新是中国共产党的优良传统，新民主主义革命时期，中国共产党人另辟蹊径，探索了一条"农村包围城市、武装夺取政权"的革命道路，在实践中形成了毛泽东思想，建立了中华人民共和国，实现了从封建专制到人民民主的历史性转折。改革开

---

　　① 该章部分内容以《习近平创新的思维方法在浙江的探索与实践》为题发表在《浙江日报》2021年3月25日，以《开拓创新永葆奋斗动力的逻辑进路》为题发表在《人民论坛·学术前沿》2022年第7期。

　　② 孙正聿：《改革开放以来中国哲学发展的历史与逻辑》，《吉林大学社会科学学报》2008年第5期。

　　③ 《习近平谈治国理政》（第1卷），外文出版社2014年版，第59页。

放四十多年来，中国共产党高度重视理论创新和实践创新，开辟了中国特色社会主义道路，形成了中国特色社会主义理论体系，确立了中国特色社会主义制度，发展了中国特色社会主义文化，中华民族迎来了从站起来、富起来到强起来的伟大飞跃。从某种意义上说，这些历史性成就都源于我们党对创新思维的倡导、对创新实践的践履和对创新发展的追求。惟创新者进，惟创新者强，惟创新者胜。面对百年未有之大变局，中国特色社会主义进入新时代，我们比以往任何时候都更加需要新的发展思维、新的改革实践与新的发展样态。

一　创新思维：促进发展的思维力量

创新思维是创新活动的起点，从学理分析和实践经验的双重路径把握创新思维的内涵具有前提性和基础性意义。作为促进发展的思维力量，创新思维本身不具有现实性，只有在创新实践这一现实力量推动下，经济社会才能实现真正意义上的创新发展。

（一）创新思维的概念界说

"什么是创新思维"是创新研究的基础问题，或者说是创新的本体性问题。创新思维的概念界说既是不同学科关切的理论问题，也是关涉人与社会发展的现实问题。对于创新思维的完整把握存在两种可能路径：一是遵循概念界定与辨析的一般逻辑，澄清学理意义上的创新思维；二是立足中国革命、建设和改革的实践历程，把握中国共产党人创新思维的现实要义。

关于何为创新思维，国内外学者依据不同的学科范式和逻辑理路，对其进行了不同界分。部分学者着眼于创新思维的发生与运行机制，以是否符合逻辑规则为标准，对创新思维的内在品质进行了判定，其中天赋说、顿悟说和生理—心理发生说是具有代表性的理论观点。天赋说认为创新思维能力是天赋的，是一种以非逻辑因素甚至是一种"神秘力量"发挥主导作用的思维活动。[①] 顿悟说认为创新思维是通过灵感、直觉、梦境、联想等一系列非

---

① 张晓芒：《创新思维的逻辑学基础》，《南开学报》2006 年第 6 期。

逻辑思考方式，在偶然激发的、突然产生的"顿悟"指导下产生了新的发现或启迪。① 生理—心理发生说是国外研究创新思维的关注重点，认为创新思维是依托人脑（尤其是右脑）皮层区域的运动，以人们特有的高级形式的感知、记忆、思考、联想、理解等能力为基础，在与思维客体的相互作用过程中，通过发散和收敛、求异与求同、形象和抽象、逻辑与非逻辑等辩证统一的思维过程，历经准备、酝酿、阐明和验证等四个时期，形成具有首创性、开拓性、复合性认知成果的心智活动。② 也有学者注重把握提炼创新思维的思维内核，提出发散思维说和创造性思维说。发散思维说认为"创新思维在本质上和发散思维是统一的，发散思维是创新思维的核心"。③ 心理学界则普遍将创新思维或创造性思维（creative thinking）纳入创造力范畴，创新思维就是人所具有的某种力量或才能。④ 从思维主体与客体的角度来看，有学者提出过程说，认为创新思维是思维主体能动地把握创新对象，通过创新对象激发和促动思维主体创新发展的过程，这个过程是主客体之间通过创新思维双向互动的过程。⑤ 还有学者将创新思维定义为一种全面的、辩证的整体性思维方式，提出张力说、整合说和多要素综合说。张力说认为创新思维是发散思维与收敛思维的有机统一，并且两者之间保持着"必要的张力"⑥。整合说将创新思维界定为一种"展开—整合的思维方式"，即要围绕待解决的问题展开最大目的之追问，然后在收敛和整合中做出最好的决策。⑦ 多要素综合说是从创新思维的动力、基础、方式、结果、要求等方面，将创新思维界说为思维的一种智力品质，它是在客观需要和伦理规范的要求下，在问题意识的驱动下，在已有经验和感性认识、理性认识以及新获取的信息的基础上，统摄各种智力因素与非智力因素，利用大脑有意识的悟性思

---

① 张晓芒：《创新思维的逻辑学基础》，《南开学报》2006 年第 6 期。

② 王跃新：《遵循自然与自觉统一的创造性思维发生逻辑》，《吉林大学社会科学学报》2010 年第 6 期。

③ ［美］科勒斯涅克：《学习方法及其在教育上的应用》，张云清译，人民教育出版社 1991 年版，第 66—69 页。

④ 周可真：《科学的创新思维和直觉方法》，《学术界》2015 年第 11 期。

⑤ 孙洪敏：《创新思维的运行机制》，《河北学刊》2006 年第 2 期。

⑥ ［美］库恩：《必要的张力》，范岱年等译，北京大学出版社 2004 年版，第 224 页。

⑦ 陈颖健、日比野省三：《跨世纪的思维方式：打破现状思维的七项原则》，科学技术文献出版社 1998 年版，第 14 页。

维能力，在解决问题的过程中，通过思维的敏捷转换和灵活选择，突破和重新建构已有的知识、经验和新获取的信息，以具有超前性和预测能力的新的认知模式把握事物发展的内在本质及规律，并进一步提出具有主动性和独特见解的复杂思维过程。①

　　尽管对创新思维的定义存在着众多分歧，但是学界仍旧在某些方面达成了共识，主要体现在以下三个方面：一是创新思维离不开生理基础，主要是脑的生理完整，这是创新思维存在的依据；二是创新思维的核心价值维度在"新"，这种"新"既指原创性的思维，继发性的、具有革新性质的思维也属于创新思维；三是对创新思维的分析越来越依靠心理学的研究成果，要求思维科学、逻辑哲学与心理学实现有机融合。综而观之，创新思维是一种过程性与结果性、工具性与价值性、逻辑性与非逻辑性相统一的思维方式。首先，创新思维是一个复杂的系统过程，它要求主体突破和超越现有的知识、经验、观念和方法，用新的思维结构与思维模式去选择、组合、评价和解释来自客体的信息。创新思维的结果性表现为逻辑论证的思维结果，而不是直接指向运用思维成果所获得的实践结果，这种思维结果是具有批判性和超越性的新观点、新理论、新办法与新思路。其次，从功能性的角度分析，创新思维是主体认识世界、加工信息和解决问题的一种思维工具。创新思维的价值性不仅体现为改变人类社会发展进程的新发现、新发明和新创造，马斯洛将人的创造性分为"特殊人才的创造性"和"自我实现的创造性"，对于个体而言，以实践获得的新方法、新窍门、新技术促进自身发展也是创新思维的价值所在。最后，任何思维创新都不能完全脱离原有的思维方式，它往往会借助于一定的知识、概念、原理和方法等，因而，创新思维必然会与已有的思维要素发生显性或隐性的逻辑关联，使得创新思维过程不可避免地带有一定的逻辑性。创新思维的非逻辑性则根源于其本质规定，即创新思维要出新，就要超越原有的思维方式，引入新的事实、概念、原理和方法，这样一来，又使得创新思维过程不可能完全地还原为逻辑的过程，而成为一种非逻辑的心理过程。②

　　从中国革命、建设和改革的长期实践历程来看，中国共产党人的创新思

---

① 张晓芒：《创新思维的逻辑学基础》，《南开学报》2006 年第 6 期。
② 章士嵘：《科学发现的逻辑》，人民出版社 1986 年版，第 87—88 页。

维是在中华民族从站起来、富起来到强起来的过程中，主动构建的推进理论创新和实践创新的思维模式与方法。以毛泽东为代表的中国共产党人在理论与实践的结合中创新，在学习和借鉴中创新，在调查研究中创新，示范性地运用创新思维探索出中国革命和建设道路。以邓小平为代表的中国共产党人在"什么是社会主义""怎样建设社会主义"的问题导向中，提出解放思想、实事求是的新战略和"摸着石头过河"的新方法。江泽民在第三次全国教育工作会议上正式提出"创新思维"这一概念，指出要"帮助学生自主学习、独立思考，保护学生的探索精神、创新思维，营造崇尚真理、追求真理的氛围"①。在北戴河同部分国防科技专家和社会科学专家座谈时，江泽民进一步强调："一个民族要兴旺发达，要屹立于世界民族之林，不能没有创新的理论思维。"② 有学者指出，"创新思维"概念的正式提出，标志着中国共产党开始自觉建构中国特色社会主义创新思维理论及其范式，而科学发展观则进一步明确了思维主体的价值目标与创新思维的根本标准，其要求主体在思维创新过程中坚持科学的发展观念范式和主动构建科学的实践推进范式。③ 党的十八大以来，习近平总书记立足国情世情，将创新摆在国家发展的战略核心位置，将创新思维视为治国理政的科学思维。在创新思维的重要作用方面，习近平总书记始终强调创新是"引领发展的第一动力，是建设现代化经济体系的战略支撑"④，实施创新驱动发展战略是创新思维一以贯之的思想理念与战略方针。对于创新思维的内在支撑，他始终强调人才是第一资源，要"推进素质教育，创新教育方法，提高人才培养质量，努力形成有利于创新人才成长的育人环境"⑤，大力培育创新型人才是创新思维一以贯之的基本原则。对于创新思维的核心动力，他始终强调创新驱动是形势所迫和时代要求，问题意识是创新的起点和驱动力，是创新思维一以贯之的重

---

①　《江泽民文选》（第 2 卷），人民出版社 2006 年版，第 334 页。

②　《党和国家领导在北戴河会见国防科技和社会科学专家并与他们座谈》，《人民日报》2001 年 8 月 8 日第 1 版。

③　参见储著源《论中国特色社会主义创新思维范式》，《重庆大学学报》（社会科学版）2015 年第 4 期。

④　习近平：《决胜全面建成小康社会 夺取新时代中国特色社会主义伟大胜利——在中国共产党第十九次全国代表大会上的报告》，人民出版社 2017 年版，第 31 页。

⑤　教育部课题组：《深入学习习近平关于教育的重要论述》，人民出版社 2019 年版，第 211 页。

要依据。关于创新思维的方法路径，他始终强调创新是一个复杂的社会系统工程，要以发展理念、发展思路、发展方式和发展机制的创新，应对速度变化、结构优化、动力转化的发展新常态，坚持全面系统与重点突破相结合是创新思维一以贯之的方法路径。

（2）从创新思维到创新发展

如果将发展视为一个包含着某种"价值预设"和"价值标准"的概念，是"这种确定价值的积累和向这种终极价值目标的接近的变化过程"①，那么带有"方向"意义的"创新理念"的出场，就是对这种"价值预设"的承诺和"价值标准"的选择。创新发展不仅强调将创新理念作为发展的价值标准与选择，也强调发展过程本身，即要以创新驱动发展。如前所述，创新思维一方面体现为人脑的机能，另一方面表现为社会存在反映于人脑后进行的意识活动和产生的思维结果。而无论是表征自然属性还是社会属性的创新思维，都不具有直接现实性，其内蕴的先导性、独创性、批判性和超越性都要在人的创新实践中予以检验和确认。所谓创新实践，是指以人的"自由自觉的活动"的本质为内在依据，以人的不断发展着的需要为深层动因，以对常规实践的革命性变革为实现方式的实践活动。② 创新实践不仅强调从质的规定性上实现实践目的、手段、方式、对象等方面的创新，更要求实践主体将自身的脑力和体力对象化到新的创造物上，通过突破固有的思维方式，把握新的事物规律、属性和关系，采用新的生产方式和组织方式，最终创造出新的实践产品。基于"实践的唯物主义"这一基本理念，创新实践从"现实的人及其历史发展"出发，将人的创新思维与社会的创新发展深刻关联起来，以变革的思维和发展的观点回应"以人的当代的实践活动为基础的人对世界的当代关系是怎样的？以当代科学为中介的人的当代世界图景是怎样的？以人的当代社会生活为基础的当代人的思维方式、价值观念、审美意识和终极关怀是怎样的？如何以科学的发展观实现当代社会的进步和推进人的全面发展？"③

---

① 孙正聿等：《马克思主义基础理论研究》，北京师范大学出版社2019年版，第726页。

② 董振华：《论创新实践的生成机制》，《哲学研究》2011年第12期。

③ 孙正聿：《改革开放以来中国哲学发展的历史与逻辑》，《吉林大学社会科学学报》2008年第5期。

马克思指出："在一切社会形式中都有一种一定的生产决定其他一切生产的地位和影响，因而它的关系也决定其他一切关系的地位和影响。这是一种普照的光，它掩盖了一切其他色彩，改变着它们的特点。这是一种特殊的以太，它决定着它里面显露出来的一切存在的比重。"① 当前，世界正进入新的发展变革期，全球增长动能不足，传统增长引擎对经济的拉动作用减弱，深层次结构性改革尚在推进，全球性挑战日益凸显。创新实践成为"普照的光"，它规定、影响并改变着生产力和生产关系的内容、结构与特点，主导着社会发展的可能性选择与现实性方向。在"普照的光"的照耀下，创新发展的基本维度表现为理论创新、科技创新、制度创新和文化创新等。之所以选择以上四个方面作为创新发展的基本维度，主要是基于两个方面的考虑。首先，人的需要是创新发展的主体性动力。作为自然的、社会的和精神的存在物，人具有物质的自然需要、交往的社会需要和文化的精神需要，正是需要的丰富性助推人类创新实践的展开与发展。从自然需要来看，人的大部分需要是外部世界无法直接提供的，而要通过人的物质生产实践来满足。重复性的常规生产实践是生产力实现量的扩张的基础，但只有以技术创新为核心的创新生产实践才能不断满足人类不断发展的自然需要。从社会需要来看，作为一种社会性的存在，人的社会交往需要促成了一定的社会联系和交往活动，而社会交往必须在一定的制度框架内展开。人的社会性需要正是在完善已有的和建构新的社会结构和交往规则的过程中得到满足的，这一过程就是制度创新的过程。人的精神需要一方面表现为享受精神成果的需要，即在享用文化创新成果的过程中，主体获得身心上的愉悦、情感上的共鸣、审美上的享受与思想上的启迪；另一方面也体现为创造精神成果的需要，具体而言就是主体运用自己的思维能力，在追求新发现、积累新知识和探索新规律的过程中形成各种新的理论体系。其次，社会基本矛盾运动是创新发展的根本性动因。在《〈政治经济学批判〉序言》中，马克思首次提出了生产力和生产关系、经济基础和上层建筑这两对范畴及它们之间的关系，他指出："人们在自己生活的社会生产中发生一定的、必然的、不以他们的意志为转移的关系，即同他们的物质生产力的一定发展阶段相适合的生产关

---

① 《马克思恩格斯选集》（第 2 卷），人民出版社 2012 年版，第 707 页。

系。这些生产关系的总和构成社会的经济结构，即有法律的和政治的上层建筑竖立其上并有一定的社会意识形式与之相适应的现实基础。"① 而当生产关系成为生产力的发展桎梏、上层建筑不适应经济基础的发展需要时，就必须开辟出新的实践形式，以实现新的社会发展。对于社会变革的具体方向，马克思指出："一种是生产的经济条件方面所发生的物质的、可以用自然科学的精确性指明的变革，一种是人们借以意识到这个冲突并力求把它克服的那些法律的、政治的、宗教的、艺术的或哲学的，简言之，意识形态的形式。"② 前者指向的是相对于生产力和经济基础的科技创新，而后者标明的则是相对于生产关系和上层建筑的理论创新、制度创新与文化创新。

2016 年 4 月 26 日，习近平总书记在主持召开知识分子、劳动模范、青年代表座谈会时指出，"面对日益激烈的国际竞争，我们必须把创新摆在国家发展全局的核心位置，不断推进理论创新、制度创新、科技创新、文化创新等各方面创新。"③ 对创新发展基本面向的完整解读，不仅标明了我国经济社会发展的现实尺度，也体现了我们党对发展规律的深刻认识。不同时代和不同阶段的理论创新展现的是人类向内拓展思维水平、向外探索社会历史发展规律的奋斗图景，每一次从无知走向知、从知之不多到知之甚多、从知之甚浅到知之甚详的跃迁，都从量上充实了人类社会发展的知识图谱，从质上提升了人类的思维水平。

作为创新发展的方向指南，理论创新的具体内涵可以从三个方面来具体把握：从内容上看，理论创新以社会历史发展中的新情况与新问题为思维对象；从形式上看，理论创新是以新的理论范畴、理论原则和解释框架实现对原有理论局限的突破，以新的理论增长点构建起新的理论架构；从实践上看，理论创新是人类发挥主观能动性，对社会发展的本质规律和变化趋势进行理性分析与思维抽象的结果。而将理论创新置于中国革命、建设和改革的语境之下，它是指将坚持马克思主义与发展马克思主义统一起来，认真研究中国现代化建设进程中重大而紧迫的问题，在全面客观分析的基础上，揭示

---

① 《马克思恩格斯选集》（第 2 卷），人民出版社 2012 年版，第 2 页。
② 《马克思恩格斯选集》（第 2 卷），人民出版社 2012 年版，第 3 页。
③ 习近平：《在知识分子、劳动模范、青年代表座谈会上的讲话》，人民出版社 2016 年版，第 5 页。

我国社会发展、人类社会发展的大逻辑与大趋势。根据不同的标准，理论创新可以分为三种类型。一是原创性创新，它以创立新的理论体系和理论学派为现实目标，实现从无到有的突破性是其最突出特征。二是完善性创新，是对原有的科学理论体系、基本原理展开富有时代性的论证与完善。例如，从"一个统帅"到"两个文明"一起抓，物质文明、精神文明、政治文明的"三个纲领"，社会主义经济建设、政治建设、文化建设、社会建设的"四位一体"，再到经济建设、政治建设、文化建设、社会建设和生态文明建设的"五位一体"，有关中国特色社会主义建设的理论体系不断发展。三是重释性创新，是指理论工作者结合社会发展需要，对特定理论进行时代性的阐释与演绎。当前，以"美好生活"接续与超越"小康社会"的发展理论，以世界历史理论支撑人类命运共同体的理论建构都是重释性创新的现实例证。

制度创新是引领经济社会创新发展的重要保障。从马克思阐明制度及制度创新的社会基础与历史意义，到熊彼特在《经济发展理论》中提出制度创新理论，再到新制度学派构建起制度创新模型，认识论与方法论意义上的制度创新被予以澄清。从概念内涵来看，制度创新是指"交往实践主体以新的观念为指导，通过制定新的行为规范，调整主体间的权利平等关系，为实现新的价值目标和理想目标而自主进行的创新实践，在其价值上专指那些正向、积极、进步和有绩效的制度变迁，它所表征的主要是社会规范的前进运动、择优汰劣和文明发展，它所表示的是对人的活动方式结构和交往关系作出调整以利于人的自由发展和人的主体性的发挥"①。从具体类型来看，依据制度变迁主体的不同，制度经济学将制度创新分为诱致性制度变迁和强制性制度变迁。前者是指现行制度出现不均衡，个人或一群（个）人为了响应获利机会，自发地倡导、组织和实行对现行制度安排的变更、替代或是新制度安排的创造。后者由政府命令、法律引入和实现，作为变迁主体的国家有能力去设计和强制推行诱致性制度变迁所不能提供的、合理的制度安排。按照制度创新的不同方法，也可以将制度创新划分为实验式制度创新和借鉴

① 辛鸣：《制度论：关于制度哲学的理论建构》，人民出版社 2005 年版，第 2 页。

式制度创新。前者在很大程度上是主体基于改革预期，依靠自我设计和自我建构实现制度变迁，其面临较大的风险性和不确定性。德国学者韩博天认为中国制度创新的经验就在于将政策实验和长远目标相结合，因此中国的国家治理表现出很强的韧性与适应性。① 后者则是在制度比较和借鉴的基础上形成的，制度变迁的初始成本比较低、风险较小。

科技创新是创新发展的"主动力"。从毛泽东发出"向科学进军"的伟大号召，到邓小平提出"科学技术是第一生产力"的重大论述，江泽民指出"科学的本质就是创新，要不断有所发现，有所发明"②，胡锦涛要求"深化科技体制改革和各项配套改革……使知识、技术与制度创新体系协调一致，形成科技创新的整体合力"③，再到习近平"当今世界，谁牵住了科技创新这个'牛鼻子'，谁走好了科技创新这步先手棋，谁就能占领先机、赢得优势"④，科技创新的战略意义日益凸显。从经济学的角度讲，现代创新理论的创始人熊彼特将科技创新界定为一种生产过程，即企业家通过将生产要素和生产条件的新组合引入生产系统，从而获得超额利润的过程。从哲学的角度看，在本质上，科技创新是通过解决生产者、生产对象和生产工具之间的矛盾，以推动生产力发展和社会进步的过程。在中国，广义上的科技创新意指优化配置创新资源要素，改革科技体制和科技体系，提高科技创新成果转化为经济效益的能力；狭义上的科技创新则具体指向科学理论创新和科学技术创新。对于科技创新的具体类型，有学者指出，按科学分类可分为自然科学技术创新、社会科学技术创新和交叉科学技术创新；按形态分类可分为有形技术创新、无形技术创新和融合技术创新；按组织结构分类可分为领导技术创新、从属技术创新和独立技术创新；按功能分类可分为核心技术创新、支撑技术创新和辅助技术创新；按难易程度分类

---

① 参见［德］韩博天《红天鹅：中国独特的治理和制度创新》，石磊译，中信出版集团 2018 年版。

② 江泽民：《在中国科学院第十次中国工程院第五次院士大会上的讲话》，《人民日报》2000 年 6 月 7 日第 1 版。

③ 胡锦涛：《在庆祝神舟七号载人航天飞行圆满成功大会上的讲话》，人民出版社 2008 年版，第 12 页。

④ 中共中央文献研究室：《习近平关于科技创新论述摘编》，中央文献出版社 2016 年版，第 26 页。

可分为简单技术创新、复杂技术创新和尖端技术创新；按时效性分类可分为先进技术创新、过渡技术创新和落后技术创新；按来源分类可分为自主技术创新、引进技术创新和改进技术创新。① 无论是何种类型的科技创新，都面临着高度的不确定性，这种不确定性既源自科技项目的长周期性，也与市场经济的滞后性有关，同时国际关系的非对称性也进一步增加了科技创新的风险性。

文化创新是创新发展的精神动力。英国著名文化学家泰勒在《原始文化》中指出，文化是一种由物质文化、制度文化、精神文化等组合在一起的复合整体，是所有社会文明现象的总和。文化的要素具有多样性与复杂性，相应地，"文化创新"也是多层次的。首先，文化创新以文化观念和文化主张的创新为基础，即文化创新必须从前提处回应"如何超越传统与现代、复古与西化等二元对立思维""如何定位文化创新的精神风格与价值追求""如何展现文化对时代变迁及其精神转向的洞察与自觉"等问题；其次，从文化内容上看，文化创新不仅要实现以自然知识、社会知识与人文知识为核心的知识创新，还必须涉及话语体系、意识形态再造、思维方式、价值取向等深义文化的改变；最后，从形式上看，文化创新要求顺应时代需求、科技进步、技术发展、人们生产生活方式、知识习得方式等的改变，实现文化传播手段与载体的因时而进、因势而新。关于文化创新的模式存在两种针锋相对的观点，一种是文化的"冲击—反应"模式，在文化进化论者看来第三世界各国的民族文化是陷入惰性的、停滞不前的体系，只有在西方文化的冲击下，才有改变和发展的可能，这种论调否认了文化发展的多样性，体现出单线式的进化观念；另一种是"文化本位模式"，文化相对主义者承认文化的多样性，认为每种文化都有存在的理由、权利与价值，否认文化样板的存在，这种观点的偏颇之处在于否定了文化的进化性与发展性。事实上，文化是共时性与历时性的统一体，具有延续性与发展性的双重品格。在应然意义上，文化创新是世界文化视野中的民族文化创新，"应该发挥自己的主体精神和创新精神"②。

---

① 罗明星、罗永峰：《科学技术创新的分类》，《科学学研究》2006 年第 S1 期。
② 张岱年、方克立：《中国文化概论》，北京师范大学出版社 1994 年版，第 6 页。

二　创新发展的当前样态

创新发展以理论创新、制度创新、科技创新和文化创新为基本构成要素。党的十八大以来，在以习近平同志为核心的党中央的坚强领导下，中国社会的发展面貌焕然一新。而随着创新发展进入攻坚期和深水区，各种风险、矛盾与困境也在不断涌现和叠加。

（一）理论创新领域

以习近平同志为核心的党中央坚持创新思维，明确问题导向，提出了一系列治国理政的新理念新思想新战略，开辟了二十一世纪马克思主义与当代中国马克思主义的新境界。习近平新时代中国特色社会主义思想坚持马克思主义理论的基本立场、观点和方法，继承与发展了毛泽东思想、邓小平理论、"三个代表"重要思想和科学发展观，以更加系统的思维考量在新时代坚持和发展什么样的中国特色社会主义、怎样坚持和发展中国特色社会主义，以更加宽广的眼光审视世界向何处去、人类的未来在哪里，为发展马克思主义作出了全方位、宽领域、深层次的原创性贡献。在科学社会主义理论方面，明确新的历史方位和时代任务，创造性地提出"中国特色社会主义进入新时代"和"新时代我国社会主要矛盾转化"的科学论断；提出中国特色社会主义事业的总体布局是"五位一体"、战略布局是"四个全面"；提出"四个自信"的重要思想；提出中国特色社会主义最本质的特征是中国共产党领导，中国特色社会主义制度的最大优势是中国共产党领导。在政治经济学原理方面，坚持以人民为中心的发展思想，明确推进经济体制改革的着力点和落脚点，创造性地提出要"处理好政府和市场的关系，使市场在资源配置中起决定性作用和更好发挥政府作用"的重要论断；提出中国经济发展进入"新常态"；提出以"创新、协调、绿色、开放、共享"为一体的新发展理念；提出以"巩固、增强、提升、畅通"为方法论指导的供给侧结构性改革。在马克思主义国家学说方面，聚焦国家制度和国家治理问题，在党的十九届四中全会上首次阐明中国特色社会主义制度与国家治理体系和治理能力之间的关系，明确我国国家治理体系和治理能力是中国特色社会主义制度及其执行能力的集中体现；首次提出坚持和完善中国特色社会主义制度推进国家治理体系和治理能力现代化"三步走"总体目标；首次把中国特色社会主义制度中起四梁八柱作用的制度明确为根本制度、基本制度、重要制度；首次明确党的领导制度在我国国家制度和国家治理体系中的统领地位。[①] 在马克思主义国际政治理论方面，以构建公平正义、合作共赢的新型国际关系为导向，开创性地提出构建人类命运共同体的全球价值观；提出建设平安中国与和谐世界的总体国家安全观；提出"共商共建共享"的全球治理观等。

2013年1月5日，在新进中央委员会的委员、候补委员学习贯彻党的十八大精神研讨班上，习近平总书记指出，当前坚持和发展中国特色社会主义面临几个重大问题，一是中国特色社会主义从何而来、中国特色社会主义是什么主义的问题；二是改革开放前和改革开放后两个历史时期是什么关系的问题；三是新时代如何坚持和发展马克思主义、社会主义与中国特色社会主义的问题；四是共产党人的理想信念何以坚定的问题。[②] 这一重要讲话，在众声喧哗中廓清了对于中国特色社会主义的模糊与错误认识，也深刻揭示了我们党在进行理论创新时所面临的困难与风险。首先，理论创新以对社会发展的全面科学研判为基础，是对社会实践中不断涌现的新情况、新问题和新挑战作出的新理论解答。从世界局势来看，与"百年未有之大变局"相伴而行的是前所未有的不确定性，西方国家忙于"建墙""退群"，大国关系进入未知水域，如何准确研究中国发展的世界坐标是新的理论挑战。从国内发展来看，中国"仍处于并将长期处于重要战略机遇期"，如何对国内经济社会运行状况、全面深化改革实际成效、国家治理现代化实现程度、人民群众美好生活需要满足程度、生态文明建设情况、党的自身建设状况等作出科学判断和理论回应是相当不易的。其次，意识形态领域的斗争对理论创新工作提出了更高要求。当前，互联网成了马克思主义与各类"非马克思主义""反马克思主义"展开交锋的思想理论前线，理论创新面临着诸多挑战。例

---

① 何毅亭：《马克思主义国家学说的新发展——党的十九届四中全会的"九个首次"》，《学习时报》2019年11月18日第2版。

② 习近平：《关于坚持和发展中国特色社会主义的几个问题》，《思想政治工作研究》2019年第5期。

如，如何通过创新理论研究方法，对关涉民族发展的基本问题进行更为周全、更为细致的研究；如何通过创新理论话语，对错误思潮和不当言论展开更具学理性、逻辑性的反驳；如何通过创新理论传播途径，将"为什么要坚持马克思主义的指导地位""中国为什么要走中国特色社会主义道路""为什么中国特色社会主义最本质的特征是中国共产党领导"等问题讲明白、讲生动、讲透彻，实现党的创新理论的大众化。最后，理论创新要经得起实践的检验，如何以理论的充分论证与合理建构，在最大程度上弥合理论与实践的差距、减少理论创新进入实践环节的阶段性"阵痛"是不可回避的现实难题。

（二）制度创新领域

改革开放以来，党和国家将守正与创新自觉统一起来，在主动应变和积极求变中形塑了具有中国特色和中国气派的制度成果与制度文明。从制度方面来看，守正强调的是制度设计要有方向、承历史、重联系，要坚持和完善反映中国特色社会主义制度本质内容和根本性特征的根本制度以及体现中国社会主义性质、框定国家基本形态的基本制度。创新则强调在实践中创造出新的制度因素，以发展的观点、联系的观点革新国家治理各领域各方面的主体性制度，不断释放制度创新的红利，不断扩大制度改革的受益面。党的十八大以来，制度创新聚焦重点领域和关键环节，有关财税体制改革、价格机制改革、国资国企改革和司法体制改革等的改革意见和方案一经审议通过，相关细化规定和配套措施就紧跟出台。制度创新不是某个领域体制机制改革的单向推进，而是各领域、各层次的制度集成与系统推进。据不完全统计，截至 2019 年 1 月，从成立中央全面深化改革领导小组到设立中央全面深化改革委员会，中央共召开了 45 次会议，审议通过了 400 多个重要改革文件，推出了 1932 个改革方案，在织密制度之网中推动制度创新层层递进、逐步深入。与此同时，制度创新释放出实实在在的红利，负面清单制度带来理念变革和治理变革，进一步激发市场主体活力；户籍制度改革有序推进，加快人口的合理流动，优化劳动力资源配置；新医改迈向纵深，在公立医院改革、整合城乡居民基本医保等举措中人民群众的看病负担进一步减轻；生态文明体制改革在环境检测、环保督察等具体举措中落地生根；教育改革突出均衡和公平发展，通过"双减"政策、统筹推进城乡义务教育一体化等助推教育现代化发展；网络生态治理围绕个人信息安全、信息服务算法、网络内容传播等具体领域出台管理规定，为人民群众营造风清气正的网络环境……制度创新更加眷注人民对美好生活的向往，更加尊重人作为主体的实践性与价值性，让人民群众在获得感、幸福感和安全感的现实体认中不断夯实对自身与社会发展的清晰预期。

从哲学层面来看，制度创新的实质是生产关系和上层建筑的变革与创新。在建立与生产力发展要求相适应的新的生产关系和上层建筑的实践活动中，党和国家在全面深化改革、创新制度设计方面取得了一系列突破性进展，但正如习近平总书记所指出的，"改革道路上仍面临着很多复杂的矛盾和问题"，要"有力有序解决各领域各方面体制性障碍、机制性梗阻、政策性创新问题"[1]。从中国经济社会转型发展的实际情况来看，当前，中国制度创新存在政府供给不足、主体素质不高、政策保障虚化等问题，这些问题既是对社会基本矛盾的现实写照，也澄清了制度创新所面临的现实境遇。具体来看，一是政府的制度供给能力无法完全满足经济社会发展的即时性需要。"一般来说，制度是由法律法规以及政府政策等规定的行为规则的总和。"[2] 作为制度供给的主体，政府应围绕发展中的结构性矛盾和体制性问题，通过制定、创新、修订、执行和监督规则等制度供给行为，将新理念、新方法、新载体引入原有的制度框架和工作体系，在新的动因组合中推动经济社会发展。在这一过程中，政府的创新意识、知识积累、对现存制度安排的把握、对制度设计成本的预估等因素将发挥全局性作用。转型中的经济社会发展对制度创新的刚性需求、时效要求不断提高，尽管政府高度重视制度供给问题，但制度创新与社会发展的时空矛盾依然突出。二是社会成员的素质无法高度匹配制度创新的现实需求。人是制度创新的关键推动力，缺乏高素质的主体将延缓创新制度的设计、落地与完善进程。近年来，人们的总体素质不断提高，但契约意识和规则意识不强、个人主义倾向明显等问题也十

① 习近平：《论把握新发展阶段、贯彻新发展理念、构建新发展格局》，中央文献出版社 2021 年版，第 467—468 页。
② 刘志彪：《政府的制度供给和创新：供给侧结构性改革的关键》，《学习与探索》2017 年第 2 期。

分突出。如何切实提高制度创新主体的素质，不断强化人们对非正式制度的内在认同与自觉遵守是推动制度创新往深里走、往实里走的关键。三是由于缺乏具有可操作、可量化的容错纠错机制，一些地方存在矛盾面前不敢上、风险面前不敢闯的现象，制度创新活力不足的问题仍然存在。因此，如何建立科学的量化标准和行为清单，为制度创新提供政策保障和容错空间，是必须回应的现实问题。

（三）科技创新领域

中国的创新能力提升与经济发展同步，创新型国家建设不断取得新进展。从颁布《国家中长期科学和技术发展规划纲要（2006—2020年）》，到实施创新驱动发展战略，再到构建国家技术转移体系，创新释放的新动能和新活力不断涌入经济社会发展全局，中国在科技创新的发展赛道上由"跟跑"逐渐变为"并跑"甚至是"领跑"。在新一轮科技革命和产业变革加速发展、全球创新版图和经济结构加速重构的背景下，中国的国家创新指数[①]综合排名由 2000 年的全球第 38 位跃升至2018 年的全球第 14 位[②]，是唯一进入前 15 位的发展中国家。作为反映国家创新能力的综合性指标，国家创新指数的变化趋势表明，我国的创新能力迅速提高，与发达国家的差距进一步缩小。具体而言，首先，创新投入资源持续增加。充足的创新资源储备是创新能力提升的重要基础，近年来，中国的研发经费和研发人员数量持续增长。2018 年，中国 R&D 经费为 2974.3 亿美元，占全球总量的 17.5%，居世界第 2 位。[③] 2000—2018 年，全球 R&D经费年均增速为 3.5%，中国 R&D 经费年均增速达到 14.6%，中国速度领

[①] 《国家创新指数报告》借鉴了国内外关于国家竞争力和创新评价等方面的理论与方法，选用 40 个科技创新活动活跃的国家（其 R&D 经费投入之和占全球总量 95% 以上）作为研究对象，从创新资源、知识创造、企业创新、创新绩效和创新环境 5 个方面构建国家创新指数的指标体系。国家创新指数由 5 个一级指标和 30 个二级指标组成。20 个定量指标突出创新规模、质量、效率和国际竞争能力，同时兼顾大国小国的平衡；10 个定性调查指标反映创新环境。

[②] 中国科学技术发展战略研究院：《国家创新指数报告 2020》，科学技术文献出版社 2021 年版，第19 页。

[③] 中国科学技术发展战略研究院：《国家创新指数报告 2020》，科学技术文献出版社 2021 年版，第3 页。

跑全球。① 2000—2018 年，中国 R&D 经费投入强度（R&D/GDP）从 0.98%
快速增长至 2.14%。② 中国 R&D 人员总量为 438.1 万人年，占全球 R&D 人
员总量的 32.2%，自 2007 年起连年居世界首位。③ 其次，原始创新能力和
知识产出水平不断提高。国际科技论文和发明专利作为创新活动的中间成
果，是创新能力和水平的重要体现。2018 年，中国 SCI 论文数量为 39.8 万
篇，占全球总量的 18.1%，居世界第 2 位。2000—2017 年，中国 SCI 论文年
均增速达到 14.4%，远高于全球 SCI 论文年均 4.9% 的增速。④ 国内发明专
利申请量达到 139.4 万件，占世界总量的 61.5%，位居世界首位。中国国内
发明专利申请量、授权量年均增速分别达到 24.9% 和 25.1%。在 2000—
2018 年全球国内发明专利增量中，中国对申请量的贡献为 94.0%，对授权
量的贡献为 65.3%。⑤ 最后，科技创新对经济发展的牵引作用更加突出。
《中国科技统计年鉴 2019》数据显示，近年来中国科技进步贡献率稳步提
升，2018 年达到 58.7%，比 2006 年提高 14.4 个百分点。⑥ 同时，科技成果
转化水平也不断提升。2018 年，中国技术市场交易空前活跃，技术市场签
订技术合同数达到 41.2 万项，较上年增加 12.1%；技术合同成交金额呈现
突飞猛进的增长，达到 1.8 万亿元，较上年增加 31.8%。⑦ 总体而言，在发
展战略的整体布局和国家政策的定向发力中，我国科技创新事业发生了历史
性、整体性、格局性变化，创新型国家建设取得重大进展。

与此同时，随着新一轮科技革命和产业变革进入群体迸发的关键期，世

① 中国科学技术发展战略研究院：《国家创新指数报告2020》，科学技术文献出版社2021年版，第5页。
② 中国科学技术发展战略研究院：《国家创新指数报告2020》，科学技术文献出版社2021年版，第6页。
③ 中国科学技术发展战略研究院：《国家创新指数报告2020》，科学技术文献出版社2021年版，第7页。
④ 中国科学技术发展战略研究院：《国家创新指数报告2020》，科学技术文献出版社2021年版，第8页。
⑤ 中国科学技术发展战略研究院：《国家创新指数报告2020》，科学技术文献出版社2021年版，第9页。
⑥ 中国科学技术发展战略研究院：《国家创新指数报告2020》，科学技术文献出版社2021年版，第10页。
⑦ 中国科学技术发展战略研究院：《国家创新指数报告2020》，科学技术文献出版社2021年版，第10—11页。

界主要国家都在寻找科技创新的突破口，跨国公司都在抢占新兴产业和前沿技术的战略制高点，中国科技创新的技术风险与非技术风险也在增量累积。一方面，科技创新本身具有不确定性，在科技创新成果产业化、市场化的"惊险一跃"中必然面临市场、价格等因素诱致的风险。企业是技术创新投入、技术创新活动和技术创新成果应用的主体，中国的企业创新指数自2010年进入第一集团后缓慢上升，但仍未进入前10位，企业创新能力有待增强。① 在创新绩效方面，中国的劳动生产率国际排名自2000年以来一直在倒数第2位，到2018年仅小幅提升1个位次；单位能源消耗的经济产出排名自2010年以后一直位居第36位，中国在转变经济发展方式和实现产业转型升级方面仍面临非常大的压力。② 同时，中国作为后发国家的创新后发优势并不突出。从成功实现技术追赶的国家经验来看，技术引进与消化吸收的经费比例达到1：3左右，而中国的这一比例在2009年为1：0.43，2011年为1：0.45，2012年反而下降至1：0.397。关键行业的技术消化吸收力度均严重不足，通用设备制造业这一比例为1：0.39，专业设备制造业为1：0.33，计算机产业仅为1：0.05，仪器仪表产业为1：0.26。③ 另一方面，科技创新面临的非技术风险日益增大。从国际范围来看，数字时代的技术垄断和跨越式竞争正在加速重构全球创新版图，科技创新不仅要求练好内功，更要求在技术规则制定权的主动把握中构建自主、安全与可控的发展体系。从国内情况来看，科技创新面临多重困境。一是"双创"政策在贯彻实施过程中效应递减，甚至出现严重"走形"。比如，有的企业打着"科研攻关"的旗号向政府"圈钱"，有的企业则将科技创新的专项资助直接化成利润或挪作他用，使得国家和地方政府的政策与资源倾斜没有转化为实际的科创绩效。二是区域创新体系构建不完善导致的科技资源"抽水机"现象。在生产要素和科技资源的配置过程中，西部地区往往处于弱势地位，高科技人才和高端技术不仅没有向西部集聚，反而更多被抽取到东部，甚至出现科

---

① 中国科学技术发展战略研究院：《国家创新指数报告2020》，科学技术文献出版社2021年版，第29页。

② 中国科学技术发展战略研究院：《国家创新指数报告2020》，科学技术文献出版社2021年版，第32页。

③ 杨宏伟主编：《贯彻落实五大发展理念》，人民出版社2017年版，第59页。

技创新成果"西部开花，东部结果"的现象。① 三是作为核心资源的创新人才培养不足且流失严重。虽然我国的科技人力资源总数和研发人员总量处于全球领先位置，但高等学校毛入学率和研发人力投入强度两个指标的表现不佳，国际排名一直处于 30 位之后。② 同时，数据显示，我国流失的顶尖人才数量居世界首位，其中科学和工程领域高达 87%。③

（四）文化创新领域

以习近平同志为核心的党中央坚定文化自信、担负文化使命，在创新文化发展理念、文化服务内容、文化科技融合、文化资源传承和文化保障制度中满足人民群众精神需求，发展中国特色社会主义文化。文化创新是指"人们的文化观念、文化的表现内容、文化的表达和传播方式、文化的支撑技术与载体，以及文化的保障制度的改进、革新和发展"④。党的十八大以来，党和国家围绕坚定文化自信、建设社会主义文化强国这一重大时代课题，以文化创新促动文化发展。在创新文化发展理念方面，强调"以文化人"和"对外传播"。2018 年 7 月，中央深改委第三次会议审议通过《关于建设新时代文明实践中心试点工作的指导意见》，新时代文明实践中心让党的创新理论"飞入寻常百姓家"，在以文化人的创新实践中引导群众坚定文化自信、凝聚价值共识。同时，高度重视对外宣传工作，创新话语体系建设和国际传播能力建设，讲好中国故事。在创新文化服务内容方面，聚焦基本公共文化服务标准化、特色化发展。《国家基本公共文化服务指导标准（2015—2020）》出台后，各地级市和县相继制订了具体目录和实施方案，初步形成了上下衔接的标准体系，筑牢了政府保障基本公共文化服务的"底线"。以"一站式服务"整合基层文化资源，当前全国已形成山东文化大院、浙江农村文化礼堂、安徽农民文化乐园、广西"五个一"村级公共服务中心等各

---

① 魏江、李拓宇、赵雨菡：《创新驱动发展的总体格局、现实困境与政策走向》，《中国软科学》2015 年第 5 期。

② 中国科学技术发展战略研究院：《国家创新指数报告2020》，科学技术文献出版社2021 年版，第25 页。

③ 杨宏伟主编：《贯彻落实五大发展理念》，人民出版社2017 年版，第59 页。

④ 蔡武进：《文化创新主旨下我国文化立法的价值维度及现实向度》，《山东社会科学》2021 年第2 期。

具特点的建设模式。在创新文化科技融合方面，"文化 + 科技"催生了数字创意业态。2016 年 12 月，数字创意产业被确定为我国"十三五"期间五大新支柱产业之一。作为国内最早提出"文化 + 科技"发展理念的企业，深圳华强集团已发展成为全国文化科技型企业的"典范"。而"文化 + 科技"不仅是深圳文化产业发展的典型模式，更成为广东乃至全国文化创新的宝贵经验。① 在创新文化资源传承方面，突出跨界融合。"我在故宫修文物""国家宝藏"一经播出就吸引了大量"90 后"观众；由深圳历经 6 年精心打造的大型儒家文化合唱交响乐《人文颂》，以西方交响乐诠释儒家文化的核心价值理念，受到海内外观众广泛赞誉②；在首个"杭州良渚日"上，公园 5G 全覆盖，"云展览"讲述文明故事，文创产品融入现代生活。在创新文化保障制度方面，近年来，有关促进文化各领域创新发展的政策竞相出台。在国家层面上，直接涉及文化创新的政策就有国务院《关于推进文化创意和设计服务与相关产业融合发展的若干意见》、原文化部发布的《"十三五"时期文化科技创新规划》等 300 多份。在地方政府层面，涉及促进文化科技创新的有安徽省的《加快推进文化科技融合发展实施意见》、深圳市的《关于促进文化与科技融合的若干措施》等。③

尽管"十三五"时期中国在文化创新方面取得了一定成效，但其仍面临发展瓶颈。一是文化产业"逆势上扬"的预期遭遇"增长滞缓"的现实，整体发展呈现"软收缩"态势。④ 从绝对值上看，文化及相关产业营业收入虽逐年增长，但增速放缓，甚至出现负增长。据国家统计局统计，2016—2018 年全国文化及相关产业增加值年均增长 14.8%，而 2019 年仅比上一年增长 7.8%，作为国民经济的支柱性产业，文化产业已然初现发展"拐点"。分析文化产业内部结构，传统文化产业"长期依赖国家身份、财政投入和政策红利，对当前数字技术快速迭代、管理方式创新和商业模式变革所带来的

---

①　参见李凤亮《增强文化自信　推动文化创新》，中国文化产业网，http：//www. cnci. net. cn/content/2017 – 11/16/content_ 17766895. htm。

②　参见李凤亮《增强文化自信　推动文化创新》，中国文化产业网，http：//www. cnci. net. cn/content/2017 – 11/16/content_ 17766895. htm。

③　傅才武主编：《中国文化创新报告. No. 9，2018》，社会科学文献出版社 2019 年版，第 26 页。

④　蔡武进：《文化创新主旨下我国文化立法的价值维度及现实向度》，《山东社会科学》2021 年第 2 期。

巨大冲击缺乏反应能力"①，面临逐渐被边缘化的现实困境。二是公共文化产品供给与人民群众的文化需求错位，出现文化体制"空转现象"。公众文化需求的隐蔽性、文化偏好的差异性和信息搜集成本的巨大性造成了表达难题、有效信息过滤难题和成本难题②，在此情况下，公共文化机构提供的文化产品与服务未能有效对接人民群众的文化消费需求。这就导致，一方面，群众参与率不高、满意感不足和获得感不够；另一方面，公共文化机构出现以运行效率低和运行利益自满足为突出特征的文化体制空转现象。三是从整体上看，中国文化体制改革仍然表现为"外延式突破"和"机制性创新"，缺乏核心制度的重大创新和改革理念的突破性发展。"外延式改革"是中国渐进式改革的一部分，其具体表现为改革主要由文化消费市场、私营企业、文化团体和基层文化单位等相对弱势的"边缘群体"与基层力量具体推动，在改革的路径选择上，以增量改革取代存量改革，以行政逻辑主导市场逻辑，"主管主办制"和"出资人制"双轨并行、文化单位转企改制"旧瓶装新酒"、公共资源配置约束软化、激励机制乏力等深层次问题依然不同程度存在。③ 同时，文化领域的实践创新先于理念变革和理论创新，改革基本问题的共识缺乏在一定程度上削弱了顶层设计的科学性与预见性。四是在世界多极化、经济全球化、社会信息化与文化多样化深入发展的新格局下，如何在本土文化和外来文化、社会主义文化和资本主义文化的相互激荡中，辩证把握文化的吸收与排斥、融合与斗争、渗透与抵御，在谋求开放创新的发展前景中维护国家文化安全是文化创新的时代关切。

三 创新发展的提升路径

"抓创新就是抓发展，谋创新就是谋未来。"④ 推动创新发展，必须以创

① 傅才武、何璇：《四十年来中国文化体制改革的历史进程与理论反思》，《山东大学学报》（哲学社会科学版）2019年第2期。
② 傅才武主编：《中国文化创新报告（2018，No.9）》，社会科学文献出版社2019年版，第57页。
③ 傅才武、何璇：《四十年来中国文化体制改革的历史进程与理论反思》，《山东大学学报》（哲学社会科学版）2019年第2期。
④ 习近平：《论把握新发展阶段、贯彻新发展理念、构建新发展格局》，中央文献出版社2021年版，第83页。

新思维为动力，既要坚持系统观点，通过理论、制度、科技和文化等各方面的协同创新夯实经济社会发展的源头基础；又要突出问题意识，紧紧围绕经济竞争力的核心关键、社会发展的瓶颈制约和国家安全的重大挑战，以关键问题的突破带动创新发展全局。

（一）以理论创新思维促发展

理论创新思维是主体为了形成理论思想、丰富理论观点、构建理论体系所采取的思维模式与方法。在理论创新思维的内在驱动下，我们党围绕"什么是马克思主义，怎样对待马克思主义""什么是社会主义，怎样建设社会主义""建设什么样的党，如何建设党""实现什么样的发展，如何实现科学发展""新时代坚持和发展什么样的中国特色社会主义，怎样坚持和发展中国特色社会主义"等重大理论问题，展开了科学而系统的理论论证与体系建构。当前，"世界格局正处在加快演变的历史进程之中，产生了大量深刻复杂的现实问题，提出了大量亟待回答的理论课题"①，要以创新思维不断深化马克思主义中国化理论研究，明确在新时代举什么旗、走什么路、朝着什么目标前进，推动党和国家事业的创新发展。

一方面，在洞察时代大势中推进理论增量创新。习近平总书记指出："马克思主义是不断发展的开放的理论，始终站在时代前沿。"② 我们所处的时代同马克思所处的时代相比发生了巨大而深刻的变革，从世界范围来看，人工智能、大数据等技术的裂变式发展和新兴市场国家的群体性崛起正在重塑世界经济结构、文化格局乃至政治版图，国际格局"东升西降"趋势更加明显。从国内发展来看，"发展起来以后的问题"层层堆叠。如何基于社会主要矛盾的现实转化，准确研判人民群众的美好生活需要；如何在消除绝对贫困后，前瞻性地进行相对贫困治理和共同富裕问题研究；如何立足新发展阶段，贯彻新发展理念，构建新发展格局；如何从理论上揭示中国现代化的演进逻辑、总结中国现代化的历史经验、建构中国现代化的可能模式；等等。从世界社会主义五百年的历史大视野来看，资本主义社会的内在矛盾尚

---

① 《习近平谈治国理政》（第 2 卷），外文出版社 2017 年版，第 66 页。
② 习近平：《在纪念马克思诞辰 200 周年大会上的讲话》，人民出版社 2018 年版，第 9 页。

未得到根本性的解决，两种意识形态、两种社会制度的较量与斗争仍在进行，人的自由全面发展仍然在路上。面对时代大势的"变"与"不变"，理论创新要实现中国特色社会主义理论的增量创新。理论的增量创新就是要坚持马克思主义的基本立场、观点与方法，以毛泽东思想和中国特色社会主义理论体系等理论存量为基础，及时总结、梳理、提炼解决新问题的新思路与新方法，并将其上升到理论高度，在知识增量和经验增量的创新中不断提升思维主体把握时代问题的理论洞察力、论证时代问题的理论思辨力和解决时代问题的理论引领力。

另一方面，在做好两个"结合"中推进理论范式创新。当理论的增量创新逐渐条理化、系统化和规范化，行进到对核心概念、重要判断和内在逻辑等层面的研究时，就会触及理论范式的转向与变革。推进理论范式的创新，需要在"结合"上下功夫，实现学术体系和话语体系的协同发展。在学术体系的创新发展中，要将党性和科学性相结合。党性就是中国共产党的根本属性，中国共产党没有自己的特殊利益，因而不需要以任何形式的意识形态和思想控制手段为自己辩护与服务。党的理论研究工作越是客观，越能揭示事物的本质和规律，就越能体现党性的要求。增强中国特色社会主义理论研究的科学性，要求深刻把握当代世界马克思主义思潮，有分析、有鉴别、有立场地对待国外马克思主义研究的最新成果，进一步深化对资本主义发展趋势的规律性认识，在此基础上用中国话语总结实践经验、创设范畴体系、形成研究范式，构建面向世界而又扎根中国的学术体系。创新话语体系则要注重把政治话语、学术话语和群众话语相结合。早在革命战争年代，毛泽东就提出"必须联系中国的革命实际来研究马克思主义"，形成"为中国老百姓所喜闻乐见的中国作风和中国气派"的文风、学风。① 这样的文风、学风，用今天的话来说，就是要协调和贯通政治话语、学术话语和广大人民群众的日常生活话语，把马克思主义理论用简单质朴的语言讲清楚、用群众喜闻乐见的方式说明白，打造"理直气壮且刚柔并济，旗帜鲜明又婉转悦耳"的话语体系。

---

① 《毛泽东著作选读》（下册），人民出版社1986年版，第522页。

（二）以"顶层设计"和"摸着石头过河"相结合的创新思维促发展

"顶层设计"创新思维强调置顶主体的宏观视野与思维规范，是通过立足改革发展视野的全局，优化整合已有的积极资源，制定出具有理论和实践论证逻辑、体现公共理性的发展路线、方针与政策，其着力点在制度设计。"摸着石头过河"体现的是大胆尝试和小心论证辩证统一的思维特质，是在没有或缺乏理论指导与经验借鉴情况下的实践先行，其强调在实践的检验、反馈与修正中探索合理的制度安排。"顶层设计"与"摸着石头过河"相结合的创新思维是两种科学思维的良性互动，四十多年来试错改革的制度性成果需要融入和反映于顶层设计之中，顶层设计观照下的"摸石头"给予了制度创新更大的发展空间。

如前文所述，当前，中国制度创新面临政府制度供给能力不足、容错纠错机制不健全、社会成员制度素养不高等问题，"顶层设计"与"摸着石头过河"相结合的创新思维可以成为突破困境的现实力量。首先，实现创新发展，政府必须在角色定位和职能发挥方面作出变革，在顶层设计的创新思维引领下不断提高制度供给力和制度执行力。制度一旦形成，就会形成有既得利益的压力集体，在此意义上，制度创新是一种理顺各种利益关系、打破利益固化困局的尝试。政府在制度创新的过程中，应该打破对渐进路径的过度崇拜，在职能边界和治理框架内主动思考经济社会的运转逻辑，不断推进政府与市场"两只手"的互补互助机制、中央与地方"两个积极性"的激励相容机制、国有企业与民营企业"两条腿走路"的互动合作机制、"引进来"与"走出去"的双向开放机制等方面①的制度创新。其次，要在"摸着石头过河"中实现容错纠错制度的创新发展。作为超大规模国家，我国任何一项统一的制度安排在地方和基层都需要不同的实施机制，同时试错改革也是中国制度设计从局部到整体、从特殊到一般的特殊经验。"容错"就是要承认顶层设计作用的有限性、利益分配的具体性和制度链条中的信息不对称问题，鼓励支持和引导地方与基层积极探索某项制度或政策的创新实施机制。"纠错"就是要维护制度的严肃性，彰显制度的规范性，从政策法规层

---

① 杨宏伟主编：《贯彻落实五大发展理念》，人民出版社 2017 年版，第 70 页。

面明确哪些错可以容、哪些错不能容，将机会主义行为控制在一定范围内，增强制度创新的科学性与反思性。最后，在制度创新中，要重视和发挥人的积极作用。一方面，要通过各种途径努力提高人民群众的制度素养与规则意识，引导其自觉按照制度要求开展生产和生活实践，为"中国之制"的行稳致远建立最广泛的群众基础。另一方面，要自觉将人民群众纳入制度构建、落实和完善的全过程，依靠人民群众开展制度创新，同时在释放创新红利中进一步提升人民群众的获得感、幸福感与安全感。

（三）以科技创新思维促发展

虽然中国经济总量已跃居世界第二位，但创新能力不强仍是经济高质量发展的重要制约。对此，习近平总书记指出，"老是在产业链条的低端打拼，老是在'微笑曲线'的底端摸爬，总是停留在附加值最低的制造环节而占领不了附加值高的研发和销售这两端，不会有根本出路。块头大不等于强，体重大不等于壮，虚胖不行。我们在国际上腰杆能不能更硬起来，能不能跨越'中等收入陷阱'，很大程度取决于科技创新能力的提升"。[①] 重视科技的作用，是马克思主义的一个基本观点。正如恩格斯所言，"在马克思看来，科学是一种在历史上起推动作用的、革命的力量"。[②] 作为推动创新发展的阿基米德支点，科技创新思维在下好先手棋、赢得主动权方面的战略意义日益凸显。

第一，要加快科技体制改革步伐。科技创新和体制创新，犹如车之两轮，互为动力，但"多年来，我国一直存在着科技成果向现实生产力转化不力、不顺、不畅的痼疾，其中一个重要症结就在于科技创新链条上存在着诸多体制机制关卡，创新和转化各个环节衔接不够紧密"[③]。科技体制改革是一个系统工程，必须全面部署、整体推进。首先，要建立健全协同创新体系，解决科技发展和经济发展"两张皮"问题，破除科技创新中的"孤岛现象"，通过组织整合和资源整合，培育产学研结合、上中下游衔接、大中

---

① 中共中央文献研究室：《习近平关于科技创新论述摘编》，中央文献出版社 2016 年版，第 26 页。
② 《马克思恩格斯全集》（第 19 卷），人民出版社 1963 年版，第 375 页。
③ 中共中央文献研究室：《习近平关于科技创新论述摘编》，中央文献出版社 2016 年版，第 62 页。

小企业协同的良好创新格局。其次，要抓好评价机制、科技管理体制等基础改革，在以质量、绩效、贡献为核心的评价导向中破"五唯"和立新规，让科研单位和科研人员从烦琐、不必要的体制机制束缚中解放出来，以体制机制的"减法"助推科技创新能力的"加法"。最后，要遵循创新发展规律、科技管理规律和人才成长规律，改革重大科技项目立项和组织管理模式，实行"揭榜挂帅""赛马"等制度，把项目交到真正想干事、能干事、干成事的科技人员手中，以重大项目、关键技术的攻关抢占国际科技创新发展制高点。

第二，要提高企业的自主创新意识和能力。作为创新资源的投入主体、技术攻关的活动主体、成果转化的受益主体，企业在创新驱动发展的战略布局中具有基础性地位。对于企业而言，实现创新发展首先需要树立自主创新意识，在"要我创新"向"我要创新"的思维转化中，将创新置于企业发展的战略高位。企业的生产实践既要以市场需求为导向，加大新技术、新产品的研发投入，以高质量的产品供给满足人民群众日益多样化的消费需求。同时，企业要超越市场的短视与局限，建立完善的研发机构，加强与科研院所的深度互动与融合，扎实推进行业领域的基础研究，从而实现对高端技术的深度开发与有效运用，大幅提升企业在产品生产、运营管理和业态创新等方面的能力，让知识创新成为企业高质量发展的重要驱动力。

第三，要夯实创新发展人才基础。2021 年 9 月，习近平总书记在中央人才工作会议上强调，"当前，我国进入了全面建设社会主义现代化国家、向第二个百年奋斗目标进军的新征程，我们比历史上任何时期都更加接近实现中华民族伟大复兴的宏伟目标，也比历史上任何时期都更加渴求人才"[①]。培养创新人才，首先要发挥教育的基础性、先导性和全局性地位。通过非对称性创新素养的塑造和非线性整体育人环境的塑造，打造大批一流科技领军人才和创新团队，造就规模宏大的青年科技人才队伍，围绕国家重点领域、重点产业，组织产学研协同攻关。其次，要盘活用好现有创新人才。打破地域界限和身份限制，以柔性引人用人机制引导创新人才向重点领域集聚，减

---

① 《习近平在中央人才工作会议上强调 深入实施新时代人才强国战略 加快建设世界重要人才中心和创新高地》，《光明日报》，2021 年 9 月 29 日第 1 版。

少人才分布与流动的地区失衡。最后，要深化人才评价体制改革。坚持"德才兼备，以德为先"的选才用才标准，突出人才的品德、知识、能力和业绩，以系统思维设置不同领域、不同行业、不同专业的人才考评标准和方式，坚持以潜力型评价跟踪人才的发展动向，以激励型评价激活人才的"一池春水"。

（四）以人文创新思维促发展

《现代汉语词典》对"人文"一词的解释包含两层意思：一是指人类社会中的各种文化现象；二是指以人为主体、尊重人的价值、关心人的利益的思想观念。① 基于此，人文创新思维以"文化"和"现实的人"为思维对象，其实质是作为主体的人对"新时代需要树立什么样的文化观念""如何理性对待纷纭复杂的文化现象""如何在文化的创新发展中回应人的需求、凸显人的价值、促进人的发展"等问题的追问与思考过程。在这一思维力量的主导下，可以从以下方面促进文化创新发展。

在更新文化观念方面，要坚持三个原则。一是坚持守正与创新相结合的原则。文化的守正与创新是文化发展的一体两面，创新要讲清中华文化的历史积淀、精神气质和发展逻辑，同时创造性地诠释百姓日用而不觉的文化传统，赋予传统文化以新的时代面貌和表达形式。二是坚持一元化与多元性相结合的原则。在我国，文化发展的指导思想是一元化的，即要坚持马克思主义在意识形态领域的指导地位，要守住思想文化发展的红色地带，做到守土有责、守土尽责；对于黑色地带要坚决管控，大大压缩其地盘，逐步推动其改变颜色；灰色地带要大张旗鼓争取，加快使其转化为红色地带，防止其向黑色地带蜕变。② 与此同时，可供文化创新借鉴的资源是多元化的。既要尊重和维护各民族文化的多样性，也要在交流学习和融会贯通中处理好民族文化与世界文化的关系，超越"历史终结论""西方中心论""国强必霸论"和"文明冲突论"，彰显社会主义文明观。三是坚持自主性和个性化相结合的原则。文化创新是一个走向现代化的过程，面对现代性的焦虑，要从反思

---

① 中国社会科学院语言研究所词典编辑室：《现代汉语词典》（第6版），商务印书馆2012年版，第1093页。

② 中共中央宣传部：《习近平新时代中国特色社会主义三十讲》，学习出版社2018年版，第219页。

与建构的双重方向超越资本主义现代性的话语传统，自觉自主地实现传统文化和现代社会的合理链接。

在辨析文化现象方面，近年来，新媒体以势不可当的趋势融入大众生活，互联网时代呈现出纷繁复杂的文化景观。在媒介消费环境下成长起来的"网生代"将"玩梗"变为一种特殊的文化现象。以网络热梗"凡尔赛文学"为例，截至 2021 年 6 月，在豆瓣 App 的"凡尔赛学研习小组"上有43000 余个 ID 参与讨论，微博的话题阅读量高达 9.8 亿人次。在网络围观、文化解构、领域延展与意义再造中，"万物皆可凡尔赛"的"凡体梗"在网民、电商和自媒体群体中破圈流行。① 再如，大众传媒平台不仅塑造了网红文化，更围绕网红及其附加值的生产形成了一条庞大而完整的文化产业链，当网红文化成为一种符合注意力经济的内容偏向与话语模式，与之相伴而行的同质化、媚俗化、娱乐化导向也在不断地冲击着人们的思维方式和审美意识。因此，辨析现实生活和网络世界的文化现象，不仅是对文化创新方式和手段的审视，更是将"现实的人"置于文化创新的核心位置，反思何种价值导向的文化创新才能充盈人们的生活意义与生命价值。

在创新文化体制方面，坚持以人民为中心的发展思想。一是要把握文化创作生产、传播的规律与特点，完善把社会效益放在首位，社会效益和经济效益相统一的文化经济政策和生产经营体制，促进文化要素、资源和产品在市场内的合理流动与集聚。二是要加快文化创新主旨下的文化立法，推动以"文化创新基本法"为核心的文化法律体系建设、文化创意与文化产权法律保障制度建设、文化融合与文化开放法律促进制度建设和文化治理法律保障制度建设②，为文化创新提供法律保障。三是要完善公共文化服务体系，创新公共文化服务方式，建设以大型公共文化设施为重点、以社区和乡镇基层文化设施为基础的公共文化服务网络，贯彻落实文化惠民工程，丰富群众性文化活动，提高基本公共文化服务标准化水平，实现公共文化服务与人民群众精神需求的有效对接。

---

① 张彦、魏颖：《网络表达：美好生活现代化叙事的一种方式》，《山西师大学报》（社会科学版）2021 年第 6 期。

② 蔡武进：《文化创新主旨下我国文化立法的价值维度及现实向度》，《山东社会科学》2021 年第2 期。

第　八　章

协调发展与空间正义^①

　　协调发展是新发展理念的主要内容之一，也是习近平新时代中国特色社会主义思想的重要组成部分，是对社会主要矛盾转化、人民追求共同富裕美好生活新目标作出的理论回应和实践安排。协调发展自提出以来，诸多学者就这一主题从区域经济、城乡问题、生态环境等多个角度运用实证法、比较法等研究方法定量分析了经济增长、城镇化、生态资源等因素与协调发展之间的关系，但较少有人从"空间正义"的角度切入，建构和论证协调发展理念的理论基础和实践路径。实际上，人类社会的空间组织，尤其是在经济全球化与城市化进程中成型的空间组织，逐步对人类经济行为、政治行动及社会发展产生了极大的影响。与此同时，人类的居住境域、城市空间也出现了分裂、隔离、对立的境况，居住权力、空间正义等的重要意义正日益得到凸显和关注。因此，对当前发展实践在空间问题上的非正义性进行揭示与批判是实现协调发展的必然要求。事实上，从价值排序视角而言，空间正义也正是协调发展的优先价值和首要任务。在区域发展不平衡更趋严重的当代社会，有必要从多维度深层次关注空间非正义现象，对发展失衡的要素、成因以及解决空间问题的创新路径等进行深入系统思考，深入研究如何构建空间正义从而促使协调发展理念真正践行落地。

---

　　① 该章部分内容以《协调发展需构建"空间正义"》为题发表在《思想理论教育》2019 年第 1 期；以《资本逻辑与居住正义：论马克思恩格斯对城市居住问题的批判》为题发表在《江苏行政学院学报》2019 年第 2 期；以《论居住正义对共享发展理念的体现与实现》发表在《西北工业大学学报》（社会科学版）2019 年第 4 期。

一　空间正义：协调发展的重要议题

人类居住、活动于空间中，空间作为社会关系的聚集体，并非是发展过程中一个简单的场景或维度，它有多重表现形式，如景观、环境、领土等实际的、具体的地域空间，我们生活的城乡、家园、社会等是生存空间，除此之外还有抽象的发展空间、价值空间等。随着社会空间实践的不断展开，在空间场域内形成正义的规范和价值引导显得尤为必要，尤其是在社会主要矛盾发生转化的发展背景下，空间正义已然成为协调发展的重要议题。构建空间正义，就是要解决制约中国发展的不平衡不充分问题，调整不同区域人民美好生活的获得感的空间差序格局，以实现更高质量、更有效益的发展。

（一）"空间正义"的出场语境

现代中国的发展处于"时空压缩"的复杂环境下，发展成果的创造、获取和分配在同一时空下进行，这就不可避免地造成了"创造发展成果"和"分配发展成果"两个历时态问题的共时态相遇与冲突①。新发展理念从创新、协调、绿色、开放、共享五个角度分析现今复杂的发展问题以求实现更高质量的发展。其中，协调发展旨在缓和并解决地域发展不平衡现象，从空间层面回应"同时空"发展中的不协调之处。这种不协调具体表现为地域空间、生存空间、发展空间和价值空间中正义话语和发展价值的缺失。协调发展本质上是空间问题在发展上的体现，空间正义为发展进程提供了衡量"协调"与否的评价原则。最终，实现空间正义既是协调发展的重要手段也是重要目的。

在这一意义上，协调发展的基础性任务是构建空间正义。我们知道，不平衡不充分的发展已成为构成新时代中国社会主要矛盾的一翼，解决社会主要矛盾必然涉及如何使不平衡不充分的发展转化为系统性、整体性、协同性的发展，即如何实现平衡、充分、协调的发展。于此，为了应对和解决发展

---

① 参见张彦、洪佳智《论发展伦理在共享发展成果问题上的"出场"》，《哲学研究》2016年第4期。

质量和效益还不高、城乡区域发展和收入分配差距依然较大等不平衡不充分问题，彰显空间正义的协调发展理念便应运而生。

城市、区域问题历来是空间正义研究中深切关注的内容。在 20 世纪中叶，城市化浪潮推动着资本主义工业社会向后工业社会转型，区域、空间发展失衡问题凸显。芝加哥学派对城市发展过程中贫穷区域与富裕区域的形成与分离进行了分析，但并未深入探讨区域对立的非正义性；列斐伏尔等批判性地继承了芝加哥学派的空间研究视角，在都市总问题式框架下将空间概念引入城市发展中，以独特的空间正义视角阐释了城市生产的时空不平衡问题；曼纽尔·卡斯特尔在对城市化进程进行解读后提出了区域性的集体消费危机，并认为这种危机是资本主义国家城市问题的具体表现；大卫·哈维以城市问题为起点分析了资本主义社会的空间发展不平衡问题，并阐释了空间正义的多种内涵。可以说，实现协调发展需运用空间视角建构区域发展的理想图景，即在构建以中心城市为主体、中小城市和小城镇协调布局的城镇格局基础上，必须有效推进新发展方式的生成，提升"空间正义"在新发展理念体系中的话语权和解释力。当前，空间的紧张稀缺、空间资源利用效率的低下、空间布局的不合理规划使"空间"要素日益成为制约协调发展的重要因素。城市"蚁族""房奴"等群体折射出人民美好生活对空间的迫切需求，农民工与城市居民的空间权利差异以及"蜗居""折叠生活"等困境的解决亟待一种社会正义的价值指导，空间正义正逐步成为与环境正义、生产正义、制度正义、分配正义等并列的体现协调发展理念的基本价值原则。事实上，地区发展中内含着时空概念，资本和权力的渗透造成了各种各样的空间剥夺、挤压和分割，地区与地区之间、地区内部各利益主体都希望能在对个体生活空间和公共空间的争夺中获得最大的利益。在这个风险、危机、积怨等积累和放大的进程中，尽管普遍、一般的道德规范具有超越空间的特性，能起到约束这些问题的作用，但"它们在具体的道德实践中仍然会受到空间特性的制约"①。

因此，发展的解释框架和价值评判需要随之作出调整与改变，协调发展的对象从单一的区域问题转化为复杂的空间问题。空间问题在很大程度上改

---

① 曲蓉：《关于空间伦理可能性的确证》，《道德与文明》2016 年第 2 期。

变了人的生存方式、社会价值取向，空间正义的介入为人们生存与发展的空间注入新的价值标准，拓宽了社会正义的维度，公正价值与空间问题的紧密联系也使城市空间与区域发展更具正义底蕴。协调发展是对社会有机体系统内部各子系统、社会整体各组成部分、社会空间区域、社会主体关系的认识和改造①，这些社会空间的正义性直接关系到协调发展能否实现。在传统社会向现代社会转型过程中，城市空间不断扩张、城市化进一步推进、社会空间各区域融合交织，正是在这个过程中空间资源分配不公、社会主体身份认同不同、空间权利享有不平等问题凸显，空间拥有的整体性力量参与着重塑社会的现代化进程。当代中国的城市化不断地推动着社会空间区域的变革，中心与边缘、城市与乡村、东部与中西部的空间格局显现，不同空间的影响力逐渐固化并对整个社会发展产生冲击。伴随中心空间、城市区域影响力的不断增强，边缘空间、乡村地域话语权日渐减弱，导致整个社会发展呈现出不平衡、不充分、不协调的趋势。针对发展中出现的问题，空间正义不仅关注空间生产与分配过程中不同阶层和群体公民的空间权益表达与实现，追求公正配置空间资源及保障公民的基本空间参与权利；也抵制空间压迫与剥夺，并尝试救助和关怀空间边缘群体和弱势群体。

（二）协调发展对于空间正义的呼求

中国特色社会主义进入新时代后，中国社会主要矛盾发生转化，美好生活的议题为广大人民所关注，美好生活归根结底是由人民创造和人民共享的，人民对生活的满意程度是衡量生活是否美好的根本标准。改革开放以来，中国发展取得了举世瞩目的历史成就，但过于追求经济增长的发展模式，助长了"物本逻辑""贵物轻人"的发展价值倾向，同时也导致了收入分配差距拉大、发展不平衡不充分等问题的滋生积累。尤其是在基本民生方面，就业、教育、医疗、养老、居住等领域仍面临着不少困境难题。就城乡社会发展而言，随着城市人口的不断激增，城市住房资源紧缺、城乡资源分配失衡、区隔分化等问题正日益对广大人民群众的美好生活构成严重的影响和制约，成为实现乡村振兴、推进共同富裕需解决的关键性难题。人作为社

---

① 参见田鹏颖《协调：从发展理念到方法论创新》，《中国特色社会主义研究》2016 年第 3 期。

会发展的基本主体，其主体性体现在实践主体和价值主体的双重维度之中。作为实践主体，人有着通过自由自觉的活动即生产劳动来实现和确证自身的需要。然而，人的这种自由的、有意识的"类特性"的展开又必然要以基本生存需要的满足为前提。"人们为了能够'创造历史'，必须能够生活。但是为了生活，首先就需要吃喝住穿以及其他一些东西。因此第一个历史活动就是生产满足这些需要的资料，即生产物质生活本身"①，正是为了满足"吃喝住穿"等最为基础的生存需要，人才有了最初生产和劳动的需要，并在此过程中不断发展自身和创造历史。因此，对于有血有肉的现实个体而言，对"吃喝住穿"需要的满足具有不可替代的价值优先性，唯有在这些基本需要获得必要满足之后，人们才会有条件开展生产劳动、精神文化、社会交往、艺术创作等多元活动，实现德智体美劳全面发展。同时，人们的"吃喝住穿"需要又是一个具有历史性的不断发展过程，"已经得到满足的第一个需要本身、满足需要的活动和已经获得的为满足需要而用的工具又引起新的需要，而这种新的需要的产生是第一个历史活动"②。正是在产生与满足需要的辩证运动中，人的本质力量才得到了不断彰显、确证和实现。

居住空间作为这样一种最为基础性的物质生活资料，对人们不仅能够起到遮风挡雨、给予稳定生活环境的作用，更对人们的繁衍生息、生命延续发挥着十分重要的影响，同时也为个人、家庭与社会间的有效联结搭建起纽带桥梁。此外，随着社会的发展进步，人们的美好居住需要已不再停留于"简单能住"的基础保障层面，而是越来越呈现出追求品质化的高质量特征，获得更加舒适宜人、具有更高品质的栖居环境已成为广大公众越来越普遍的美好生活需要。马克思和恩格斯曾对资本主义城市居住问题进行过十分深入的考察，他们通过对城市居住问题的剖析，对资本主义社会遵循的资本逻辑和剥削性生产关系进行了深刻批判，揭示出拥挤污浊、极端贫困的居住状况不仅对工人阶级的身体健康造成了严重危害，更内在地影响着工人的家庭关系、幸福感和道德意识，导致工人生存发展权益的严重丧失和人性的扭曲异化。在马克思看来，需要的满足是人们获得自由而全面发展的先决条件，而

---

① 《马克思恩格斯文集》（第 1 卷），人民出版社 2009 年版，第 531 页。
② 《马克思恩格斯文集》（第 1 卷），人民出版社 2009 年版，第 531—532 页。

人的需要的产生与发展又总是与所处时代的经济、文化、政治、生态、科技等诸多因素紧密相连，与此相应，人们的美好生活需要、美好居住需要的确立也总是要以同时代人的基本生活状况和社会进步水平作为参考的前提和依据。在信息技术高度发达的今天，社会整体的生活水平正在以一种更加清晰、快捷、全面的方式展现在每一位社会成员面前，可以说，人们对美好栖居环境的向往与渴望，往往是在一种相互比较的过程中才得以产生和推进的，在这样的现实环境下，对居住正义、空间正义的有效构建就突显出越来越重要的作用和价值。如同马克思以住房为例所阐明的那样："一座房子不管怎样小，在周围的房屋都是这样小的时候，它是能满足社会对住房的一切要求的。但是，一旦在这座小房子近旁耸立起一座宫殿，这座小房子就缩成茅舍模样了。这时，狭小的房子证明它的居住者不能讲究或者只能有很低的要求；并且，不管小房子的规模怎样随着文明的进步而扩大起来，只要近旁的宫殿以同样的或更大的程度扩大起来，那座较小房子的居住者就会在那四壁之内越发觉得不舒适，越发不满意，越发感到受压抑。"① 可见，每一个个体都渴望获得同时代人所能拥有的美好居住条件，对公平正义的渴求总是推动着人们去争取和维护自身与时代发展相符合、相匹配的居住权利，而当这一基本需要得不到合理满足、基本权利得不到公平保障之时，人们对生活的满意程度和对社会公平正义的认同程度就必然会受到削减。

协调发展不仅是发展手段又是发展目标，同时还是评价发展的标准和尺度。协调发展理念致力于治理发展失衡，就是要在社会发展中使广大人民的尊严得到应有关注、权利得到公平保障、各方面需求得到不断满足，不断将人从各种限制中解放出来。这种满足与解放不仅是物质上的、也是精神上的满足与解放。尤其是在迈入新发展阶段之后，人们对美好、清洁、公平、正义栖居环境的向往更加迫切，协调发展必然吁求更加关注人民群众的物质与精神需要，更加顺应不同社会阶层对美好居住生活的追求与向往，推进区域协调发展、城乡协调发展、物质文明和精神文明协调发展等。

---

① 《马克思恩格斯文集》（第 1 卷），人民出版社 2009 年版，第 729 页。

二　空间正义的表现形态

自 20 世纪 60 年代开始，西方社会出现了严重的城市危机，由此，空间不平等、空间剥夺等问题引发了学者的关注、反思和批判。在西方马克思主义流派中，一些学者依据马克思恩格斯对资本主义城市的批判，阐释了城乡空间问题，提出或论证了空间正义思想。20 世纪 80 年代，伴随着经济重构、经济全球化和新自由主义的发展，空间问题逐渐成为西方学界研究的热点，空间正义的概念被正式提出。在我国，随着城市化进程的加快和城乡问题的凸显，空间问题也成为研究的热点，一些学者在西方国家经验基础上，对城市空间的居住分异、城市贫困空间聚集等做了许多研究。

"空间正义"不仅是正义在空间的表现，而且植根于空间和空间生产的过程。总体而言，空间正义的表现形态主要有两种：一种以马克思恩格斯的空间正义思想为代表，聚焦居住正义的研究；另一种以西方马克思主义的空间正义思想为代表，聚焦空间生产等不平等问题的研究。①

（一）居住正义：马克思恩格斯的空间正义思想

作为占据支配地位的现代生产关系，资本既是推进城市化文明发展进程的主要动力，同时，其不断追求增殖和逐利的本性，又使得空间的生产深深地陷入资本权力的宰制之中，空间成了资本实现自身的策略与载体。② 马克思在《资本论》中指出，随着资本财富的增长积累，资本家通过这样的方式对城市实行"改良"：将土地上旧有的建筑房屋进行拆除，建造银行、百货商店等高楼大厦，并通过加宽街道、修建铁轨马路等方式来促进富人阶层的交易往来；这种"改良"明目张胆地把贫民从这些地段驱逐出去，并将其赶到越来越坏、越来越挤的角落里去。③ 为了实现资本增殖，土地开始参与到资本积累的过程当中，城市居住空间呈现出过度资本化趋势。城市居住

---

① 参见郑吉伟《论 21 世纪以来西方左翼不平等发展理论的新取向》，《马克思主义与现实》2019年第 6 期。

② 参见张春玲《资本逻辑与空间正义》，《中共福建省委党校学报》2014 年第 7 期。

③ 《马克思恩格斯文集》（第 5 卷），人民出版社 2009 年版，第 757—758 页。

空间的生产与配置严格遵循资本逻辑，成为资本投机的最佳场所和实现利润生息的重要媒介。在资本增殖的强力推动下，资本家逐渐获得了对城市居住权的垄断和掌控，交换价值代替了使用价值而成为居住空间生产的核心导向，与此相应，居住空间生产的动机由最初对人的居住需要的满足转向实现资本利润的最大化。"土地价格起这样一种作用，土地的买卖即土地作为商品的流通发展到这样的程度，这些实际上都是资本主义生产方式发展的结果，因为在这里，商品已经成为一切产品和一切生产工具的一般形式。"[1]在资本逻辑的主导下，居住空间和其他商品一样，逐渐具有了同质化与商品化的属性，成为可以彼此交换的量化等价物，而资本则是该过程的价值标尺和流通手段。城市居住空间正是按照对资本的占有量来进行划分与配置的，其实质是不同社会阶层按照各自的资本权力而进行社会分化的过程，资本增殖构成了城市居住空间生产的核心动力，资本原则成为城市居住空间生产、分配与消费所遵循的最根本原则。

城市居住空间的这种不平衡发展不仅是导致资本主义社会动荡和危机的重要根源之一，更是资本主义二元对立阶级关系的生动缩影，其背后的根源则是资本权力的泛滥与操控。"空间生产使居住空间由生活的'场所'变成了'商品'，也使自然空间变成了资本增值的载体与商品。在这里，资本通过特有的游戏规则成为最能动、最革命的力量，并凭借这种力量实现地理空间和社会空间的扩张。资本运行于城市空间，一方面完成了大量的城市空间生产，另一方面也造成了空间享有上的贫富分化加剧。"[2]随着资本主义大工业的不断发展，资本家获得对土地、空间等资源的绝对垄断权，而工人阶级则越是劳动就越是赤贫得一无所有。在资本逐利的强力推动下，城市居住空间呈现出鲜明的分异、紧缺、隔离与剥夺等不正义症状，这些问题让资本主义制度与生俱来的剥削性与内在矛盾性暴露无遗、愈演愈烈。

在马克思恩格斯看来，资本家和广大劳动者因为对财富占有的悬殊而聚居在分异明显的城市区域内。"由于无意识的默契，也由于完全明确的有意

---

① 《马克思恩格斯文集》（第7卷），人民出版社2009年版，第917页。
② 高春花：《居住空间正义缺失的表现、原因及解决路径——以爱德华·苏贾为例》，《伦理学研究》2015年第1期。

识的打算，工人区和资产阶级所占的区域是极严格地分开的"①，"所有这些地方形成了一个纯粹的工人区，像一条平均一英里半宽的带子把商业区围绕起来。在这个带形地区外面，住着高等的和中等的资产阶级"②。城市居住空间的生产贯穿着资本增殖的核心动机，只要有利可图，土地的价格就会上涨，与之相应，新建的城市住宅就会按照资本的原则来重新配置。在此过程中，优质的居住空间始终被资本家垄断享有，工人们要么依附工厂而寄宿在污染严重的工业区内，要么就要被排挤到城市的边缘地段。城市中富丽堂皇的社区建设带给工人们的并不是舒适宜人的栖居环境，而是更加简陋拥挤的贫民窟和与之相伴的不幸、痛苦和灾难，这种人为的居住分异充分折射出资本主义大工业生产所导致的城市居住正义的极度缺失。

与此同时，工人社区往往因为空间资源紧缺和缺乏有效治理而呈现出拥挤污浊之态。大工业的迅速发展和周期性经济波动导致大量雇佣工人涌入城市，致使数量本就十分有限的工人住房紧缺程度日益加剧。而身为房主的资本家又总是从中获取高额的租金利润，工人们因为支付能力有限而不得不拥挤在简陋狭小的居所里。资本主义创造了房屋密度极高的工人社区，"居住面积狭小到了引起疾病或者加重疾病的程度；家具器皿几乎一无所有；甚至保持整洁也成了过于破费和难于办到的事……住的地方是在房屋最便宜的地区；是在卫生警察的工作收效最少，排水沟最坏，交通最差，环境最脏，水的供给最不充分最不清洁的地区，如果是在城市的话，阳光和空气也最缺乏"③。马克思恩格斯用诸如"塞满""肮脏""污浊""粗陋"等词语来强调工人住房紧缺拥挤和污染严重的境遇，着重阐明这种极端化的生存条件对工人的生命健康、精神状态、道德感与幸福感所产生的严重影响和威胁，并以此来斥责资本主义社会对人之尊严的漠视与践踏。

"任何一个公正的观察者都能看到，生产资料越是大量集中，工人就相应地越要聚集在同一个空间，因此，资本主义的积累越迅速，工人的居住状况就越悲惨。"④ 城市居住空间的生产与分配过程，本质上是资本家利用资

① 《马克思恩格斯全集》（第2卷），人民出版社1957年版，第326页。
② 《马克思恩格斯全集》（第2卷），人民出版社1957年版，第327页。
③ 《马克思恩格斯文集》（第5卷），人民出版社2009年版，第757页。
④ 《马克思恩格斯文集》（第5卷），人民出版社2009年版，第757页。

本运行的强制手段来实现对工人阶级的剥削与压榨,其不仅加剧了不同社会阶层的贫富分化,更导致了工人对居住空间的所有权逐渐转移到资本家手中,最终变得无家可归。马克思在《资本论》中指出,土地所有权和产业资本相结合,由此产生的巨大权力使得产业资本将为工资而进行斗争的工人从容身之所排除出去。在这里,资本家向工人阶级要求一种贡赋,作为其居住权利的代价。① 资本家先是通过各种手段,刻意将城市内部特别是中心区域的地皮价格大幅度提高,使这里原有的房屋不断贬值,最终致使其因为与新环境不匹配而必须被拆除。在此之后,资本家再利用这些地段来修建可营利的新兴建筑物,而之前居住在这里的工人则被排挤到边缘地段。由于此时的建筑业更热衷于建造价格昂贵的住房以获取更多利润,工人们可以选择的住房就会变得数量稀少且价格昂贵,被排挤出去的工人往往很难找到合适的居所。如果工人们想继续留在城市中心区居住,就不得不向住房的所有者——资本家支付昂贵的租金。这样,资产阶级以空间的资本化生产为手段,实现了对社会底层群体住房的原始剥夺,再向无房可居的劳苦大众收取高额的房屋租金,从而打造出一条对广大劳动者进行无止境剥削的完整链条。在这一过程中,资本利用空间的生产实现对社会不同阶层的强制分化与区隔,其结果是居住空间以及医疗、教育、娱乐设施等公共资源的不公正配置,广大劳动者失去了对其进行平等享有的可能性,这种非正义性暴露了资本主义制度与生俱来的固有属性。

马克思恩格斯将居住需要视作人生存与发展的最基本需要,认为居住空间是人安身立命不可缺少的生活要素。然而,在资本主义制度下,工人们连最基本的吃喝穿住需要也难以得到满足,更谈不上获得自由而全面发展的可能性。资本主义生产方式所造成的人性异化突出地表现为:一端是资产阶级需要的精致化和满足其需要的资料的精致化,另一端却是由此而导致的无产阶级需要的被牺畜般的野蛮化和彻底的、粗陋的、抽象的简单化。② 极端化的生活条件致使工人们不得不在贫困交加与道德堕落的艰难境遇中徘徊摇摆。"贫困让工人在几条道路中进行选择:慢慢地饿死,立刻自杀,或者随

---

① 《马克思恩格斯文集》(第 7 卷),人民出版社 2009 年版,第 875 页。
② 《马克思恩格斯文集》(第 1 卷),人民出版社 2009 年版,第 225 页。

便在哪里见到他们所需要的东西就拿走，干脆说，就是偷……当然，工人中间也有许多人道德水平高，即使走投无路也不愿去偷，而这些人就会饿死或自杀……许多穷人都以自杀来摆脱贫困，因为他们找不到别的摆脱贫困的方法。"① 对工人阶级的过度剥削与压榨，带给资本家的同样是人性的异化与道德的沦丧。对于资本家来说，一切社会关系都可以用金钱来衡量，只要有利可图，便可以牺牲掉工人阶级的全部利益。作为资本人格化的代表，资本家甚至把工人的贫困和无家可归视为投机获利的机遇，工人们越是贫困，房东则越是大幅度地提高房租以获得巨额利润，并且还从堕落的无产者的恶习中抽取利息。

对此，恩格斯曾立场鲜明地揭露指出，资本家对工人仅有的一点同情和怜悯，不过是其维护自身利益的伪善面纱，"英国资产阶级行善就是为了他们自己的利益……他们说：我为慈善事业花了这么多钱，我就买得了不再受你们打扰的权利，而你们就得待在自己的阴暗的洞穴里，不要公开暴露你们的那副穷相来刺激我的脆弱的神经！"② 可见，在资本主义私有制下，无论是工人还是资本家，其人性都发生了严重的扭曲与异化。人与人之间的社会关系被彻底异化为物与物之间的社会关系，社会利益表现出普遍的同质化特征，每一个人都为维护自身的利益而对他人怀有敌对态度成为"单向度的人"，整个社会笼罩在一种相互冲突与对立的关系之中。马克思恩格斯强烈批判资本主义制度将物高悬于人之上的发展逻辑，认为"人是人的最高本质"，人才是历史发展的最终目的。他们通过对城市居住问题的深入考察与解读，对资本主义社会发展所遵循的资本逻辑和人与人之间的剥削关系进行了有力批判，揭示了以资本增殖为核心动机的生产逻辑决定了人对物的普遍依赖和盲目崇拜，人与人之间的社会关系被单一抽象的物化关系所掩盖取代，物成了人之尊严的象征和命运的主宰。然而，在私有制条件下，物在不同阶级间的分配又具有极其鲜明的不平衡性与非正义性，这决定了不同社会阶层对物质财富享有程度的严重分化，与此相应的是人之地位与尊严的极度不平等。

---

① 《马克思恩格斯文集》（第1卷），人民出版社2009年版，第429页。
② 《马克思恩格斯文集》（第1卷），人民出版社2009年版，第479页。

　　资产阶级用"正义""人道""自由"等伪善口号来掩盖资本主义制度的非正义性,然而,"'正义'、'人道'、'自由'等等可以一千次地提出这种或那种要求,但是,如果某种事情无法实现,那它实际上就不会发生,因此无论如何它只能是一种'虚无飘缈的幻想'"①。资本主义社会的普遍物化逻辑和二元对立的阶级关系,通过城市居住不正义问题得到了极其鲜明的凸显。马克思恩格斯认为,资本主义制度对人之尊严的蔑视和对人性的扭曲是普遍物化逻辑的必然结果,要想彻底改变这种带有先天缺陷的生产方式,就必须要"结束牺牲一些人的利益来满足另一些人的需要的状况"②,打破社会财富由少数资本家所垄断和享有的私有制模式,代之以由全体社会成员共建共享的理想社会制度。针对蒲鲁东等资产阶级理论家所主张的在不改变资本主义生产方式的基础上解决住宅问题的做法,恩格斯明确指出,废除资本主义私有制才是彻底解决住宅问题的根本途径。"当资本主义生产方式还存在的时候,企图单独解决住宅问题或其他任何同工人命运有关的社会问题都是愚蠢的。解决办法在于消灭资本主义生产方式,由工人阶级自己占有全部生活资料和劳动资料。"③

　　在马克思看来,资本无限增殖的本性同时构成其自身存在的限度。资本为了维持自身的存在,必须试图打破一切限制而不断扩大生产,"资本按其本性来说,力求超越一切空间界限"④。而资本增殖又是以广大劳动者被剥夺和贫化为基础的,整个过程的矛盾性与悖论性决定其必然要受到限制和阻碍,"手段——社会生产力的无条件的发展——不断地和现有资本的增殖这个有限的目的发生冲突"⑤。空间的资本化遵循着资本运动的一般规律,为了实现自身的增殖,资本力求摧毁阻碍交换的一切地理限制,并试图夺得整个地球作为它的市场。同时,资本又以时间去消灭空间,即将商品转移所花费的时间压缩到最低限度。资本越是发展,就越是在空间上不断扩大市场,力求用时间来消灭更多的空间。

---

① 《马克思恩格斯全集》(第6卷),人民出版社1961年版,第325页。
② 《马克思恩格斯文集》(第1卷),人民出版社2009年版,第689页。
③ 《马克思恩格斯文集》(第3卷),人民出版社2009年版,第307页。
④ 《马克思恩格斯全集》(第46卷下),人民出版社1980年版,第16页。
⑤ 《马克思恩格斯文集》(第7卷),人民出版社2009年版,第279页。

然而，这个过程的无止境持续，必然会导致可生产空间资源的不断缩减和利润增值度的普遍下降，最终会因为生产过剩和消费不足而引发社会危机。可见，资本主义制度无法克服自身的局限而实现对社会财富的公平享有，广大劳动者的居住问题之所以得不到有效解决，其根本原因正在于这一制度本身固有着极其深刻的非正义性与内在矛盾性。"正义是社会制度的首要德性……某些法律和制度，不管它们如何有效率和安排有序，只要它们不正义，就必须加以改造或废除。"① 只有将由少数人垄断和享有社会财富的私有制模式转化为以公有制为基础，由全体社会成员共建共享的理想模式，构建起更加公平正义的社会制度，才是解决居住不正义问题的根本途径。"私有制必须废除，而代之以共同使用全部生产工具和按照共同的协议来分配全部产品，即所谓财产公有。"② 只有这样，才能将主体性和人之尊严重新还原给"现实的人"本身，使每位社会成员的居住需要和居住权益得到公平合理的满足与保障。

（二）空间正义：协调发展的价值内涵

空间集聚带来了价值创生与集聚的可能，而这些集聚也处在不断变化之中，最终形成空间的运动，即原有空间的不断消失和新空间的再造。伴随新空间再造的则是空间再分配，以及贯穿其中的空间价值调整和交换。正是在空间再分配的场域中，产生了空间如何公平正义的问题。空间正义的提出并非是其他正义形式的替代，而是以一种独特的、多层次、多维度的阐释视角来分析空间。"空间正义不是以分配为主的社会正义的一种，而是包含着对空间资源进行合理合法的生产、分配、交换和消费的一种综合性正义。"③ 基于这种综合性正义概念，诸多学者对空间和空间正义的内涵进行了二维、三维或四维的解读。列斐伏尔从空间、时间、社会三维视野出发，提出了"三元辩证法"④ 的空间理论。在他看来，空间不仅承载了社会关系的演变历程，更是一种共时态的物质存在，其中还蕴含着时间的历时性。任何一个

---

① ［美］罗尔斯：《正义论》，何怀宏等译，中国社会科学出版社 2009 年版，第 3 页。
② 《马克思恩格斯文集》（第 1 卷），人民出版社 2009 年版，第 683 页。
③ 王文东：《〈德意志意识形态〉中的空间正义思想解读》，《哲学研究》2016 年第 4 期。
④ 参见［法］亨利·勒菲弗《空间与政治》，李春译，人民出版社 2008 年版。

社会都会生产出自身的空间，因此，空间是社会关系的重要一环，既是一种先决条件又是生产物。基于列斐伏尔的三元空间辩证法，德国学者施米德进而将空间划分为自然与物质性的物理领域、逻辑与形式化的抽象物的抽象领域和社会领域①；美国学者大卫·哈维基本上认可列斐伏尔所批判的资本主义工业社会都市化进程中对空间的忽视，同时他在《正义、自然和差异地理学》一书中提出空间正义"普遍主义正义理论"和"特殊主义正义理论"的二维解读。哈维认为，空间模式与道德秩序环环相扣，地理—物理空间只有在具有社会性的情况下才是物质载体，否则只是一种抽象物，这种空间的正义有别于传统社会正义，是一种特殊主义正义。② 国内学者刘怀玉、李春敏等在研究空间理论的过程中也提出了不同的空间及空间正义研究视角。刘怀玉从四个维度对空间理论的认识对象作了定义：日常生活空间即社会体制控制下的微观现实，由资本积累支配、国家规划和全球化链接的城市化社会空间，政治主权空间或国家空间和全球化空间③；李春敏提出，任何一种现实、具体的社会空间都是物理—地理空间、社会—经济空间、文化—心理空间三种维度的统一体④。不论是列斐伏尔的三元空间辩证法、大卫·哈维的二维解读，还是国内学者提出的空间认识对象划分，他们对空间和空间正义的认识既是具体的又是抽象的。

　　总体来看，具体的空间层次从自然环境和人类社会出发可以二分为直观展现的地域空间和人类生存活动的生存空间。地域空间是人类生产和活动的必要场所和基本要素，只有在地域空间中才产生生存空间，生存空间体现着空间的社会性，地域空间和生存空间的交互作用为空间生产与分配创造了前提。协调发展的直接目的即是解决地域空间和生存空间中的非正义问题；同时，"协调"又是一种价值评价，为空间正义的抽象之维——发展空间和价值空间中的伦理秩序提供反思与批判的评价原则。地域空间是一个关系错综复杂的综合体，涉及区域位置、自然环境等要素，它在自然形成的同时经过了人类实践活动的塑造，产生了差异性。这种差异性主要体现在人类实践活

① 参见刘怀玉《〈空间的生产〉若干问题研究》，《哲学动态》2014 年第 11 期。
② 参见［美］大卫·哈维《正义、自然和差异地理学》，胡大平译，上海人民出版社 2010 年版。
③ 刘怀玉：《历史唯物主义为何与如何面对空间化问题》，《天津社会科学》2011 年第 11 期。
④ 李春敏：《马克思的社会空间理论研究》，上海世纪出版集团 2012 年版，第 51 页。

动对无机界的改造程度上，改造程度的差异同时导致了发达地区与欠发达地区、都市与乡村等地域空间之间的对立，地域空间非正义问题由此而生。空间非正义现象既是人与自然对抗性的集中表现，也是人与自身矛盾的聚焦。在地域对立的发展过程中，人口也随之迁移、分散、聚集，最终形成人类生存空间的中心区域与边缘区域的对立。聚集使中心区域和被边缘化区域的差异逐渐拉大。其中，中心区域居于核心决策地位，优先享受社会发展"善"的一面，如便捷的交通、完善的公共服务、定期维护的绿化、良好的社会治安环境等；处于依附地位的边缘地区则承受着发展"恶"的一面。

马克思在《资本论》中也描述过资本主义社会都市化进程中的相似状况，"随着财富的增长而实行的城市'改良'是通过下列方法进行的：拆除建筑低劣地区的房屋，建造供银行和百货商店等等使用的高楼大厦，为交易往来和豪华马车而加宽街道，修建铁轨马车路等等；这种改良明目张胆地把贫民赶到越来越坏、越来越挤的角落里去"[①]。中心与边缘的进一步对立对生存空间造成影响，生存空间是人类生产、生活的场域，它呈现由单一向集群发展的趋势。现代生存空间以城市为主体形态，不仅成为了"供人们栖息的物理容器，更是一个表征政治关系的社会舞台"[②]，与资本、权力和政治有了密切联系。空间正义作为一种"合目的性"的空间价值原则，要求社会中的不同群体能够相对自由而理想地进行空间生产和消费，同时享有平等的空间权利。然而，在现实的空间生产过程中，权力与资本的双重作用导致了生存空间过度资本化，诸如城市开发中权力不正当参与等现象频出，生存空间生产、分配和消费环节出现价值混乱，空间生产现实矛盾不断出现，空间正义部分缺失。生存空间作为承载人们美好生活的空间，亟待以美好生活为价值导向的空间正义观予以引导。对此，艾利斯·扬提出消除制度化的支配与压迫，通过空间化的社会关系实现民主与正义并赋予这种社会关系规范的意蕴。她从"排斥"概念入手，分析了美国和欧洲国家大城市的居住地种族隔离和阶层分化的景况及其不公正性后果，提出矫正这些伤害从而引导

---

① 马克思：《资本论》（第1卷），人民出版社2004年版，第757—758页。
② 高春花：《探寻"城市之善"——"伦理视阈下的城市发展"学术研讨会综述》，《道德与文明》2015年第2期。

实现"容纳式民主实践的最佳规范理想——差异性团结的理想"①，开拓平等又互有差异的美好生活方式。

人通过调动自身主体力量与空间发生联系，这里的空间既包括外部世界的地域空间，也指涉作为客体的"自身"的生存空间。在这两个空间里都有对"空间正义"的诉求，这就推动了人类在满足改造自然、生存要求的同时对发展空间、价值空间等的进一步追求。发展空间不仅指当下的发展境况即当代的发展，更关注发展的可能性即未来的发展，这就要求发展空间既保证一定的公平又存有差异。若当前的发展速度不足以实现对未来发展的预判，那么目前的发展仍有进一步提升的空间；若认为当前发展是"过度的"，则要缓和这种"透支式"的发展，为未来的发展留有一定的空间，而"过"和"不及"的标准就是公平原则，即发展既要着眼当下也要考虑未来。发展空间的正义既需要从科学的角度去关注自然资源、生态环境的存续问题，也要从人文的角度对生存空间和价值空间予以关怀——关注人类如何诗意般地生存，从而使"协调发展"作为一种价值理念对非正义的发展状况进行价值评价，最终在价值空间彰显公平正义等价值力量。

在审视空间正义内涵四个维度的同时，也必须把握四个维度之间的联系。如地域空间、生存空间中的极端分化和隔离，可能为发展空间和价值空间正义实现造成阻碍；发展空间的割裂和对立导致价值空间的正义缺场，而现实发展中的种种冲突无形中强化了空间的非正义问题，进而阻碍了被分化群体、空间之间的交往和共享。中心与边缘的地域对立也反映在生存空间的阶层分化与隔离问题上，这种阶层分化遍布于各个领域：贫富阶层不仅在地域上产生了隔离，而且在居住场所、生活环境、出行方式、教育资源等方面都存在不断分化的情况。分化不仅来自于外部自然形成的分离，而且在于社会对分化欲望的满足，如政策性的排挤强化了这样的分离隔离，市场化的高房价、区域性的法律、倾斜的教育资源都使得空间边缘群体和弱势群体被排挤在外。由此，产生了一个重要的实践困境，即生产与分配环节中非正义引发的绝对贫困向相对贫困的转化。贫困问题特别是相对贫困在社会发展差序格局中的逐渐凸显，更加阻滞了协调发展的全面展开。因此，无论从四种空

① 马晓燕：《空间正义的另一种构想——"差异性团结"及其反思》，《哲学动态》2011年第9期。

间中的非正义困境来看，还是从"空间正义"的基本价值主张来看，空间正义都是协调不平衡不充分发展的社会主要矛盾的必要路径。

三 空间正义的实现可能

（一）构建"空间正义"：协调发展的实现路径

国家经济的持续增长、城乡居民收入的提高、物质产品的极大丰富，从总体上不断改善着人们的生活，栖居于现代化社会中的人们已进入物质财富较充分流通的时代。但不可否认的是，伴随物质的极大丰裕而生的则是空间的挤压与匮乏，资源环境、空间配置、社会融入等方面的矛盾激化，种种矛盾与冲突终将导致人文理性的日渐式微和工具理性的肆意扩张，发展不平衡由此加剧。解决这种复杂矛盾与冲突的关键点在于变革空间生产与分配方式，重视区域间的空间权益，在空间资源配置上更注重公平正义的优先性。

从地区发展的实践来看，空间生产作为一种物质和社会关系的生产方式，本身内含着正义要素。以空间生产与分配为核心的地区发展不平衡、空间资源分配冲突、居住非正义、空间信息化与实体空间生产的矛盾，要求空间正义所关涉的内容必须更加丰富。空间地理学家尝试从空间生产、空间资源分配和空间权利实现三个角度为空间正义开辟实践路径，提出了一些具有可行性的设想。空间生产最初并非以生产方式的形式出现，而是一种都市化进程中的社会现象。列斐伏尔首次以"空间生产"为研究起点检视城市空间中阶层的形成、冲突和对立。他视"空间"为社会本身，在当代社会中资本主义生产和再生产方式下，空间也被当作了一种商品进行交易。土地是空间交易的基本要素，都市化过程是大量的乡村土地资源向城市空间的大转换，即空间的再造与生产。在这个转换过程中，农民土地资源的丧失、城市人口的激增造成了城市中低阶层人口住房缺乏困境，社会阶层斗争逐渐转为空间冲突，正是这个转向导致了空间非正义现象的产生。对此，列斐伏尔独创性地提出了"空间自身的生产"的主张，并将城市空间问题置于资本主义生产方式下考察，尖锐地批判了资本主义城市空间规划的阶级性和非正义性，为理解和分析空间非正义现象提供了独特的理论视角。但列斐伏尔的空间思想过于关注经济因素且带有乌托邦的色彩。与列氏不同，马尔库塞认为在城市空间的规划上进行平等的分配并不能解决区域发展失衡问题，空间非正义不仅表现为资源上的不平等，还表现在空间区隔、空间歧视上，即使进行资源平等分配，空间仍然带有身份、权力等烙印。他认为，"一个'善'的城市绝对不仅仅是一个实现平等分配的城市，而应是支持每个社会个体全面发展的社会"。① 因此，马尔库塞进一步挖掘了"空间正义"在"空间"中所具有的含义，既从形式层面上对空间非正义现象进行了分类，更从价值层面上维护和主张了一种综合的、总体意义上的空间正义。总体来说，列斐伏尔和马尔库塞所描述的空间正义与协调发展理念所要求的全面性、整体性与平衡性是内在一致的，空间再生产造就的发展失衡需要全面、整体地加以调整，协调的过程就是要处理好各类关系的平衡和平等，既在物质生产层面也在价值层面实现空间正义。

在资本逻辑的主导下，商品生产者觊觎任何具有潜在利润的空间，并伺机将空间生产成商品推入流通环节。而空间商品一旦进入流通领域，空间资本化就开始诞生——住房买卖和地租都能够体现空间资本化这一进程。在空间资本化进程中，空间生产、分配和流通及消费完全按照资本市场规律进行，最终呈现一种作为商品的空间形象。对此，以大卫·哈维为代表的人文地理学者应用社会学理论重新阐释城市空间的资本化，开启了空间地理研究的社会学化趋势。在《社会正义与城市》中，他提出了"领地再分配式的正义"概念，并将其理解为社会资源通过正义的方式实现公正分配，领地再分配式的正义不仅关注分配的结果，并且强调公正分配的过程。哈维认为，空间生产是一个处于不断生成和流变的社会历史过程，对空间生产的价值评判须基于这些过程，空间正义的原则规范也相应地必须立足于对社会历史过程的关注和厘正。基于过程的"空间正义"要求既要关注空间资本化导致的创造和破坏同时进行的现象，又要谋求打破主导创造性破坏的资本逻辑、无损于生产效率的空间生产机制。大卫·哈维提及的空间分配正义需要借助社会政治的变革推动空间内部的改变，这为落实协调发展提供了可行性方案，即通过外部力量对空间资源分配进行统筹，进而推动空间内部生产要素

<hr>

① 乔洪武、师远志：《经济正义的空间转向——当代西方马克思主义的空间正义思想探析》，《哲学研究》2013 年第 12 期。

的自由有序流动，实现全面、整体、平衡的协调发展。

福柯、爱德华·索亚等学者在哈维"普遍性政治方案"的基础上提出了空间权利的概念和对策。空间权利聚焦于空间正义所关注的被日渐空间化的某些权利概念，包括社会正义、参与式民主以及市民权利与责任等。爱德华·索亚认为，空间正义能与社会正义相融通，空间正义是社会正义问题在空间上的投射，是社会正义的一个重要维度。空间正义关系着公民合法地享有平等的空间产品和空间权利，而空间权利在物质层面、社会道德和责任的精神层面均为协调发展的实现提供了保障，在社会生产结构、空间资源和制度等问题上为弱势的边缘群体寻求公正，同时在社会伦理层面建构以空间正义为准则的价值评判标准。空间正义观引导下的协调发展理念应在以下三个方面贯彻"空间正义"原则。

首先，夯实发展的物质基础，优化空间环境，积极解决空间资源占有和分配不平等的矛盾。协调发展的提出是为了应对、解决现阶段的发展存在的种种不协调的问题，"不协调"主要表现于地区发展不平衡，而这种不平衡不仅指数量不均等或差距，更指向发展过程中差异原则和公平原则的偏差。中国国土幅员辽阔，地区之间发展禀赋和条件各异，这就要求协调发展提供一种合理的发展资源分配方式，这种分配方式既包括量的均等，也要求公平与差异良性互动。因此，协调发展不是一味追求现象层面上的平衡或均衡发展，而是包含平衡与非平衡之间的稳定状态，这样才能更好激活不同区域之所长，进一步凸显区位优势，协调区域间要素流动和有效互动，形成整体性的协调发展。

其次，加强政策引导，拓宽单一的发展空间，构建地域之间的和谐共生关系。协调发展在新发展理念中体现的是合力作用，创新、绿色、开放、共享发展理念与协调发展是相互联系、相辅相成的，如绿色发展需要协调经济发展与生态问题的平衡关系；共享发展追求发展成果要为所有人所共享，也需要协调地区之间发展的公平性。目前，中国不少地区的发展具有片面性、单向度性，发展的不平衡、不全面、不可持续问题长期存在，诸如城镇化速度过快，农业化、工业化、城镇化发展不协调问题尚未解决，区域发展、城乡发展和人口结构仍不平衡，资源紧缺和生态恶化趋势仍存在。从宏观上看，解决这些问题的关键是协调好发展中的重大关系问题，协调发展以空间正义为价值引导，既推动地区间、城乡间的融合发展，又促进工业化、信息化、城镇化、农业现代化、绿色化同步发展，不断增强发展的整体效能。

最后，强化政府职责，保障公民对空间享有的基本权利。中国仍处于并将长期处于社会主义初级阶段，社会主义市场经济依然对空间资源配置起着决定性作用。但是，中国社会主要矛盾发生了重大转化，人民对美好生活的期待和需要，不仅对物质生活提出了更高的要求，在正义、民主、法治、安全、环境等价值层面的需求也日益迫切。社会主要矛盾的转化对当今社会发展转型、深化改革提出了挑战，并诉求一种适应主要矛盾转化的新发展理念以及相关的核心发展价值和评判标准。对公众日益增长的空间需要而言，公平的空间资源分配、符合市场经济规律的空间产品、可负担的空间产品消费已成为优先选择。因此，从政府责任角度出发，应当进一步完善社会保障体系，保障公民合法的空间权利，控制空间资源占有和消费上的两极分化。

（二）构建"城市居住正义"：满足人民美好生活需要

在马克思恩格斯看来，城市居住问题的背后具有十分深刻的社会历史根源。马克思曾以人的社会关系本质为立足点将人类社会划分为"三大形态"，其特征分别为人的依赖关系，以物的依赖性为基础的人的独立性和人的自由个性。马克思恩格斯所生活的时代正是以"物的依赖性为基础的人的独立性"为特征的第二大社会形态。在这一历史阶段，"人们在物化社会关系支配下的社会关系和外部关系，即以交换价值（商品、货币、资本）为纽带的物化关系、经济关系，表现为人们之间在分工和交换广泛发展基础上的普遍依赖关系和个体本位关系"①。因此，住宅商品化、私有化、资本化也必然成为该时期社会发展难以避免的弊病。马克思恩格斯以对资本主义生产方式的批判为理论基点，对城市居住问题展开了深入剖析，并通过对未来理想社会形态的科学构想，提出了解决城市居住问题的根本途径，实现了对居住正义的科学建构。在马克思恩格斯的思想视域中，居住正义应至少包含以下三重内涵，即居住权利的平等、居住关系的和谐与居住选择的自由。

居住权利的平等，是指在对私有制进行彻底扬弃的理想社会中，每一位

---

① 孙正聿：《马克思主义基础理论研究》，北京师范大学出版社 2011 年版，第 426 页。

社会成员都将获得对居住资源的平等享有权。马克思指出："代替那存在着阶级和阶级对立的资产阶级旧社会的，将是这样一个联合体，在那里，每个人的自由发展是一切人的自由发展的条件。"① 共产主义社会的分配方式将以生产资料的公有制为基础，生产资料将不再掌握在少数资本家手中，而是由"联合起来的个人"共同享有和支配，那种由少数人利用对生产资料的占有权来奴役大多数人的生产方式将会被彻底终结。在制度保障下，人们的一切合理需求都将会得到平等公正的满足，而随着个人全面发展的不断实现，社会生产力也将会得到持续提高，集体财富将充分涌流，只有在这时，资产阶级权利的狭隘眼界才能被真正超越，社会才能最终实现各尽所能，按需分配。在以抽象劳动和交换价值为基础的生产为"自由自觉的活动"所取代之后，住宅的生产与分配能够彻底超越物化逻辑与资本关系，即住宅将不再以商品或资本增殖工具的形式而存在，而是将满足人们的使用需要作为其生产建设的唯一目的。随着私有制的被彻底废除，由资本权利操控与泛滥所导致的居住资源分配失衡问题将会得到根本解决，人们对居住权利的平等享有将在"责任共担"的基础上得到切实保障与实现。因为在此时，每个社会成员都将自觉承担起在社会生活中应有的责任和义务，"由全社会负责和按预先确定的计划进行的社会主义生产"② 将在"自由人联合体"的共同控制下得以有序进行，人们将有目的、有计划地共同完成居住资料的生产过程，并且对劳动成果进行平等公正的分配与享有，实现共建与共享的有机统一。

居住关系的和谐，主要是指在平等享有居住权利的基础上，在不同的居住主体之间、居住主体与居住客体之间、居住空间生产与自然环境之间建构起平衡有序、融洽和谐的相互关系。在资本主义制度下，居住不正义作为资本逐利的必然结果是导致人与人、人与社会、人与住宅商品等相互冲突对立的一项重要因素，而住宅生产的过度商品化、资本化则更将导致环境资源的严重污染浪费，致使人与自然的对立程度不断加剧，因此，人居和谐的严重缺失构成了资本主义社会居住关系的突出特征。在共产主义社会中，随着私

---

① 《马克思恩格斯文集》（第2卷），人民出版社2009年版，第53页。
② 《马克思恩格斯文集》（第4卷），人民出版社2009年版，第411页。

有制被彻底废除、商品与货币形式的最终消失，人们将从物化逻辑的绝对统治中获得彻底解放。个体的社会化程度也将因此而得到极大提高，作为联合起来的生产者，人们将通过集体的力量合理地调节自身和自然界之间的交换关系，靠消耗最小的力量，在最无愧于和最适合于人类本性的条件下来实现和自然界之间的物质变换，将自然界置于集体的共同控制之下，而不让其再作为一种盲目的力量来统治人类自身。① 到那时，住宅的生产与分配将不再受到资本权利的支配和制约，人们将会在共建共享的和谐氛围中有理性、有节制地开发利用居住资源，自觉建构起以多维度和谐性为特征的居住关系。这种共产主义"是人和自然界之间、人和人之间的矛盾的真正解决，是存在和本质、对象化和自我确证、自由和必然、个体和类之间的斗争的真正解决"②。即，未来理想社会的居住正义将会在这样一个利益共同体中得到充分实现，在那里，人们彼此的利益实现互为前提条件，个体间的利益将表现出高度的和谐性与一致性，每个人都将成为社会的积极创建者和财富的公平享有者，整个社会也将因此而呈现出高度和谐的环境氛围。

居住选择的自由，主要是指以实现居住权利的平等与居住关系的和谐为基础，在充分尊重社会发展条件的前提下，人们能够根据自身的意愿和需要，对居住资源进行充分自由的选择和享有。在资本主义私有制下，居住资源的配置之所以具有极度的不平衡性和不自由性，其根源就在于"以物的依赖性为基础的人的独立性"决定了人们必然要受到物的统治和制约。在这样的社会发展阶段，居住自由也仅仅表现为资本家等少数贵族阶层的独享特权，无产阶级则因为受到财富的限制而失去了对居住资源进行自由选择的可能性。在社会生产力高度发达、物质财富极大丰富的条件下，人们将会摆脱物化逻辑的普遍束缚而获得全面发展与解放，住宅也将不再表现为一种驾驭人、奴役人的异己力量，而是以一种满足人们生存与发展需要的人之"无机生命体"的形式而存在。那种由一部分人从另一部分人的居住需要中攫取高额利润的剥削现象将会彻底消失，每一位社会成员都将获得对居住资源进行自由选择和平等享有的权利与机会。

---

① 《马克思恩格斯文集》（第 7 卷），人民出版社 2009 年版，第 928—929 页。
② 《马克思恩格斯文集》（第 1 卷），人民出版社 2009 年版，第 185 页。

居住权利的平等、居住关系的和谐和居住选择的自由，三者依次递进又互为条件，统一于建构居住正义、实现"居住解放"的发展实践中。一方面，只有全体社会成员获得了相互平等的居住权利，在社会整体层面上实现对居住资源的公平享有，居住关系的和谐才能获得坚实的基础与保障。另一方面，居住关系的和谐又可以为人们对居住资源的平等享有营造出融洽有序的和谐氛围，从而起到维护和推进居住权利平等的作用。同样，居住权利的平等与居住关系的和谐又都以居住选择的自由为最终目标和理想旨归，并且共同组成了居住选择自由的前提条件。这也意味着居住选择的自由并非是一种可以脱离社会现实的绝对自由，而是要与生产力发展水平和社会进步程度相适应的、有条件的相对自由。居住权利的平等、居住关系的和谐和居住选择的自由是相互贯通不可分割的有机整体，三者共同构成了马克思恩格斯居住正义思想鲜明的内涵特征。

马克思恩格斯对资本主义城市居住不正义问题的解读蕴含着深刻的唯物史观维度，他们用一种由问题关注到理性批判的逻辑致思，在理想与现实之间构建起联系的桥梁，为人类最终实现"居住解放"指明了道路和方向。正是对种种居住问题背后所隐含的资本因素和制度根源所进行的深刻剖析，才使得马克思恩格斯能够超越众多资产阶级经济学家的思想，对城市居住不正义的本质根源展开具有革命性的发掘，并提出了根除这一社会弊病的济世良方。可以说，对资本逻辑和制度根源的批判构成了马克思恩格斯居住正义思想的核心与灵魂。"资本不可遏止地追求的普遍性，在资本本身的性质上遇到了界限，这些界限在资本发展到一定阶段时，会使人们认识到资本本身就是这种趋势的最大限制，因而驱使人们利用资本本身来消灭资本。"① 资本主义生产方式自身的矛盾性与局限性既是导致居住不正义的本质根源，同时也为解决居住问题、实现居住正义创造了必要条件。在对私有制进行彻底扬弃、消除物对人的奴役之后，城市居住问题必然会在共建共享、和谐有序的社会氛围中得到合理解决。

然而，目前人类社会的发展还未能真正超越以"物的依赖性"为特征的社会形态，资本逻辑仍然是主导世界发展和人们日常生活的普遍法则，资

---

① 《马克思恩格斯全集》（第 46 卷上），人民出版社 1979 年版，第 393—394 页。

本逐利始终是推动住宅市场高速运作的核心引擎，商品化、私有化、资本化依然是居住资源生产、消费和配置的一般形式。马克思恩格斯在一百多年前所揭示的西方城市化进程中的住宅问题在当代社会依旧存在，城市居住资源的贫困紧缺与其分配的不均衡、不合理等问题已经成为制约当下社会协调发展和人民幸福的主要因素之一。住房市场中的权资勾连、利益投机、分配失衡等诸多弊病久积不除，居住不正义的伦理后果便是人们家园感、归属感、尊严感和公民意识的多重缺失。要想从根本上改变这种由普遍物化逻辑所导致的居住不平等、不和谐与不自由，实现向居住正义的渐进转化，就必须要对资本权利进行合理的管控与约束，着力规避由资本权利泛滥所导致的居住风险，将人们的居住需要作为居住资源生产的首要目标，逐步建构起以平等、和谐与自由为本质特征的当代居住正义之格局，让全体人民的居住权益在全面深化改革的发展实践中得到充分保障与落实。

首先，构建城市居住正义，就要更加突出广大人民的居住主体地位，转变以往"贵物轻人"的价值取向，通过提供更加充分、更为丰富、更高品质的居住资源来不断满足广大人民日益增长的美好居住需要，实现由"居住贫困"向"居住满意"的渐进转变。在马克思看来，人的需要即是人的本性，因此，社会发展是否尊重人的主体性地位，首先就体现在人之需要的被重视与被满足程度。推进城市住房体制改革，必须要科学诊断居住困境的症结所在，纠正片面追求经济效益而忽视民生需求的发展思路，转变以利润增值为核心驱动的住房市场运营模式，严格管控住房市场中过度占有和利益投机行为。在住房资源生产与分配的过程中，要精准定位广大公众的实际居住需要，协调供求关系脱节的结构体制，实现对不同居住主体的多层次满足。也就是"要坚持'房子是用来住的、不是用来炒的'这个定位。出发点要站准，落脚点要站好，不要搞偏了。要从实际出发，综合运用金融、土地、财税、投资、立法等手段，加快研究建立符合国情、适应市场规律的基础性制度和长效机制，抑制房地产泡沫，防止出现大起大落"①。

其次，构建城市居住正义，必须要坚持公平正义的原则，切实保障广大人民对住房资源进行公平选择和平等享有的权利，实现由"居住区隔"向

---

① 《习近平谈治国理政》（第2卷），外文出版社2017年版，第367—368页。

"居住共享"的渐进转变。国际社会在 1981 年通过的《住宅人权宣言》指出，居住在良好的、适宜于人类的住所是所有居民的基本人权。可见，获得与社会整体发展水平相适应的美好居住条件是每一位社会成员都应该公平获得的基本权利。因此，构建城市居住正义，不仅要以效益、速度、总量作为评价标准，而且要以公平、和谐、协调作为衡量标尺，努力使全体人民的基本居住权益都能得到保障和落实。诚然，城市居住正义的构建要以尊重实际国情为基本前提，其必然要历经一个循序渐进的转变过程，就当前而言，解决城市居住困境的重点是要健全面向不同消费层次的住房分配体系，增加中小型商品房、廉租房等面向工薪阶层的住房供应量，着重满足中低层收入者的基本居住需要。此外，要制定稳健利民的住房消费政策，遏制利益投机、分配不均等问题在住房体制中的增长趋势，国家在制定城市住房生产分配相关政策时，有责任对居住资源进行合理分配，通过"转方式、调结构、补短板、防风险"，不断推进城市住房供给侧结构性改革，使城市住房的需求量与供给量达到良性平衡，综合解决资本化、贫困化、等级化等城市居住矛盾。

再次，构建城市居住正义，要努力形成以公正、和谐为内核的新型城市居住关系，实现由"居住异化"到"居住解放"的渐进转变。历史唯物主义认为，社会生产力的高度发展和物质财富的极大丰富是超越"资本逻辑"对人的支配而建立共享型社会的前提条件，而当生产力发展水平还相对有限、社会财富还未能得以充分创造之时，对社会资源的公平享有就必然会受到制约。就当前而言，"资本逻辑"仍然是主导和支配人们日常生活的普遍法则，"由于社会阶层、群体的分化，利益多元化、价值多样化成为客观事实，利益冲突、价值观矛盾在所难免，不同阶层、群体、个人从自身出发对美好生活的诉求时有冲突"①。如何立足于当前社会不平衡不充分的发展现实，更加有效地协调各方矛盾，以实现由"物性依赖"向"自由人性"的渐进转化，推进人的自由全面发展，是新时代中国特色社会主义需着重思考的关键性问题。在新时代，以协调发展引领城市居住正义的构建，必须要"坚持和完善社会主义基本经济制度和分配制度，调整收入分配格局，完善

---

① 孙施文：《品质规划》，中国建筑工业出版社 2018 年版，第 38 页。

以税收、社会保障、转移支付等为主要手段的再分配调节机制，维护社会公平正义，解决好收入差距问题，使发展成果更多更公平惠及全体人民"①。唯有如此，每一位社会成员才能公平获得有房可居、有家可回的美好生活，进而树立起一份对中国特色社会主义更加深刻的认同感。

---

① 《习近平谈治国理政》（第 2 卷），外文出版社 2017 年版，第 214 页。

第　九　章
绿色发展与生态危机^①

　　自 20 世纪 60 年代以来，全球性生态危机日益加剧，生态问题逐渐成为威胁人类生存和发展的重大问题之一。就具体情况而言，中国在经济发展取得历史性成就的同时，也积累了大量生态环境问题，成为发展的明显短板。面对日益严重的生态危机，人们纷纷探讨生态危机的产生原因，揭示生态危机的实质，寻找解决生态危机的途径。关于生态危机的产生原因，有多种不同解释，如人类中心主义的解释、资本扩张的解释和消费主义的解释等。综合来看，这些解释从社会、文化、科技等不同的角度对生态危机的产生进行了解读，由此也可以看出，生态危机并不仅仅是一场环境危机，其实质是人类生存和发展的危机。而解决这一危机，需要对现今的发展理念和发展方式予以深刻反思。新发展理念就是对现有发展方式的一种反思、更新与改进，在这其中，优先建设生态文明、首先解决人与自然和谐共生问题的绿色发展理念为化解生态危机提供了一种可能。

　　绿色发展将解决生态危机视为首要议题，把生态文明建设放在现代化建设全局的突出地位，融入经济建设、政治建设、文化建设、社会建设各方面和全过程。绿色发展的核心要素为生产力结构分析、文化批判和生态启蒙。其中，生产力结构以生产力与生产关系的基本矛盾为切入点解答生态危机产生的源头问题；文化批判从社会发展的自然观、技术观、消费观嬗变中抽象出生态危机的演化过程，旨在修正生态危机下对社会"唯发展论"的认知；生态启蒙则运用整体的、有机的、代际的生态思维拓展人类对生态危机的解

---

①　该章部分内容以《发展伦理：解读生态危机的一种可能模式》为题发表在《思想理论教育》2017 年第 11 期。

读角度。绿色发展的目标和路径为生态良好、生产发展、生活富裕。其中，生态良好是实现绿色发展的基本目标和评价标准，实现绿色发展与生产发展并不冲突，生产发展能够为绿色发展提供基础保障，绿色发展最终的价值目标是实现人民的生活富裕。

一　绿色发展：化解生态危机的根本遵循

（一）生态危机的本质：人类发展危机

近代以来，随着科学技术的迅猛发展，人类认识世界和改造自然的能力不断增强，也利用自然资源创造了前所未有的物质财富，人们的需求和欲望得到巨大满足。与此同时，人类无止境地攫取自然资源、发展工业文明的方式带来了诸多环境问题，环境问题的不断累积最终导致生态危机，生态危机的产生又掣肘了人类发展的进程。1972 年，罗马俱乐部出版《增长的极限》① 一书，给传统发展模式敲响了警钟，并预言世界将面临生态崩溃的风险。"人与自然、人与人的关系出现了前所未有的矛盾和紧张，在社会层面表现为发展失衡、悬殊拉大，在自然层面表现为资源耗竭、环境污染、气候变化、生态破坏，在全球层面表现为中心地区对边陲地区、发达地区对落后地区的价值剥削和生态剥削，这一切对人类社会的可持续发展形成了严重的威胁。"② 因此，从生态危机的产生以及影响的范围和机制来看，虽然生态危机直接表现为人与自然的关系危机，但其实质是人类发展危机。

就其产生而言，生态危机是由于人类盲目、过度开采自然资源的活动，在局部或全球范围导致的生态系统的结构和功能的损害、生命维持系统的瓦解，从而危害人类自身的利益、威胁人类生存和发展。生态危机的发展过程是长期、持续的，它最先表现为单一的环境问题——全球生态环境问题产生于 20 世纪，并且至今仍然不能完全消除其影响。20 世纪 30 年代后，在受到第二次工业革命浪潮的洗礼后，在一些发达国家如英国、比利时和美国相继出现环境公害事件，以及随后出现的日本四日市大气污染、熊本县水俣病等

---

① 参见［美］丹尼斯·梅多斯等《增长的极限》，李涛、王智勇译，机械工业出版社 2013 年版。
② 董彪、张茂钰：《生态危机的人学反思——兼论"绿色发展观"》，《求实》2017 年第 4 期。

重大环境公害问题，这一系列环境事件引起了各国的密切关注和高度重视。1962年，蕾切尔·卡逊发表的《寂静的春天》一书，吹响了人类关注环境的号角，环境问题逐渐进入人们的视野。在各国的联合推动下，1972年在斯德哥尔摩召开第一次"人类环境与发展"会议。至此，人类开始正视环境问题并逐渐将其提上国际议题日程。环境问题发展到现今，已具有普遍性，并随其影响范围越来越广、程度越来越严重，逐渐形成生态危机。生态危机主要表现为人口压力增大、资源能源匮乏、森林锐减、土地荒漠化、空气污染、气候变暖、酸雨、水资源短缺、生物多样性消失等。近年来，生态失衡日益严重，导致自然资源的巨大耗损和破坏，人类的生存和发展也因此遇到了前所未有的巨大挑战。如《2020全球风险报告》指出，未来10年按照概率排序的全球5大风险全部为环境风险。由环境问题发展而成的生态危机，对人类的生存与发展造成了巨大威胁。

就其影响机制而言，生态危机固然对人类的生存环境造成了直接影响，但更不可忽视的是生态危机与社会发展危机的共同影响。生态危机与社会发展危机互为因果，生态危机是社会发展危机在自然界的表现，人与自然关系危机的实质是人的发展危机。生态危机的产生根源于人的思维方式和发展模式，生态危机的解决，也主要取决于社会生产方式，而不是自然环境状况和生态发展过程；人与自然的关系，必然最终落脚于人类发展状况。现代性的思维方式和发展模式影响着人类发展方向和道路，近代以来的人类中心主义导致了人与自然对立的思维方式，资本主义的迅猛发展又导致了资本对人和生态的双重掠夺。因此，化解生态危机需要一种新的发展理念的引领，在反思生态环境危机、深化可持续发展理念基础上提出的绿色发展理念逐渐成为共识，同时也只有绿色发展才能够从根本上化解生态危机。

（二）绿色发展理念：应对生态危机的根本原则

绿色发展的提出有着重要的国际国内背景。从国际上来看，关于绿色发展的认识与讨论大致历经了三次思潮：第一次绿色发展思潮萌发于20世纪60年代，这一时期人们聚焦于反思经济增长带来的后果，并试图提出解决方式。如认为，为应对资源枯竭可能导致的经济衰退、避免超越地球资源极限而导致的世界崩溃，最好的应对方式是限制增长。第二次绿色发展思潮大致发生于 20 世纪 80—90 年代。这一时期的绿色发展认识主要体现在弱可持续性的可持续发展和提高资源环境效率方面。在高投入、高消耗、高污染的增长模式下，能源资源制约危机日益凸显，世界先后发生两次石油危机，导致西方工业国的经济衰退，同时引发了世界能源市场的结构性变化，即迫使主要进口国积极寻找替代能源，开发节能技术，并将节约能源、调整能源结构上升到国家战略层面。1987 年，世界环境与发展委员会发表了著名的报告《我们共同的未来》，首次提出了"既满足当代人的需要，又不对后代人满足其需要的能力构成危害的发展"[1] 的"可持续发展"概念。1992 年，联合国环境与发展大会的召开，将"可持续发展"理念由理论上升为国际社会共同推行的发展战略，世界各国开始积极探索符合本国国情的可持续发展道路，有近 100 个国家制定了国家级的可持续发展战略。从这一时期各国可持续发展战略的核心内容看，大都对环境保护予以高度重视，从环境保护和治理角度入手推进可持续发展。第三次绿色发展思潮发生的大致时间是 21 世纪初，所关注的重心主要表现在强可持续性的绿色经济和全球合作治理方面。全球温室气体排放持续加速，气候变化问题成为重大全球性问题之一，影响到人类的生存和发展。世界银行报告指出：到 21 世纪末，如果再不采取持续的政策行动，全球气温将上升 4 摄氏度，这个后果将是灾难性的。2002 年，联合国召开可持续发展首脑会议，提出开始实施下一代人资源保护战略等。2008 年国际金融危机爆发后，发达国家倡导绿色经济，以应对金融危机和全球气候变化，关键内容是降低对化石能源的依赖。2012 年，近 130 个国家和地区的领导人和 6 万多名来自世界各地的组织机构代表，参加在巴西里约热内卢举行的"里约＋20"峰会，发表了《我们期望的未来》成果文件，提出世界各国"再次承诺实现可持续发展，确保为我们的地球和今世后代，促进创造经济、社会、环境可持续的未来"[2]。

相比于国际，中国对于绿色发展的探索和实践起步略晚，但其内涵更为丰富。改革开放以来，中国经济快速发展，创造了举世瞩目的"中国奇

---

① 世界环境与发展委员会：《我们共同的未来》，王之佳等译，吉林人民出版社 1997 年版，第 3 页。

② 世界环境与发展委员会：《我们期望的未来》，王之佳等译，吉林人民出版社 2011 年版，第 11 页。

迹"。但粗放的发展方式，也使我们在资源环境方面付出了沉重代价。发达国家 200 多年工业化过程中分阶段出现的环境问题，在我国的现发展阶段集中凸显。与此同时，人口问题也给环境问题施加了更大压力。习近平总书记在新加坡国立大学发表演讲时指出："走发达国家发展的老路，实行现行的消费水平和生活方式，中国难以为继，如果中国这么走，全球的资源、能源都不够用。"① 怎样协调人口持续增长、经济增速加快与环境问题日益严重之间的矛盾，成为中国发展的最大难题之一。直面问题，中国共产党人探索的脚步从未停歇。1996 年，中国在"九五"计划和 2010 年远景目标纲要中正式提出实施"可持续发展战略"。党的十六大、十七大创造性地提出"生产发展、生活富裕、生态良好的文明发展道路"。"十二五"规划中明确提出绿色发展战略，创新了我国可持续发展的路径。党的十八大进一步提出以绿色、循环、低碳发展为核心的生态文明建设。党的十八届三中全会提出推动形成人与自然和谐发展的现代化建设新格局，加快建立系统完整的生态文明制度体系。党的十八届四中全会要求用严格的法律制度保护生态环境。2015 年 4 月，中共中央、国务院发布《关于加快推进生态文明建设的意见》，这是继党的十八大和十八届三中、四中全会对生态文明建设作出顶层设计后，中央对生态文明建设的一次全面部署。2015 年 9 月，《生态文明体制改革总体方案》印发，明确提出构建生态文明制度体系，推进生态文明领域国家治理体系和治理能力现代化，努力走向社会主义生态文明新时代。2015 年 10 月，党的十八届五中全会明确提出创新、协调、绿色、开放、共享"五大发展理念"，将绿色发展作为关系中国发展全局的一个基本理念。强调以人与自然和谐为价值取向，以绿色低碳循环为主要原则，以节约资源和保护环境为基本国策；强调坚持绿色富国、绿色惠民，推进美丽中国建设。建设生态文明、实现永续发展，已经成为当今中国经济社会发展的主旋律，构成"中国梦"的重要组成部分。

　　现今，绿色发展理念已上升为统筹谋划解决环境与发展问题的重大理论，绿色发展理念的最大特点就是将社会现状和时代发展的特征与马克思主义的生态理念有机结合起来，形成一个全新的发展理论。绿色发展理念的科

---

　　① 中共中央宣传部：《习近平总书记系列重要讲话读本》，人民出版社 2016 年版，第 32 页。

学内涵涉及发展的各个部分，包括经济、政治、文化、社会、生态等。绿色经济理念主要指的是一种能够使人们的福利得到保证、国家的公平得到实现的新型经济发展理念，而在此理念基础上，还要做到经济发展要利于生态以及生态发展有利于经济；绿色政治生态理念就是要保证中国的政治领导方面从政清明和环境优良，有利于中国的党政建设；绿色文化发展理念追求和谐共生的价值共识，要求将这一价值共识体现在生活方式和思维方式的方方面面；绿色社会发展理念体现着人和自然的和平共处，不仅指的是绿色生态，还包括社会空间的合理利用；绿色环境发展理念的主旨则是通过合理利用自然资源，维持地球上的生态平衡，保证人类与自然环境共同发展、和谐发展。总之，绿色发展理念的提出，适应了世界绿色发展的潮流，为中国破解发展难题开辟了一条新路。

二　绿色发展的核心要义：生产力结构、文化批判和生态启蒙

我们对绿色发展理念的考察，主要从生产力结构、文化批判、生态启蒙等角度展开。在生产力结构上，以生产力与生产关系这一基本矛盾为切入点解答生态危机产生的源头问题；文化批判将从社会发展的自然观、技术观、消费观的嬗变中揭示出生态危机的演化过程，旨在修正生态危机下对社会"唯发展论"的认知；生态启蒙则运用整体的、有机的、代际的生态思维拓展人类对生态危机的解读。其中，生产力结构是绿色发展的动力支撑，文化批判是对以往破坏自然的发展活动的价值反思，生态启蒙则要表达的是通过引领与约束人类发展活动，提升人类发展实践中绿色发展的要素或成分，体现绿色发展的价值理想与实践要求。运用绿色发展的内在逻辑反思现代社会的生态危机，不仅有助于把握人作为发展的主体应当如何正确对待自我与自然的关系，更有助于整个社会实现"好的""有益的"发展。

（一）生产力结构是绿色发展的动力支撑

生态危机的本质是人类片面追求发展成果而造成的自然对我们人类社会的"报复"。导致生态危机的升级是一种与整体发展相悖的"割裂式"发

展，体现出人、自然、社会三者的割裂和相互对立。其中，生产力和生产关系之间的对立统一关系揭示了人类发展进程中所存在的"能够做"与"应当做"的矛盾，这对矛盾在生态危机中直接体现为人和自然的对立。在生产力结构中，生产力作为人类改造自然的能力与自然环境发生联系，但这种联系在工业社会以前没有达到人与自然对立的严重矛盾程度。资本主义社会化的机器大生产在极大地提高生产效率的同时，也加剧了生产者对生态资源的大肆攫取和对自然环境的严重破坏，人与自然的矛盾随着生产力的发展而更加凸显；同时，资本主义生产方式对剩余价值不断追求的本性也导致了其对人与自然矛盾的忽视或回避。质言之，资本主义生产力结构无法回答"人类在有限而脆弱的地球上应当如何与自然共同生活"等问题，更无法在"能够做"与"应当做"的选择中做出正确判断，它的反生态本性直接导致了生态危机的产生。

在生态危机问题上，"能够做"代表了人类改造自然的能力。这种能力通过征服自然、改造自然获取生产资料并使自然界逐渐适应社会发展的客观需要体现出来。可以说，生产力的发展发源于人的需要和自然之间的辩证关系。然而，资本主义生产方式对剩余价值的过度追求导致人类对自然资源"能够做"的能力及野心无限扩大，大大超过自身的基本需要，并未以"应当做"的规范加以约束。在资本主义制度之下，利润决定了生产商品的数量、种类和方式——"如果有10%的利润，它就保证到处被使用；有20%的利润，它就活跃起来；有50%的利润，它就铤而走险；为了100%的利润，它就敢践踏一切人间法律；有300%的利润，它就敢犯任何罪行，甚至冒绞首的危险"①。对此，西方生态马克思主义者以马克思主义相关理论为基础，从资本主义社会的生产方式和生产力结构矛盾等方面分析了导致生态危机的可能性并进行了相关论证。

约翰·贝拉米·福斯特认为，资本主义对资本积累和价值增值的追求不仅导致了经济危机，也孕育了全球性的生态危机。在资本主义生产关系中，资本家占有生产资料，以购买劳动力生产商品，通过榨取工人的剩余价值获得利润；资本主义商品经济的高度发展和机器化大生产使得生产的积极因素

---

① 马克思：《资本论》（第1卷），人民出版社2004年版，第871页。

被极大地调动，推动了生产力的发展。但同时，资本主义生产力与生产关系的矛盾愈加严峻，经济危机周期性爆发。资本家对利润的追求导致他们不断压榨工人的剩余价值以获得更多的财富，同时也不断向自然界索取生产资料，导致自然资源被极快地消耗。资本的逐利性决定了资本主义社会在资本积累过程中绝不可能遵循自然规律进行生产，最终的结果必然是资本主义生产超越自然环境所能承受的限度。因此，在资本主义生产方式下，发展的评价指标只关心财富的积累，而不考虑其他因素，由此导致了人与人、人与自然矛盾的不断激化。福斯特吸收了马克思的"新陈代谢断裂"和生态断层思想，并由此推断出资本主义生产方式是生态危机产生的直接原因，提出了用"可持续的方法改造自然"的解决方案。①

相较于福斯特，乔纳森·休斯以马克思的生产力理论对资本主义社会进行了严厉批判。他认为，当生产力发展到一定程度时有可能创造新的思想以适应新社会形式，也可能破坏原有的旧的社会形式。这种创造和破坏，被休斯称为资本主义生产力的"促动效应和破坏效应"②。在休斯看来，"生产力发展的社会效应必须依赖于不同的社会结构的选择，在共产主义社会，生产力发展必然带来人类的普遍福利"。③ 在这一意义上，休斯强调，资本主义生产结构的矛盾不在于资本主义社会"桎梏"了生产力的发展，而在于资本主义社会更多的是为了追求利润而不是为了全人类的"普遍福利"来不遗余力地推动生产力发展，这样的生产力发展是病态的，也是生态危机得以发生的根因。因此，休斯从生产力与生产关系、社会存在与社会意识等基本范畴展开了生态学批判，并试图建构一种代替资本主义社会的生态社会主义社会。

总之，生态学马克思主义从生产方式与生产力结构等方面对理解生态危机的发生与应对生态危机做出了有意义的建构，在"应当做"与"能够做"之间为人类社会发展界定一种有尺度、有制约的"生产力的发展"。这个尺度和制约集中地表现为人与自然的可持续发展、人与他人的和谐发展、人与

① 约翰·贝拉米·福斯特：《资本主义与生态环境的破坏》，《国外理论动态》2008 年第 6 期。

② 参见［英］休斯《生态与历史唯物主义》，张晓琼等译，江苏人民出版社 2011 年版。

③ 王雨辰：《论生态学马克思主义对历史唯物主义理论的辩护》，《哲学研究》2015 年第 8 期。

社会的长远发展。这在本质上就是，我们需要以绿色发展的理念促进生产力发展的同时，化解与防范生态危机。

（二）文化批判是绿色发展的观念前提

进一步来看，生态危机也是人类社会的文化危机，即，不断进步的生产力证明了人类"能够"占有和使用自然资源和创造物质财富，但这种能力是单向度的，人们并未反思一直"能够"占有自然资源以创造物质财富是否"应当"这个本质问题。只有当生态危机威胁到美好生活和人类自由生存时，对生态危机的文化批判才真正开始。绿色发展从"生存""自由"和"尊重"这三个美好生活的理想价值观照人的生存危机，在物化境遇下修正资本主义对物的过度关注和追求，以一种社会文化批判的理论自觉，从人与社会、人与自身关系的角度重新审视生态危机。

从生产力结构出发，绿色发展探讨了相对于客观自然的人类主体在认识、处理人和自然关系上的能动性。但在"应当做"的层面上，绿色发展对生态问题的追问并没有停留于人与自然对立的层面，而是进一步将生态危机作为一个整体性问题进行批判和研究。对此，一些新兴的生态马克思主义者将生态问题进一步推进——纳入上层建筑范畴进行研究。詹姆斯·奥康纳认为，文化与经济基础是交织在一起的，资本主义社会生态危机的产生原因不只存在于经济基础领域，究其根源，是资本主义制度导致了全球化的生态危机。在此基础上，奥康纳批判了资本主义内部的双重矛盾。第一重矛盾是经典马克思主义阐述的经济危机理论，即资本主义生产力结构的矛盾。生产力结构矛盾推动资本主义社会发展，同时生产力和生产关系自身的再生产也极大影响着资本主义的发展。但在奥康纳看来，影响生产力和生产关系再生产的是生产条件，由此他提出了资本主义社会第二重矛盾是生产力结构与生产条件之间的矛盾。第一重、第二重矛盾都是在资本主义体制之内的。因此，从总体上说，资本主义经济危机既是与对竞争、效率、削减成本的过度追求联系在一起的，也是与对工人经济和身心的过度剥削、转移生产成本及因此而来的生态危机恶化程度的加剧联系在一起的。奥康纳由此得出结论认为，资本主义生产在解决生态问题上没有可持续性，因为其制度本身是"反生态"的。①

　　在这一意义上，可以说，以奥康纳为代表的新兴生态学马克思主义者在审视生态危机问题上，对生产制度的批判延伸到了对整个社会制度的批判。这引发了人类对生态危机背景下的社会文化的深刻反思。因为生态危机同时也反映了发展危机、文化危机和人的危机。我们对自然的看法、对科学技术所持的态度以及所具有的消费观念等都在不同程度上影响了我们对发展进程中"能够做"与"应当做"的认识。比如，威廉·莱斯着眼于资本主义社会的自然观，并对其进行批判。他认为资本扩张的无度、"控制自然"的观念使得人们从敬畏自然转变为破坏自然、掠夺自然资源，人类中心主义对人本身的力量的夸大导致人们试图通过征服自然证明人类的能力并获取财富，"控制自然"的自然观最终会在资本主义社会发展成"控制人"的观念。②因此，控制自然的渴望不仅会加深人与自然的矛盾，也会加剧人与自身的矛盾。而科学技术原本是生产力中的重要因素，它一旦被资本主义当作控制自然的工具，人类也将处于技术控制之下。同样地，安德列·高兹也认为近代科学技术的发展加重了生态危机。近代科学使人们愈加相信生产力中科学技术的力量可以无限地控制自然，然而事实却并非如此，虽然科学技术的确提高了人类对自然的控制力，也带来了巨大的财富，但人类并未因此获得解放，反而更受到来自科学技术的控制。这种控制已经成为"异己"的力量把人与自然更加地对立和分裂开来。基于此，高兹认为生态危机的根源是资本主义的技术观。

　　人类控制自然始于对基本需求的满足和对财富的渴望。在资本主义制度之中，人的各种欲望不断扩张，生产活动不再仅是为了满足基本需要，而是为了满足不断膨胀的消费欲望。这种消费欲望的满足表现为以对自然的不断掠夺为代价，最终导致了异化消费观的产生。"历史的变化已使原本马克思主义关于只属于工业资本主义生产领域的危机理论失去效用，危机的趋势已转移到消费领域。"③对生态危机的文化批判也进一步从生产领域进入消费

---

① 参见［美］奥康纳《自然的理由》，唐正东等译，南京大学出版社2003年版。
② 参见［加］威廉·莱斯《自然的控制》，李建华等译，重庆出版社2007年版。
③ ［加］阿格尔：《西方马克思主义概论》，慎之等译，中国人民大学出版社1991年版，第486页。

领域。马克思提出的"商品拜物教"概念意指在资本主义私有制的商品经济下，商品在人与物的关系中以一种异己的、对立的力量统治着人，主客体的关系被彻底颠倒，导致消费不是为了使用，不是为了满足人的需要本身，而是出于一种"虚假的需求"。资本主义社会通过这种"虚假的需求"将不同的人统一为"同一思想、奴化的、没有反抗意识的工具"[①]。对此，弗洛姆和马尔库塞将消费的异化看作异化劳动进入消费领域的结果，而生态学马克思主义者，如莱斯和本·阿格尔在这些思想的基础上将"异化消费"问题引入对生态问题的考察。他们认为，消费取代人的自由全面发展成为发展的最终目的，生产环节造成的人与自然对立逐渐发展为消费环节中人与自身、人与自然的对立，最终导致与美好生活相背离，与生态良好持续发展相背离。

不难发现，生态学马克思主义者对生态危机的整体性文化批判展现了自然观、技术观与消费观的嬗变过程。从这一文化批判中可以看到的是，生态危机集中地体现了人类对待自然的态度、立场和方式，也反映了对人类自身存在方式的思考。生态学马克思主义者试图通过对资本主义自然观、技术观、消费观的文化批判，回答如何实现人与自然、人与他人、人与社会的可持续发展，这对人类社会的生态启蒙有着重要意义。

（三）生态启蒙是绿色发展的思想衍射

绿色发展学认为，"好的发展"是整体性的、综合性的发展，是人与自然、与他人以及与社会的共生共荣，并在价值品格上体现出发展在过去、当下及未来间的美好承续。这种发展观提供了一种重要的生态启蒙，即，人类作为发展的主体，应自觉地秉持生态问题的"应当性"立场，以一种整体的、综合的以及代际的思维审慎对待生态危机问题。

传统人类中心主义的偏颇在于过度强调人的主体地位，并由此形成人与自然对立的思维认识。其实，人与自然并不是对立的存在，共生共荣与和谐统一并不代表人类放弃了主体性地位。保持生态平衡、解决生态危机亦是延续人类生存的必要条件。马克思曾深入考察人与自然的关系，他认为，人类

---

① ［德］马尔库塞：《单向度的人》，刘继译，复旦大学出版社 2012 年版，第 67 页。

把整个自然界作为生活资料、作为人的劳动对象和工具、作为人的"无机的身体",并将人与自然的关系称为"对象性关系"。在这个对象性关系中,自然界表现为感性的自然界,即人的本质对象化的自然界,而"随着对象性的现实在社会中对人说来到处成为人的本质力量的现实,成为人的现实,因而成为人自己的本质力量的现实,一切对象对他说来也就成为他自身的对象化,成为确证和实现他的个性的对象,成为他的对象,而这就是说,对象成了他自身"①。在马克思这里,自然主义和人道主义实现了统一。那么,进一步的问题就是人类应该怎样对待自己"无机的身体"。对于这个问题,马克思在《1844 年经济学哲学手稿》的第三手稿中构想了"共产主义",用共产主义解答了"历史之谜"。在第三手稿中,马克思将"共产主义"定义为扬弃了的私有财产的积极表现,是人的自我异化的积极扬弃。而在这个前提下,只有在社会中人的自然的存在,对他来说才是自己的人的存在,因此,"社会是人同自然界完成了的本质的统一,是自然界的真正复活,是人的实现了的自然主义和自然界的实现了的人道主义"②,这种共产主义构想方式,既是完成了的自然主义,也是一种完成了的人道主义,它是生态危机折射的人与自然、人与自身矛盾的一种真正解决方式。

马克思试图用共产主义解决人与自然的矛盾,他通过推翻资本主义生产方式、进行生产力与生产关系的变革来解答和解决历史之谜。同样,生态学马克思主义者乔尔·克沃尔认为资本主义的生产方式已无法解决生态危机,任何改良的资本主义都是在加速生态破坏,资本主义的社会制度是自私的,它试图保持对世界万物的最高权力。③ 对此,克沃尔构想了一种生态社会主义制度。他从资本的逐利性出发,以异化劳动为基础,认为要推翻资本、消灭交换价值,将人类劳动从资本中彻底解放出来,才能建立一种全新的生产关系。而这一过程必然会遇到资本主义社会利益相关者的阻碍,为此,克沃尔呼吁生态学马克思主义者要以暴力革命推翻资本主义社会。其他生态学马克思主义者并不认同克沃尔激进的生态思想,他们认为,只有跳出人类自我

---

① 卜祥记:《"生态文明"的哲学基础探析》,《哲学研究》2010 年第 4 期。
② 马克思:《1844 年经济学哲学手稿》,人民出版社 2018 年版,第 83 页。
③ 参见 Joel Kovel. *"The Enemy of Nature"*, London & NewYork: ZedBooks Press, 2007.

中心的局限，把人和自然当作一个整体来解读生态危机，才能减弱生态危机所带来的危害。据此，阿伦·奈斯以"深生态学"的观念对人类中心主义和浅生态学进行了批判。① 总的来看，奈斯试图通过价值观念的变革，构建深生态学价值体系。他把整个生态系统看作一个整体，人类自我实现的程度依靠其他生命体的存在，通过自我实现、自我认同达到和谐共生，即"自己活着，也让他人活着"②。在此，奈斯强调人与自然的相互依存关系，生物圈中所有生命体都有平等的生存、发展和实现自身价值的权利。当大多数人总是讨论人类对其他物拥有哪些权力时，奈斯提出，当人类与自然存在利益不一致进而冲突时，更要考虑人类对其他物不能拥有哪些权力，即对"生死攸关的需要"（vital need）的概念重新理解。以往的生态学家在批判人类对环境破坏的同时仍然把人类自身的利益当作最高价值，而深生态学家把生态系统整体的和谐稳定作为根本价值尺度，这为解决人与自然对立关系问题提供了新的范式。正如比尔·德韦尔和乔治·塞欣斯所认为的，要"清楚地认识到'小我在大我中'，而'大我'代表有机整体。当整体面临危险时，没有一个个体能够获救，除非全体都得救"。③ 可以说，生态启蒙是绿色发展对资本主义生态危机文化批判的另一种呈现维度，它主张以一种有机的、整体的和代际的思维方式，以共生共存、持续发展为基本价值依存，强调人与自然的一体性，而非单一性、对立性。这种自觉的启蒙方式超越了人类以往机械地对待自然的思维定式，超越了人类以往单一地解决局部生态问题的行为方式，超越了人类以往仅聚焦于当代人生存环境的关注方式。

三 绿色发展的实现可能：生态良好、生产发展、生活富裕

（一）生态良好：绿色发展的基本目标

没有良好的生态环境，高质量发展将无从谈起，美好生活也将难以实

① 阿恩·奈斯：《深生态运动的基础》，《鄱阳湖学刊》2010年第6期。
② 孟献丽、王玉鹏：《价值与局限：奈斯深生态学思想评析》，《自然辩证法研究》2015年第1期。
③ 王诺、唐梅花：《追问深层生态学》，《南开大学学报》（哲学社会科学版）2015年第1期。

现。从认识论的角度来说，建设良好的生态环境就表现为需要形塑一种人与自然关系的新理念。实际上，在人类如何对待自然的问题上，恩格斯在一百多年前便深刻地指出："我们不要过分陶醉于我们人类对自然界的胜利。对于每一次这样的胜利，自然界都对我们进行报复。每一次胜利，起初确实取得了我们预期的结果，但是往后和再往后却发生完全不同的、出乎预料的影响，常常把最初的结果又消除了。"① 在《1844 年经济学哲学手稿》中，马克思也强调，自然界是相较于人的先在性的客观存在，人是自然界的一部分，人类的生存与发展对自然界具有依赖性。自然界是人类生产生活的物质基础。自然界一次次的无情报复为人类反思如何生存与如何发展敲响了警钟。如何善待自然、保护自然，在自然界允许的限度内实现经济与社会的进步是我们的重大课题。

从实践层面来看，促进生态良好的实现，首先在于全面加大环境污染的综合治理。要以解决大气、水、土壤污染等突出问题为重点，全面加强环境污染防治，持续实施大气污染防治行动计划，加强水污染防治，开展土壤污染治理和修复，加强农业面源污染治理，加大城乡环境综合整治力度。其次，全面加快推进生态保护与生态修复。要坚持保护优先、自然恢复为主，深入实施山水林田湖一体化生态保护和修复，开展大规模国土绿化行动，加快水土流失和荒漠化石漠化综合治理。再次，全面促进资源节约集约利用。生态环境问题，归根到底在于资源过度开发、粗放利用以及奢侈消费。资源开发利用既要支撑当代人过上幸福生活，也要为子孙后代留下生存根基。要树立节约集约循环利用的资源观，用最少的资源环境代价取得最大的经济社会效益。最后，全面强化转变生产发展方式的力度和彻底性，尤其是改变过多依赖增加物质资源消耗、过多依赖规模粗放扩张、过多依赖高能耗高排放产业的发展模式。

（二）生产发展：绿色发展的核心保障

绿色发展作为我们进行发展的价值先导，引领我们在破解发展难题中实现一种更可持续、更高质量的发展。但是，在推进实现绿色发展的实践中，

① 《马克思恩格斯文集》（第 9 卷），人民出版社 2009 年版，第 559—560 页。

我们可能会碰到一个认识误区，即认为绿色发展与生产发展是冲突的。坚持绿色发展必然要求检视和终止那些由于认识的局限性所造成的活动，但这绝不意味着停止任何实践行动。相反，停止生产实践反而会阻碍绿色发展的实现。历史唯物主义认为，人对自然的改造是一直存在和发展着的，离开人对自然的改造，人类生活也将失去现实基础，并且，坚持绿色理念进行生态建设不仅要求终止继续破坏生态环境的行动，更重要的是要对被破坏的生态环境以合理的方式重新改造，使之符合人生存和发展的生态要求。对于已经被破坏的自然环境单靠自然界的运动很难再恢复到之前的状况，更不可能达到人类理想的生态状况，此时，更需通过人类的改造活动来获得理想的生态状况。正确处理社会发展与生态保护的关系，最终要靠生产实践来解决、靠发展的办法来解决，在发展中解决发展的问题。

在实现绿色发展的过程中，在生产发展的具体实践上，我们要辩证认识处理经济与环境之间的关系。怎样认识、如何处理经济发展与环境保护二者之间的辩证关系，实现经济发展和环境保护的内在统一、相互促进和协调共生，是实现绿色发展的关键所在，也是绿色发展理念的主要内容。习近平总书记提出的"绿水青山就是金山银山""保护环境就是保护生产力，改善环境就是发展生产力"等都是辩证分析经济与环境二者之间关系的经典论述。从经济学意义上讲，绿色发展是认可生态自然的价值——发展离不开绿色，只有认可并坚持绿色发展，以绿色作为发展底色，发展才是有质量的、可持续的；同时，发展也是为了更好地"增绿"——只有通过发展不断厚积强大物质财富与增进技术创新，才有条件增加环境治理投资、强化技术创新，才有可能提高效率、减少排放、治理污染，改善生态环境。因此，对绿色发展的总体内涵应从两方面来把握：一是经济"绿色化"，二是绿色"经济化"。经济"绿色化"强调，经济发展应依靠研发技术创新支撑的全要素生产率提高，实现经济绿色低碳循环持续发展。党的十九大提出，中国"要建设的现代化是人与自然和谐共生的现代化，既要创造更多物质财富和精神财富以满足人民日益增长的美好生活需要，也要提供更多优质生态产品以满足人民日益增长的优美生态环境需要"。换言之，仅有物质财富的现代化已经不能满足人民对美好生活的向往，人民还需要更多优质生态产品和优美生态环境。因此，不能单纯追求经济增长，更不能以牺牲生态环境为代价追求经济增长，要兼顾经济增长和环境改善。绿色"经济化"强调，通过制度创新和政策设计，使资源环境可持续性成为新的增长点，转化为生产力，内生地实现经济发展与生态环境保护相协调。习近平总书记指出："绿水青山就是金山银山。保护生态环境就是保护生产力，改善生态环境就是发展生产力。"① 当生态产品和环保活动能够盈利并创造经济效益时，环境治理、环境投资与建设以及绿色产品研发等，都能成为盈利的经济活动。此时，生态产品和环保活动将成为经济增长与发展的重要支撑，为经济增长提供新的增长点，对于构建绿色发展的长效机制尤为重要，同时也可以提供更多优质生态产品满足人民日益增长的美好生活需要。《中华人民共和国国民经济和社会发展第十四个五年规划和 2035 年远景目标纲要》中的数字中国战略和文化中国战略就充分体现了绿色发展理念。一方面，数字赋能实际上也就是绿色赋能，借助培育壮大人工智能、大数据、区块链、云计算、网络安全等数字产业，实施"上云用数赋智"行动，能极大地推进数字社会建设，推进智能公共服务、智慧城市和数字乡村、消费场景数字化、智慧服务圈的发展。同时也能加速推进数字政府建设，推动企业登记信息开放和公共数据开放共享，在很大程度上推进社会整体的数字化水平，极大降低各类信息成本和交易成本，推进社会绿色发展。另一方面，文化中国特别强调推动生活方式绿色化，促进文化社区融合，推进文化场馆免费开放和数字化发展，建设"书香中国"，实施文化产业数字化战略、文化品牌战略，推进人民生活方式的绿色化。

　　我们知道，现代生态环境危机问题，归根结底是由于人们不合理的生产生活方式造成的。可见，生产生活绿色化是实现绿色发展的关键，是摆脱生态环境危机的根本之策。绿色发展是在传统发展基础上的一种模式创新，是建立在生态环境容量和资源承载力的约束条件下，以资源节约、环境友好的方式获得经济增长的一种新型发展模式。绿色发展不是对传统工业化模式的修补，而是发展方式的根本性转变，是发展质量和效益的突破性提升。绿色发展是理念，更是实践。绿色发展体现的是人和自然作为一个生命共同体相互支撑、紧密依存、共生共荣的过程。绿色发展作为一项长期工程、持续性

---

① 《习近平谈治国理政》（第 2 卷），外文出版社 2017 年版，第 209 页。

工程、系统工程，既需要政府将环境问题当作重大政治问题、民生问题、社会问题和文化问题，坚持绿色执政和绿色行政及依法执政和依法行政；也需要企业承担环境社会责任，坚持清洁生产、循环发展、低碳发展和安全发展等绿色生产方式；更需要社会公众树立生态环保理念，坚持绿色生活方式、绿色消费方式和绿色行为方式。

（三）生活富裕：绿色发展的最终旨归

当前，我们已全面建成小康社会，接下来，我们要向建成富强民主文明和谐美丽的社会主义现代化强国目标奋进。而我们要建设的现代化是人与自然和谐共生的现代化，既要创造更多物质财富和精神财富以满足人民日益增长的美好生活需要，也要提供更多优质生态产品以满足人民日益增长的优美生态环境需要。实现这一目标的途径便是绿色发展。只有深入践行绿色发展理念，坚持节约优先、保护优先、自然恢复为主的方针，形成节约资源和保护环境的空间格局、产业结构、生产方式、生活方式，才能够实现人与自然和谐共生的现代化。

总的来看，绿色发展走的是生产发展、生活富裕、生态良好的文明发展道路，通过治理生态危机带来的发展制约，促进生产发展，实现生活富裕也是绿色发展的价值归旨。这里的生活富裕不仅是指经济水平上的富裕，更是精神上的富裕。充分实现精神上的富裕，就是要将绿色文化、绿色价值观根植人心。坚持绿色发展是发展观的一场深刻革命。在传统发展模式中，社会发展的价值偏好以经济主义、利益本位为主，绿色价值观则认为，经济只是生态大系统中的一个子系统，发展必须坚持系统性原则、整体性原则、可持续原则、综合公正原则，辩证处理经济与资源、自然、环境、人口等关系，正确处理义与利、公平与效率、局部与全局、当前与长远等关系。

培育和树立绿色文明价值观，将推动形成新的价值诠释体系，丰富社会伦理道德内涵，树立引导人类行为的新标杆。绿色价值观包括诸多新观念新规则，绿色生产和绿色生活方式与我们每个人的日常行为息息相关，体现着人们对绿色价值观的认同度与践行力，直接关系绿色发展和生态文明建设。推动绿色文化繁荣发展、推动绿色价值观深入人心，要像保护眼睛一样保护生态环境，像对待生命一样对待生态环境；树立绿色的生活方式和消费观，

"用之无节，取之无时"将后患无穷；树立绿色 GDP 文化，不能把 GDP 作为衡量经济发展的唯一指标。单纯依靠刺激政策和政府对经济大规模直接干预的增长，只治标、不治本，而建立在大量资源消耗、环境污染基础上的增长则更难以持久。要提高经济增长质量和效益，避免单纯以国内生产总值增长率论英雄。以法律法规推动绿色发展落地生根，制定实施生态保护补偿条例，加大重点生态功能区、重要水系源头地区、自然保护地转移支付力度，推进八大重要生态系统保护和修复工程。对《环境保护法》的修订就集中体现了党和国家对加强环境保护法治、努力破解环境污染难题、大力推动绿色发展的坚定决心，必须形成全面、完善、长效的环境治理机制体系，为调整经济结构、转变发展方式、实现高质量发展保驾护航。

第 十 章

开放发展与话语建构

开放是一个国家繁荣发展的必由之路。改革开放四十多年来，中国秉持互利共赢的开放战略，坚持引进来与走出去并重、引资和引智并举，积极参与全球经济治理和公共产品供给。党的十八大以来，以习近平同志为核心的党中央提出了一系列关于开放发展的重要论述，党的十八届五中全会提出坚持开放发展，既向世界表明了"中国开放的大门永远不会关上"的世界立场，也揭示了"中国的命运与世界的命运息息相关"的共赢逻辑。2021 年11 月，在第四届中国国际进口博览会开幕式上，习近平总书记指出，"开放是当代中国的鲜明标识。今年是中国加入世界贸易组织 20 周年。20 年来，中国全面履行入世承诺，不断扩大开放，激活了中国发展的澎湃春潮，也激活了世界经济的一池春水。这 20 年，是中国深化改革、全面开放的 20 年，是中国把握机遇、迎接挑战的 20 年，是中国主动担责、造福世界的 20 年。这 20 年来中国的发展进步，是中国人民在中国共产党坚强领导下埋头苦干、顽强奋斗取得的，也是中国主动加强国际合作、践行互利共赢的结果"①。中国以开放发展的实践证明，中国不是全球公共问题的观望者，也不是经济全球化的搭便车者，而是全球治理的积极参与者与贡献者。当今世界正处于百年未有之大变局，国际权力结构加速变化，中国在日益走近世界舞台中央的进程中，面临着全球治理失灵与主体代表性不足的话语困境、全球化加速转型与"逆全球化"思潮的开放困境以及全球性问题"泛化"及其治理复

---

① 李学仁、李响：《习近平在第四届中国国际进口博览会开幕式上发表主旨演讲 强调中国将坚定不移维护真正的多边主义，坚定不移同世界共享市场机遇，坚定不移推动高水平开放，坚定不移维护世界共同利益》，《人民日报》2021 年 11 月 5 日第 1 版。

杂化的合作困境,其根源在于不公正不合理的国际政治经济旧秩序。① 在此背景下,中国提出了推进制度型开放和形塑制度性话语权的应对之举。如何在国家个体理性与国际关系理性的统一中,推进国际规范演进、塑造制度性生态,关乎中国与世界未来的稳定与发展。

一 话语权:开放发展的时代吁求

1927 年,鲁迅先生曾在香港作过一场题为"无声的中国"的演讲,今日之中国,早已不再囿于"无声"的困境,但身处开放发展的时代,该发出什么声音,如何更有效地发声成了新的课题。

(一)话语与话语权

近年来,"话语"(discourse)被广泛地运用于人文社会科学研究领域和人们的社会生活,"这个曾经令人望而生畏、敬而远之的艰涩词汇如今俨然成为一个流行词,频频为人们挂在口边,见诸报端"②。但关于"话语的规范性概念是什么""话语是如何形成的"等基本问题的探讨,学者们的理解不尽相同、莫衷一是。从语源学上看,"话语"(discourse)来自拉丁语,其词头"dis"意为"穿越、分离、对称",词根"coursus"则表示"线路、行走",组合而成的大致意思是对事物演绎、推理和叙说的过程。③ 戴维·克里斯特尔在其主编的《现代语言学词典》中指出,话语是"指一段大于句子的连续语言(特别是口语)","从最一般的意义上讲,一段话是指语言学中具有前理论地位的一个行为单位:它是一些话段的集合、构成各种可识别的语言事件"④。现代语言学之父费尔南·德·索绪尔区分了"语言"(language)和"言语"(parole),并认为,前者是言语活动中的社会部分,是人类代代传习的由语法、句法和词汇构成的语言系统以及社会上约定俗成

---

① 郭锐、孙天宇:《制度性话语、制度性开放与制度性合作——全球治理体系变革的中国探索》,《教学与研究》2020 年第 8 期。

② 胡春阳:《话语分析:传播研究的新路径》,上海人民出版社 2007 年版,第 27 页。

③ 张宽:《Discourse(话语)》,《读书》1995 年第 4 期。

④ [英]戴维·克里斯特尔:《现代语言学词典》,沈家煊译,商务印书馆 2000 年版,第 111 页。

的法典、规范与标准等方面内容，具有相对固定性；后者则是言语活动中受个人意志支配的部分，带有个人发音、用词和造句的特点。① 苏联学者巴赫金对索绪尔代表的结构主义进行了批判，主张采取将语言认作行为的动态研究方法。他认为，话语是由"作为话题的事物""话主的意向和立场"以及"对他人话语的态度"所构成的，并且辨析了话语与对话的相互关系。作为批判性话语分析学派的代表人之一，诺曼·费尔克拉夫指出，话语和社会结构之间存在一种"辩证关系"，一方面，话语被社会结构所构成并受其制约；另一方面，话语又在形塑主体的社会身份、社会关系、知识和信仰体系的过程中，发挥着建构性功能。② 国内较早聚焦话语研究的学者范晓认为，"话语是由两个相互依存的部分组成的，一部分是话语内容，也就是言语表达的思想内容；另一部分是话语形式，也就是言语者借以表达思想的形式，这种形式就是语言，这是一种现实的、具体的语言，是族语的个别形态，是族语的存在形式"，是"语言和思想的结合体"。③ 学者黄兴涛将话语分析置于中国近现代思想文化史的发展脉络，认为"所谓'话语'，实际上指的乃是一些非'实在'而有价值倾向性和权力支配性的说辞，它有建构知识和现实的能力"④。陈锡喜则主张在信息传递的过程中把握话语，他认为，主体一方面要基于自身对信息的认识，加以选择、创造特定的概念、词语进行传播；另一方面主体在认识、理解和把握信息的过程中，必然融入自身的价值判断，使之为自己及其所在的群体服务。在此意义上，话语必然是语言符号和价值观念的统一体。⑤

综合不同的学科范式和知识谱系，可以从三个方面对"话语"予以规定。首先，话语是静态与动态的统一体。从静态的角度而言，符号是话语的核心组成部分和主要表现形式，只有形成以特定的语音、词句、认知、情感、意志、动作等具体承载的符号系统，话语才有发生的可能。从动态

① ［瑞士］费尔南·德·索绪尔：《普通语言学教程》，裴文译，江苏教育出版社2001年版，第15—17页。

② ［英］诺曼·费尔克拉夫：《话语与社会变迁》，殷晓蓉译，华夏出版社2003年版，第60页。

③ 范晓：《语言、言语和话语》，《汉语学习》1994年第2期。

④ 黄兴涛：《"话语"分析和中国近代思想文化史研究》，《历史研究》2007年第2期。

⑤ 陈锡喜：《马克思主义：意识形态和话语体系》，华东师范大学出版社2011年版，第35页。

的角度来看，随着社会交往活动的丰富和人类认知的增长，符号系统会日益复杂，话语的形式和内容也会动态发展。其次，话语是定量与定性的结合体。从定量的角度看，话语交流是特定符号的存在方式和运动状态的表现形式，其实可以将话语理解为一种可量化的信息。从定性的角度看，话语不仅是社会意识的映射，它还能通过人类的实践活动，使现实世界朝着话语的指向去发展。正如巴赫金所说，话语"无不充盈着社会情态和意识形态内容，无不具有事件性、指向性、意愿性、评价性，并渗透着'对话的泛音'：与其说是话语的纯粹符号性在这一关系中重要，倒不如说是它的社会性重要……话语将是最敏感的社会变化的标志"。① 最后，从功能性分类的角度看，话语具有信息传递、思维规范和思想教化三大功能，可据此作不同的分类。就信息传递的话语形式看，可分为书面话语、口头话语和体态话语。就规范思维的话语来源来看，可分为政治话语（含制度话语）、学术话语和日常生活话语。就教化思想的社会地位看，可分为主流话语与非主流话语。②

　　话语建构的目的是获取话语权。那么，什么是话语权呢？立足"权"的内涵解析，话语权表现为两个具体面向：一方面是指"话语的权利"，即人们在制度上获得了使用"话语"的授权，在利益上分享了"话语"的好处；另一方面是指"话语的权力"，其表达的是人们对话语支配的"能力"和"程度"。本质上，这是一个关于"话语"资源的分配问题，在应然的意义上，这种分配以"人人普遍享有"为价值准则与伦理基础，但实际上，因为阶级的存在而表现出以"享有与否及多寡"作为实然的格局。因此，"话语权"内含伦理与阶级两个基本维度，伦理维度体现为"权利"内涵，阶级维度则体现为"权力"意蕴。③ 而在米歇尔·福柯的理论范式中，话语与权力休戚相关。福柯认为"在任何社会中，话语的生产都会按照一定的程序而被控制、选择、组织和再传播。其中隐藏着复杂的权力关系。任何话语都是权力关系运作的产物，甚至可以说话

---

① ［苏联］巴赫金：《巴赫金全集》（第 2 卷），钱中文译，河北教育出版社 1998 年版，第 359 页。
② 陈锡喜：《马克思主义：意识形态和话语体系》，华东师范大学出版社 2011 年版，第 39—40 页。
③ 参见张健《话语权的解释框架及公民社会中的话语表达》，《湖南行政学院学报》2008 年第 5 期。

语本身是一种权力"。① 也有学者从分析话语的本质和功能出发，指出话语权有两个层次含义：一是从话语传播内容的角度，将话语权界定为话语本身对客观世界的解释力和说服力，即所谓"软权力"；二是从话语传播形式的角度，认为话语权是信息传播者通过对媒介的控制并拥有传播主体信息的权力，即所谓"硬权力"。② 然而，对于话语权的这一界定显然是受到约瑟夫·奈的启发。奈在《硬实力与软实力》一书中提到："软实力是指文化和意识形态的吸引力，或政治议程的控制力"，"在信息时代，软实力不仅依赖于文化和理念的普适性，还依赖于一国拥有的传播渠道，因为它能够对如何解释问题拥有影响力。"③ 奈的软实力理论在某种程度上很好地解释了话语权在整个国际政治权力体系中的重要性。还有学者关切话语权特别是意识形态话语权的现实发展及其实质，认为话语看似纯粹是思想的表达形式，其实是经过选择和包装的历史内容，"流行话语"则往往潜藏着话语霸权。当代西方意识形态的扩张与渗透，更多是以"全球话语"和"普世价值"的方式实施的。④ 这种观点可以说是与葛兰西的文化霸权理论不谋而合。在葛兰西看来，"社会集团的领导作用表现在两种形式中——在统治的形式中和'精神和道德领导'的形式中"⑤，资本主义在其统治中，是通过被统治者的"认同"实现对社会文化和思想领域的全面控制，而这种"认同"所表征的正是一种"被遮蔽"的权力关系。

综上所述，学者们在理论剖析和现实观照中较为完整地勾勒出了话语权的知识图谱。首先，对话语权利与话语权力的区分揭示了话语权的自然属性和社会属性。从权利确认的角度把握话语权，意味着主体具有一种与生俱来的表达资格与话语自由，这不仅为意见的输出与传播创造了更多可能，也赋予了话语权一种天赋人权意义上的价值正当性。而话语的"权力"意义则体现为，我们似乎身处一个人人都有麦克风的时代，但实然状况是，谁掌

---

① ［法］米歇尔·福柯：《规训与惩罚》，刘北成、杨远婴译，生活·读书·新知三联书店1999年版，第89页。

② 陈锡喜：《马克思主义：意识形态和话语体系》，华东师范大学出版社2011年版，第52—53页。

③ ［美］约瑟夫·奈：《硬实力与软实力》，门洪华译，北京大学出版社2005年版，第153页。

④ 侯惠勤：《意识形态的变革与话语权——再论马克思主义在当代的话语权》，《马克思主义研究》2006年第1期。

⑤ ［意］安东尼奥·葛兰西：《狱中札记》，葆煦译，人民出版社1983年版，第316页。

握了话语，谁就有资格和能力说话，以及决定以什么样的逻辑、规则、价值观和意识形态来影响话语受众。因此，权利是话语权的基础，而权力才是话语权的本质，两者共同构成了话语主体与话语受众的内部互动。同时需要注意的是，权威也是话语权获取的基本途径之一，其作用逻辑是人们基于对话语主体的信任，而推崇其话语体系。当权力与权威统一于话语主体时，意识形态的传播是畅通无阻的；当权力与权威背离时，意识形态的功能发挥则会遭遇一定程度的阻碍。其次，话语权的特性需要从话语权的产生过程进行分析。美国著名政治学家哈罗德·拉斯韦尔在《社会传播的结构与功能》中提出了著名的5W传播模式（"5Ws" of Communication），即传播过程的五个基本构成要素是谁（Who），说了什么（Says What），通过什么渠道（In Which Channel），对谁说（To Whom），取得了什么效果（With What Effect）。如前所述，话语权是在话语传播中得以生成和正名的。在此意义上，可以借鉴5W传播模式对话语权的产生过程和构成要素展开解析，即话语主体依托一定的话语载体和传播媒介，将特定的话语内容定向投送给话语客体，以对客体产生认知和行为影响。话语主体对话语客体的影响既可以通过设置话语禁区、构建话语规则等规制性的手段来实现，也能够通过话语内容的吸引力和话语传播的渗透性使受众学而不察、用而不觉。据此，我们认为话语权的特性可以概括为话语主体的垄断性、话语设置的自为性和话语传播的引导性。最后，可以根据话语权的构成要素对其进行分类。按照话语主体，可以将话语权分为个人话语权、机构话语权和国家话语权。按照领域划分，话语权由政治话语权、经济话语权、文化话语权和学术话语权构成。以传播媒介为标准，则可以将话语权分为传统媒体话语权和网络话语权。

（二）中国话语权的时代出场

对于何为中国话语权，学者们进行了多维度的解读。有学者从中国话语权与中国实践的关系角度切入，认为中国话语权是对中国道路、理论和制度实践的言论表达、陈述、解释与评价的合理性、合法性。[①] 也有学者突出话语权的凝聚功能和权力导向，将中国话语权定义为"中国特色社会主义道

---

① 谭培文：《中国实践与中国话语权》，《光明日报》2015年1月15日第16版。

路、理论、制度和文化在中国人民群众中的认同感和归属感，在国际公共事务中的'发言权'和影响力"①。还有学者对中国话语与中国话语权进行了概念辨析，指出所谓中国话语是指当代中国话语，其所涉及的主要不是表达方式，而是表达内容。中国话语所要表达的内容是国家立国依据和治国指导的思想体系，这种思想体系是通过理论呈现的，因而中国话语可以说就是中国理论。中国理论的核心是以中国道路、中国态度、中国主张为要义的中国价值，在一定意义上，当代中国话语就是中国价值观的表达。有人将中国话语权理解为中国声音，这是不正确的。话语权所要达成的现实目标是让发声为别人听、别人学、别人照着做，因而中国话语权所指的是中国价值及其话语对世界上其他国家的影响力。中国话语是中国话语权的前提，当前中国已构建了以中国特色社会主义理论体系为基本形态的中国话语，改革开放以来的中国奇迹也引起了其他国家对中国理论的关注，但中国话语、中国价值为世界上其他国家接受的程度还有待提高。② 应当说，对中国话语与中国话语权的概念辨析切中了问题的要害，从根本上澄清了今日之中国，在前所未有地接近实现中华民族伟大复兴的目标，前所未有地靠近世界舞台中央的发展进程中，面临的时代挑战不在于中国声音的大小，而在于如何将中国理论讲清楚、将中国价值传播开。

在历史的坐标轴上，中国话语权的发展经历了几次重要转向。从汉唐盛世到康乾盛世，中华文化以其深厚的底蕴、深沉的智慧辐射四方。近则泽被四邻，日本、琉球、新罗和高丽、越南及东南亚诸国，世受华风濡染；远则惠及世界，欧洲掀起的"中国热"不仅使中国的园林建筑、服饰等为欧洲人模仿，也为启蒙运动积淀了思想资源。中华传统话语从古而今从未断裂，儒家文化与基督文化、伊斯兰文化和印度文化交相辉映，备受敬仰。近代以来，中国在西方列强的坚船利炮中被迫打开国门，建立在农业文明基础上的封建制度被以工业文明为基础的资本主义制度所侵蚀、所取代、所超越，中华民族因为综合国力的落后而失语、挨打。与此同时，西方话语占领文化和

① 张传泉：《中国话语权面临的挑战和路径选择》，《重庆大学学报》（社会科学版）2017年第5期。
② 江畅：《中国话语与中国话语权之辨析》，《文化软实力研究》2016年第4期。

意识形态的高地，在话语议题的设置中将特殊利益上升为普遍利益，在话语争议的主导中对其他国家的话语表达品头论足。西方话语的汹涌而至，使得中华传统话语被挤到历史的暗角，陷入难以发声的艰难境地。而毛泽东在新民主主义革命的话语建构与话语实践中，不仅实现了马克思主义西方话语向中国化马克思主义话语的转换，也在价值观念和身份认同的形塑中带领中华民族走向新的发展起点。此后，中国以独立自主的和平外交政策为根本遵循，以承担国际责任为道义基础，以多边合作机制为重要保障，以维护国家主权、安全和发展利益为底线坚守，在历经曲折探索、缓慢发展和稳步提升中逐渐构建起国际话语权。[①] 2013 年，在全国宣传思想政治工作会议上，习近平总书记提出了"扩大中国话语权"的重要任务[②]，话语权的建构成为开放发展的时代吁求。

开放发展是一个国家融入全球经济的必然选择。党的十八大以来，以习近平同志为核心的党中央准确把握和平、发展、合作、共赢的时代潮流和国际大势，审时度势地提出了一系列开放发展的重要论述，开展了一系列开放发展的伟大实践，以一种开放合作的共赢逻辑向世界表明了"中国开放的大门永远不会关上"的基本立场。开放发展既要求在开放布局的不断优化、开放领域的不断拓宽、开放体制的不断完善中发展更高层次的开放型经济，也呼唤在责任原则、公平原则、互惠原则的坚守中构建广泛的利益共同体。随着对外开放广度与深度的不断扩展，中国在参与国际合作与竞争的过程中也面临着新的机遇与考验。首先，开放发展包含着越来越稠密的信息联系，在跨国交往的过程中，广义的信息能力可能会成为最为关键的权力资源。[③] 田中明彦也认为"文字政治"（word politics）在世界政治中的地位越来越重要。事实也的确如此，随着信息流在全球范围内快速传播，民族国家之间的控制边界日益模糊，发达国家通过经济、政治、文化、娱乐、知识等带有资

---

①　殷文贵、王岩：《新中国 70 年中国国际话语权的演进逻辑和未来展望》，《社会主义研究》2019 年第 6 期。

②　《习近平在全国宣传思想工作会议上强调 胸怀大局把握大势着眼大事 努力把宣传思想工作做得更好》，《光明日报》2013 年 8 月 21 日第 1 版。

③　［美］罗伯特·基欧汉、约瑟夫·奈：《权力与相互依赖》，门洪华译，北京大学出版社 2012 年版，第 242—244 页。

本主义意识形态特征的信息渗透，不断表达和增强国家的"在场感"，试图在全球范围内打造信息无边界国家，在信息的生产、获取、传播和利用中掌握主动权，成为国家发展的"制高点"。其次，在霸权时代向共赢时代、资本主义世界化向新型全球化、中心—边缘结构向网络化扁平结构转化的过程中，美国接连不断地对一些重要多边双边国际协议乃至国际组织、国际会议"退群"、退会、拒签、退约，而且愈演愈烈。① 在此背景下，中国的开放发展既迎来了建立新秩序、新规则、新体系的机遇，也面临着美国极端霸权主义、民族主义和逆全球化思潮下的开放困境。最后，对于开放中国的复兴，西方国家本能性地予以警惕，并创设了一套给中国模式"定性"的话语体系。从"北京共识"到"华盛顿共识"、从"极权主义国家"到"威权资本主义政权"、从"历史终结论"到"文明冲突论"、从"中国威胁论"到"国强必霸论"、从"大国责任论"到"中国机遇论"、从"C 型包围圈"到"价值观外交"，"西方凭借强权地位制造了一拨儿又一拨儿的话语，要么影射中国，要么剑指中国；要么捧杀中国，要么棒喝中国"②。如何在西方的话语霸权中打入离心化的"楔子"，在开放发展中坚守社会主义的底色与本色，是中国开放发展的意识形态难题。

在开放发展的时代语境下，中国话语权的出场是中华民族从站起来、富起来到强起来的题中之义。当今世界，从基础构成到国际载体、从价值观到文明体系、从规则规范到行为实践，都在历经历史性的转型发展。从国家话语权视角分析，这种国际体系的转型，实际上就是一个在原有的国际权力结构体系发生变化后，国际话语权的分配与世界各国之间的权力结构从失衡、调整、再趋于新的平衡的过程。③ 随着对外开放深度和广度的不断拓展，形塑中国话语权一方面是顺应国际体系转型的必然选择。在处理国际事务时，只有以更加主动积极的姿态参与国际规则的立、改、废等议程和程序，才能在国际形势的变局中开中国话语的新局。另一方面，加强话语建设也是实现国家发展战略目标的内在要求。对内改革和对外开放统一于中国的现代化发

① 姜键：《美国"退群"的根本原因及其严重后果》，《思想理论教育导刊》2020 年第 7 期。
② 陈曙光：《中国时代与中国话语》，《马克思主义研究》2017 年第 10 期。
③ 陈正良：《软实力发展战略视阈下的中国国际话语权研究》，人民出版社 2016 年版，第 119—120 页。

展事业，在"走出去"的过程中，外部的话语喧嚣也会不可避免地被"引进来"，从而可能诱发一些迟滞或扰乱全面深化改革的风险与困难。为此，必须以中国话语的在场有效支撑中国故事、系统阐明中国道路，在他者认同和自我认同的共促共进中实现中华民族的伟大复兴。

二 从参与性话语权到制度性话语权

中国话语权的建构过程是中国近现代史的缩影。在中华民族站起来、富起来到强起来的历史进程中，作为主权国家的中国也从国际事务的被动参与者逐步成长为主动建设者，从"被动地服从规则"逐渐转变为"主动地制定规则"，推动了中国话语权的跨越式发展。

（一）中国话语权的历史叙事

鸦片战争以后，中国开始沦为半殖民地半封建社会，国际地位一落千丈，国际话语权几乎为零。1949 年 10 月 1 日，新中国在错综复杂的世界格局中孕育而生，由此揭开了中国共产党带领中国人民探索中国式现代化道路的新篇章，也开启了新中国融入世界体系、参与国际事务、谋求中国话语权的新征程。

从新中国成立初期到 20 世纪 80 年代，中国话语权在霸权话语的围追堵截中艰难起步，并表现出了一份独特的理念贡献能力。为了彻底清除帝国主义在华的残余势力和不平等条约，新中国实行了"一边倒""另起炉灶""打扫干净屋子再请客"的外交政策，为谋求独立自主、公平正义的国际地位和国际话语奠定了基础。在历经了独立研制"两弹一星"、赢得抗美援朝和援越抗法斗争的胜利、恢复联合国合法席位等一系列标志性事件后，中国的国际地位和国际声誉得到了一定程度的提升。在此过程中，面对美国敌视中国的政策、炮制"两个中国"的话语阴谋以及苏联全球战略的步步紧逼，中国相继提出了和平共处五项原则、求同存异方针、"两个中间地带"思想、"两个拳头打人"战略、划分"三个世界"理论、"一条线，一大片"构想等国际关系新理念新思想新主张，使得国际社会始终无法忽视中国声音，无法忽视中国作为一个发展中大国而存在的事实。其中，周恩来在会见印度政府代表团时提出的和平共处五项原则从亚洲走向世界，成为国际关系的基本准则，时至今日仍焕发着中国话语的生命力与感召力；毛泽东提出的关于"三个世界"划分的理论，至今仍被写入一些西方国家的国际政治学教科书；毛泽东思想不仅引发了西方右派、自由派和新左派学者关于"毛泽东思想有没有原创性""毛泽东思想与马克思主义、列宁主义以及传统文化的关系"等问题的两次大论争，还被美国总统肯尼迪摆上案头。但从总体上看，这一时期受制于美苏冷战的时代背景和综合国力的质性差异，中国话语权的建构主要着眼于两个阵营的对抗和意识形态的较量，缺乏对设计话语平台、把握话语技巧、研究话语对象、建设话语队伍等的战略性筹划。中国做出的种种努力更像是"作为现实国际体系的弱势者反对强权政治、维护基本的国际公平正义和自身国家利益所作的勇敢的抗争努力"①。

从 20 世纪 80 年代到 2008 年，中国走向世界，积极融入国际体系，但主要是接受以西方话语体系为主导的话语、议题和规则。20 世纪 80—90 年代，中国围绕经济、安全、环境等议题，积极加入相关国际组织和国际机制，中国话语权建设迎来发展机遇。在经济领域，中国于 1980 年恢复国际货币基金组织和世界银行的席位。在安全领域，1988 年中国加入联合国维持和平行动特别委员会，1992 年签署《禁止化学武器公约》，1996 年签署《全面禁止核试验条约》。此外，中国对传染病、跨国犯罪等问题予以关注，尝试在非传统安全领域创造合理合法的发声机会。在环境领域，1998 年中国签署了《京都议定书》，致力于减少温室气体排放。2001 年，中国加入世界贸易组织，这是中国深度参与国际规则制定和国际机制建设的起点。在世贸组织多哈回合谈判中，中国发挥了"促发展、求共识"的建设性作用，在管理机构程序、争端解决机制、反倾销规则等方面，提出了多项改革倡议。这一时期，中国虽然已逐步成为绝大多数国际组织的成员国，并积极参与多边外交活动，但由于党和国家将工作重心转移到经济建设上来，在国际舞台上有意保持着低调和守拙的姿态，奉行"韬光养晦，有所作为"的外交政策，在战略定位上"不当头"，在行动计划上"不冒进"，中国由此常常陷入"被定义""被歪曲"的尴尬境地，中国话语权也开始遭遇一些不曾

---

① 陈正良：《软实力发展战略视阈下的中国国际话语权研究》，人民出版社 2016 年版，第 144 页。

有的矛盾。例如，随着苏联的解体，国际格局进入新的转换期，曾经致力于改变国际政治经济旧秩序的第三世界国家走向日益严重的分化。在此情况下，中国话语不仅得不到西方世界的认同，甚至在一定程度上失去了发展中国家的信任与拥护，"中国在外表上越来越具有大国特征和在实质上长期处于发展中水平的反差，使得中国在向全世界表达自我的时候遭遇了话语断裂的危机"①。

2008 年全球金融危机爆发后，资本主义制度的固有弊端暴露无遗，"华盛顿共识"的神话被打破。借此契机，中国以实力和行动使话语权建设呈现出焕然一新的面貌。2009 年 4 月初在伦敦召开的 G20 峰会被称为"国际社会应对历史罕见的国际金融危机的重要里程碑"，在会上，中国全面阐述了应对金融危机、提振世界经济、推动体系改革的中国主张。而在 2009 年 9 月召开的匹兹堡峰会上，中国关注的议题无一例外得到了体现。在会议结束时发表的《领导人声明》中，承诺将新兴市场和发展中国家在国际货币基金组织的份额至少提高 5% 以上；决定发展中国家和转型经济体在世界银行将增加至少 3% 的投票权；宣布 G20 将取代 G8 成为永久性国际经济协作组织，这些无疑都凸显了中国话语权的提升。② 党的十八大以来，习近平总书记提出了一系列顺应世界发展潮流和国际社会根本利益的话语概念，如实现中华民族伟大复兴的中国梦，共建"丝绸之路经济带"和"21 世纪海上丝绸之路"的"一带一路"倡议，推动构建相互尊重、公平正义、合作共赢的新型国际关系，推动构建持久和平、普遍安全、共同繁荣、开放包容、清洁美丽的人类命运共同体，秉承"亲、诚、惠、容"和"睦邻、安邻、富邻"的周边外交理念，坚持共同、综合、合作、可持续的全球安全观以及理性、协调、并进的核安全观，共商、共建、共享的全球治理观，讲信义、重情义、扬正义、树道义的正确义利观等，③ 中国话语开始被国际社会所认可与接受。其中，"人类命运共同体理念是习近平国际话语中具有最高价值理

①　赵可金：《中国崛起与对外战略调整》，《社会科学》2010 年第 9 期。

②　陈正良：《软实力发展战略视阈下的中国国际话语权研究》，人民出版社 2016 年版，第 157—158 页。

③　殷文贵、王岩：《新中国 70 年中国国际话语权的演进逻辑和未来展望》，《社会主义研究》2019 年第 6 期。

念的话语，是国际话语权构建的制高点"。^① 2017 年 3 月 17 日，联合国安理会一致通过关于阿富汗问题的第 2344 号决议，呼吁国际社会共同"构建人类命运共同体"。2017 年 3 月 23 日，"构建人类命运共同体"的中国方案又被载入联合国人权理事会第 34 次会议通过的关于"经济、社会、文化权利"和"粮食权"的两个决议之中。^② 同时，金砖国家峰会、亚信会议、APEC 会议、G20 峰会、上合组织峰会、达沃斯论坛、博鳌亚洲论坛、中非合作论坛等重要国际会议相继在中国举办或召开，中国以主场外交的形式全力搭建话语平台，向世界传递中国精神、贡献中国智慧、提供中国方案，不断提升中国的政治参与力、舆论引导力和国际感召力。联合国工业发展组织前总干事卡洛斯·马格里诺斯就此指出："中国俨然已成为推进全球治理的负责任的贡献者，并成为拉动世界经济摆脱危机的积极主力。"^③

可以说，中国话语权的建构过程在一定程度上就是新中国参与国际体系的历史进程，尽管困难重重、一波三折，但总体上呈现出一种从无到有、从弱到强的发展态势。从参与范围上看，从新中国成立初期基本游离于国际体系之外，到后来有选择的参与，再到广泛参与，最后到积极发挥建设性作用，中国在融入世界体系的过程中，面对各种国际事务和全球问题，坚持以自己的话语主张和价值标准主动定位。在参与国际体系的目标设定方面，从"韬光养晦"战略下只关注切身利益相关问题，重视国内需求，在大多数国际场合主动成为一个被动参与者、沉默寡言者或中立弃权者，到奉行"有所作为"理念，在国际规则和标准的制定中发挥影响力，有效保障自身的合理权益，同时展现大国担当，倡导"提升全球发展的公平性、有效性、包容性，努力不让任何一个国家掉队"^④，中国话语的正当性不断显明、信誉度不断提高、感召力不断增强。从中国对国际体系的态度来看，从早期对国际规则和国际组织的怀疑与抵触，到"与国际接轨""按国际惯例"成为改革

———————

①　胡荣涛：《习近平新时代国际话语权建设的结构分析》，《安徽师范大学学报》（人文社会科学版）2019 年第 1 期。

②　郝立新、周康林：《构建人类命运共同体：全球治理的中国方案》，《马克思主义与现实》2017 年第 6 期。

③　卡洛斯·马格里诺斯：《G20 的未来以及中国在其中的角色》，《国外社会科学》2013 年第 6 期。

④　《习近平出席二十国集团领导人第十六次峰会第一阶段会议并发表重要讲话》，《人民日报》2021 年 10 月 31 日第 1 版。

开放的热词，在"负面认知"向"正向认同"的态度转换中，中国没有选择做原有国际体系的被动接受者或全盘颠覆者，而是在理性判断和深度参与的过程中改革、调整既有体系中不公正、不合理、不完善的方面，以国际社会对制度性安排的价值认同与行为遵守推动中国话语权的实质性提高。当前，中国正从旁观者、参与者、协作者逐渐转变为破局者、贡献者、引领者，正以前所未有的发展速度实现"跟跑""并跑"到"领跑"的跨越，以前所未有的开放姿态走近世界舞台中央，以前所未有的深度展开与世界体系的互动。但由于历史原因，中国在深度参与全球事务的过程中缺乏强大的国际规则话语权，无法从根本上打破西方国家在国际制度的议程设置、运行规则和话语传播等方面的垄断。鉴于此，构建以话语分配正义和国家交往理性为价值要义的制度性话语权迫在眉睫、大有可为。

（二）制度性话语权的中国空间

2008年10月，温家宝在莫斯科举行的第三届中俄经济工商界高峰论坛开幕式上提出要"提升新兴国家及发展中国家的知情权、话语权和规则制定权"①。2014年7月，习近平总书记访问巴西时提出，金砖国家要加强合作，为发展中国家在全球治理中争取更多的制度性权力和话语权。② 而"制度性话语权"作为一个整体性概念被明确提出，是在党的十八届五中全会公报中：积极参与全球经济治理和公共产品供给，提高我国在全球经济治理中的制度性话语权，构建广泛的利益共同体。③ 2016年10月，习近平总书记在中共中央政治局第三十六次集体学习时明确要求"加快提升我国对网络空间的国际话语权和规则制定权"④。所谓"制度性话语权"是指一个国家在参与国际机制的过程中，通过设定和形成决议、创设和改良规则、解释和传播理念等方式，影响国际机制的设计与运行，谋求自身在国际机制中的主动权

---

① 温家宝：《携手开创中俄经贸合作新局面》，《人民日报》2008年10月29日第3版。

② 苏长和：《探索提高我国制度性话语权的有效路径》，《党建》2016年第4期。

③ 《中共十八届五中全会在京举行 中央政治局主持会议 中央委员会总书记习近平作重要讲话》，《光明日报》2015年10月30日第1版。

④ 《习近平在中共中央政治局第三十六次集体学习时强调 加快推进网络信息技术自主创新 朝着建设网络强国目标不懈努力》，《光明日报》2016年10月10日第1版。

或主导权,将本国政策话语制度化、合法化、国际化的权力。这种权力是由国际规则赋予和保障的,但核心问题是话语主体是"被动地服从规则"还是"主动地制定规则"①。

在深度全球化时代,制度性话语权在国际权力体系中呈现以下特征:一是权力构成的复杂性。一方面,作为一种复合型权力,制度性话语权既生发于"制度""话语"与"权力"的结构性碰撞中,又在"身份""秩序"与"认同"的过程性互动中构筑起内在的稳定性;另一方面,制度性话语权既包括以国际法、国际条约等正式国际机制为核心的"硬权力",也包括以国际管理、国际习俗等非正式国际机制为支撑的"软权力"。二是话语表达的规范性。制度性话语权与强制性话语权、道义型话语权的根本分野就在于,制度性话语权不是常规环境下的自我构建,而是在制度化载体、制度化平台和制度化程序中生成、确认与巩固的。三是作用领域的多样性。党的十八届五中全会虽然强调的是提升我国在全球经济治理领域的制度性话语权,但对这一要求应做拓展理解。当今世界的制度性话语权广泛分散于政府间组织和民间组织,涉及政治、经济、社会、科技文化等多个领域,关注"如何引领重大国际问题的解决进程""如何健全国际经济金融体系和建立新兴领域规则""如何将自主议程转化为国际研究议程""如何在国际舆论和媒体格局中占据独立地位"等多个议题。四是话语影响的稳定性。相较于情境话语权的变动性和有限性,制度性话语权具有功能锁定和路径依赖的特性,其一旦形成就会在制度惯性的作用下稳定持久地发挥作用。

作为典型的复合权力,制度性话语权具有多重维度。② 按来源与目的划分,制度性话语权包括维系型制度性话语权、变革型制度性话语权和宣示型制度性话语权。维系型制度性话语权来源于对现有权力分配结构的维持和国际制度的维护。变革型制度性话语权旨在改变权力分配,其通过变革国际制度实现权力的合法转移。宣示型制度性话语权则旨在提高声誉或标榜观念,主要体现为通过国际制度使人们对"行为体实际拥有或相信拥有的权力产生

---

① 韩雪晴:《全球视野下的制度性话语权:内涵、类型与构建路径》,《新疆师范大学学报》(哲学社会科学版)2019年第3期。

② 对制度性话语权的分类,参见韩雪晴《全球视野下的制度性话语权:内涵、类型与构建路径》,《新疆师范大学学报》(哲学社会科学版)2019年第3期。

深刻的印象"①。按内容与属性划分，制度性话语权可分为四种类型。一是原则型制度性话语权，其体现为通过国际制度为国际行为体设置理想目标与行为底线；二是规范型制度性话语权，其主要体现为通过国际制度的规范性力量来倡导或禁止国际行为②；三是规则型制度性话语权，其是指明确界定的权利与义务所衍生的话语权力，主要体现为对国际规则的解释与再解释权；四是程序型制度性话语权，其是通过程式化的运作，"使国际行为通过特定的途径得到规范，尤其是具有暴力倾向的行为在程序的规约下得以化解"③。按功能与结构划分，制度性话语权具有四种面向。一是源于话语叙述功能的叙述型制度性话语权，它主要体现为通过国际制度来展现国际行为体间的互动规则与逻辑；二是基于话语表意功能的诠释型制度性话语权，它主要体现为通过语言赋予给定事务以意义；三是源于话语信号功能的转化型制度性话语权，其是通过制度化的形式将话语编织再造成为深度嵌套的半机制化规范网络或机制化的规制体系，从而使话语获得合法性并为人们所认同；四是基于话语创造功能的建构型制度性话语权，它主要体现为通过语言确立秩序、塑造预期和生成标准。综上所述，制度性话语权既可作为主权国家维系、变革和宣示权力与权威的工具，也可作为国际原则、规范、规则和程序生成并行使权力的载体，又可作为描述、诠释、转化和建构新秩序的手段。从这个意义上讲，制度性话语权的构建是一项复杂的系统工程，不能单向度构建，应分维度、多层次推进。

　　立足新的时代要求，中国对开放发展进行了新的部署：完善对外开放战略布局，形成对外开放新体制，推进"一带一路"建设，深化内地和港澳、大陆和台湾地区合作发展，积极参与全球经济治理，积极承担国际责任和义务。④ 以此为导向，近年来，中国对制度性话语权的形塑与运用主要呈现出以下特点：首先，中国对国际通行的经济治理规则和话语体系并不排斥，在

---

① 〔美〕汉斯·摩根索：《国家间政治》（第七版），徐昕、郝望、李保平译，北京大学出版社2006年版，第110页。

② Ted Hopf, "The Logic of Habit in International Relations", *European Journal of International Relations*, 2010, vol. 16, No. 4, pp. 549 – 551.

③ 简军波、丁冬汉：《国际机制的功能与道义》，《世界经济与政治》2002年第3期。

④ 《坚持开放发展，着力实现合作共赢——五论夺取全面建成小康社会决胜阶段的伟大胜利》，《人民日报》2015年11月4日第5版。

总体上予以认同和支持。同时，试图增强金融、贸易、投资等领域的规则型制度性话语权。其中，以加快实施自由贸易区战略为典型表现。中国自贸区的"试验"始于 2013 年的上海，在上海自贸区的示范作用下，7 年来，中国自贸区经历了 6 轮建设，目前已设立 21 个自贸区，中国的自贸区渐成"雁阵"。根据官方公布的数据显示，2020 年 1—5 月，全国 18 家自贸试验区实际使用外资 602.5 亿元，以不到全国千分之四的国土面积，实现了全国 17% 的外商投资。① 应当说，自贸区战略的核心在于设置"共同制定的规则"，其意味着坚持统筹国际国内两个大局，以更加积极主动的态度为对外开放制定中国规则、均衡发展利益。其次，中国围绕新兴议题定向发力，在增量导入中抢占建立原则型制度性话语权、建构型制度性话语权的先机。以数字经济建设为例，根据华为发布的报告，近年来全球数字经济增长迅猛，其增长速度是全球 GDP 增速的 2.5 倍。② 在数字经济时代，国际规则制定权越来越集中于通信技术的标准制定，具体而言就是关于 5G 的技术标准。③ 改革开放以来，我国历经了"1G 空白、2G 跟随、3G 突破、4G 同步、5G 引领"的发展过程，当前，我国国际通信标准话语权显著提升。2020 年 7 月 3 日，国际通信标准组织 3GPP 宣布 5G R16 版标准冻结，其中有我国企业和研究机构的深度参与，并在灵活系统设计、大规模天线和新型网络架构等关键技术领域做出重要贡献。最后，基于人类命运共同体的价值理想与秩序理念，我国关注全球社会特别是发展中国家所面临的治理赤字、信任赤字、和平赤字和发展赤字，在应对全球经济发展不平衡、国际债务危机、国际金融秩序分化、气候变暖、跨境恐怖主义威胁、传染病跨境防疫合作、健康资源共享、文化产品交流合作等④问题的过程中，为中国本国谋求制度性话语权，同时为"失语"的发展中国家争取全球治理体系中的权利。

　　中国在建设制度性话语权方面取得突破性进展的同时，也承受着新的考

---

　　① 窦亚娟：《图解中国 21 个自贸区：原 18 个自贸区做到了什么？3 个新晋自贸区有什么特点？》，经济观察网，http://www.eeo.com.cn/2020/0925/416500.shtml.

　　② 李倩：《2018 关键发现：过去十五年，数字经济的增速是全球 GDP 增速的 2.5 倍》，厦门市互联网协会网，http://m.elecfans.com/article/687149.html.

　　③ 阎学通：《数字时代的中美战略竞争》，《世界政治研究》2019 年第 2 期。

　　④ 章远：《中国制度性话语权的经济文化维度解读》，《探索》2016 年第 2 期。

验。中国奇迹除了受益于改革开放本身带来的生产力潜力释放、资源配置领域全球拓展所带来的巨大比较收益和市场推动因素之外①，还在于中国能够在国际竞争中充分利用既有规则，赢得发展的主动权。以美国为首的西方国家敏锐地感知到了中国奇迹背后的底层逻辑，并开展了一系列的警觉性应对行动。在经济领域，西方国家试图提出所谓竞争中立的原则，试图以各种非中性的国际规则限制中国的经济行为。在科技领域，美国曾试图让其他国家站在自己一边对抗中国，其中一个例子就是美国政府呼吁各国禁止中国科技公司华为进入其 5G 网络，理由是"对国家安全构成威胁"。在安全领域，从美英澳建立新的安全伙伴关系到华盛顿举办"四方安全对话"领导人峰会，美国采取了多个对华动作。如何在"再全球化"的新局面中，从制度化的视角挖掘中国与世界互动的新空间，是中国今后需要长期面对的一个考验。与此同时，相对于西方在各类评估指数上的统治地位，中国运用国家治理指数参与国际对话的能力仍有待提高。例如，在 2014 年全球清廉指数中，中国在 175 个国家中位列第 100 名，而西方国家则包揽前 5 名；2014 年《经济学人》公布的民主指数中，中国在 167 个国家中排名第 65 位，前 5 名均来自西方国家；在 2015 年全球自由评估中，中国被列为不自由国家，其"政治权利"列为最低的第 7 级，"公民自由"列在第 6 级，而西方国家均是自由国家。② 对此，有些学者指出，治理指数"构建了国际体系中的权威结构和等级关系。在许多治理指数中，权力和知识纠缠一处，并且建立起了一种关于国家合法性的话语体系"。③如何摆脱西方治理指数的意识形态偏好与突破西方国家的霸权话语逻辑，在吸收西方指数研制的科学评估方法的基础上，构建兼具本土经验和普遍性特征的治理指数，是中国在获取国际制度性话语权过程中必须回应的重要问题。

---

① 陈正良：《软实力发展战略视阈下的中国国际话语权研究》，人民出版社 2016 年版，第 117 页。
② 游腾飞：《西方治理指数与制度性话语权的传播》，《探索》2016 年第 5 期。
③ 奥代德·勒文海姆、朱剑：《考核国家：国际"治理指数"的福柯式视角》，《探索》2016 年第 4 期。

三　制度型开放与制度性话语权

在渐进式开放的过程中，中国将要素开放与政策开放作为融入全球经济的主要途径。要素开放的主要载体包括资本、人员、技术和知识，其中，知识指向的是通用的国际贸易制度、国际法、现代企业制度等。一定程度上，中国开放的过程就是学习、领会和运用全球通行规则，同时改革内部制度体系，实现与国际接轨的过程。要素开放的主要途径是边境措施，如关税壁垒和非关税壁垒、动植物卫生检验检疫、贸易便利化、货币可兑换、自然人流动等。总体而言，要素开放具有高度流动性优势的同时，也呈现出碎片化的弊端，在要素引进与输出的过程中行为主体的主动权、话语权较少。而政策开放的内涵在于，地方政府积极向中央政府寻租，以此获得比其他地区更大的优势；其次，地方政府通过分配这些"租"，使外资获得更多的特殊优惠待遇，从而推动各个地区以吸引外资为主导的开放经济的发展。实际上，寻租和分配"租"的过程是一个通过追求非生产性利润影响资源配置的过程，其不仅有悖于市场经济的运行机制，也导致了以规模总量和开放程度为导向的政绩考核指标体系，这一指标体系注重 GDP 总量增长速度及外资外贸发展规模等数量型目标，由此更加剧了地方政府之间的激烈竞争。[1] 政策导向下的开放发展需要不断宣示，开放的领域、力度及举措都是政策制定和实施的结果。在遭遇摩擦时，特别是摩擦次数增多和摩擦力度加大的情形下，政策的边际效应往往会不断减少，这就为开放发展带来了更多的不确定性和风险性。

习近平总书记在 2018 年 12 月召开的中央经济工作会议上，首次提出了制度型开放，他指出，"要适应新形势、把握新特点，推动由商品和要素流动型开放向规则等制度型开放转变"[2]。党的十九届四中全会审议通过的《中共中央关于坚持和完善中国特色社会主义制度、推进国家治理体系和治

---

[1]　郑凯捷：《从政策性开放到制度性开放的历史进程》，《世界经济研究》2008 年第 5 期。
[2]　《中央经济工作会议在北京举行 习近平李克强作重要讲话 栗战书汪洋王沪宁赵乐际韩正出席会议》，《光明日报》2018 年 12 月 22 日第 1 版。

理能力现代化若干重大问题的决定》进一步强调，要"推动规则、规制、管理、标准等制度型开放"①。2020 年 10 月，习近平总书记在深圳经济特区建立 40 周年庆祝大会上明确要求"加快推进规则标准等制度型开放"②。同年 11 月，在浦东开发开放 30 周年庆祝大会上，习近平总书记再次指出，要"深入推进高水平制度型开放，增创国际合作和竞争新优势"③。所谓制度型开放，就是通过协议合约，制定共同遵守的规则，在签署合约之后，坚定地进行合规操作，尊重规则、遵守规则、维护规则。只要按照国际合约去做，并为此在国内相关法律、政策层面形成制度性规定，开放就成了既定的制度性操作，开放的可信性就能在合规操作的细节中累加夯实。④ 制度型开放的范畴不仅体现了中国着力提升对外开放层次和水平、加快对接全球治理机制步伐的新标准，更彰显了构建新型国际关系和人类命运共同体的新境界。作为内蕴其中的重要面向与工具手段，制度性话语权的建构有助于在"引进来"与"走出去"的过程中，以制度化、体系化、合规化、国际化的方式为中国发展托底，为中国道路正名。当前，建立富有中国精神、中国特色的制度性话语权可以从三个方面着手：

第一，从思维层面来看，要运用能动思维争取制度性话语权。一段时间以来，人们对于国际规则存在两种认识倾向，一是只要打着"国际"字样的制度和规则，就盲目当作国际规则去接受的依赖心态；二是一味借助接受所谓的国际规则倒逼国内改革的观点。制度性话语权涉及行为主体在国际关系中政治、经济、文化领导权的竞争问题，以"被制度化"效应为最终结果。在非对称的国际规则体系中，被动融入只会形成对他者主导的制度性依赖。能动思维并不是一意孤行、自说自话，也不是唯我独尊、目中无人。以能动思维争取制度性话语权，并不意味着要去挑战或破坏现有的国际制度，

① 《中共十九届四中全会在京举行 中央政治局主持会议 中央委员会总书记习近平作重要讲话》，《光明日报》2019 年 11 月 1 日第 1 版。

② 《深圳经济特区建立 40 周年庆祝大会隆重举行 习近平发表重要讲话》，《光明日报》2020 年 10 月 15 日第 1 版。

③ 《浦东开发开放 30 周年庆祝大会隆重举行 习近平发表重要讲话》，《光明日报》2020 年 11 月 13 日第 1 版。

④ 申辙：《由政策导向型开放向制度型开放转变意义重大》，《光明日报》2020 年 11 月 30 日第 2 版。

而是基于自身发展的战略布局和对世界发展的形势预判，将制度性话语权作为一项战略资产来规划与管理，从而逐步积累制度性话语资源与创设制度性话语权。从现实来看，作为世界第二大经济体，中国国内生产总值已超过100万亿元，这是中国共产党建设制度性话语权的物质基础与最大底气。建立制度性话语权，首先要能动地争取话语解释权。作为文明发展和大国强国的标志，解释权是构建制度性话语的标尺与关键。如果说，能否获得解释权、在多大程度上获得解释权，是以往参与性话语权的体现方式，那么，在当今时代，我们对于中国制度和中国道路的解释在多大程度上能被自愿信服和接受、我们对于文化定价权的规则制定具有多强的影响力，则是评价制度性话语权建设的标准。其次，要能动地契合中国发展的现实需求和各国各地区的利益汇合点，以推动双边、多边、区域、次区域开放合作为出发点，在联合国贸发会议、世界贸易组织、二十国集团等框架内，在娴熟、灵活运用各种国际规则的基础上，积极参与全球治理和公共产品供给，建设完善"一带一路""亚投行""亚太自由贸易区"等平台，从而不断获取特定范围内的代表权以及充分的倡导机会等制度性话语权，逐步形成一定的国际向心力和凝聚力。在这一过程中，权利与义务是对等的，既要主动争取自身的开放利益，又应为改善国际经济秩序、形成互利共赢格局展现更多诚意、付出扎实努力和中国智慧。[1] 最后，政府服务要主动走出去。伴随着中国经济与世界经济的融合进程，越来越多的中国企业走出国门谋发展，但相应的法律、咨询、金融、人才、风险管控、安全保障等却难以满足其现实需求。对此，政府必须提高自身的制度性能力，在政策服务、法律保障、资金扶持上给予企业实质性支持。对于既有的国际制度，可以采取"换人不换制度"的方式，向其输送来自中国的人力资源；对于新兴的国际制度，则在人和制度建设上都要争取满足我们的需要。[2]

第二，在制度性话语权建设的技术路线层面，可以综合运用移动化、社交化、可视化和数据化等多种方式，实现制度性话语权建设的"行动者网络化"。首先，要开辟第二轨道外交（Track II Diplomacy），提高制度性话语权

---

① 杨丹辉、刘慧：《开放中提升制度性话语权》，《人民日报》2016年5月20日第22版。
② 苏长和：《探索提高我国制度性话语权的有效路径》，《党建》2016年第4期。

的专业化水平。第二轨道外交是与政府主导的第一轨道外交（Track I Diplomacy）相对称的概念，指具有一定官方背景，但又不必受官方正式机制的刚性约束的政策专家们影响国际关系与世界事务的外交形式，是通过信仰体系、行动纲领和认知线路图影响国际行为的认知共同体。^① 在制度性话语权生成方面，第二轨道外交能为政策制定提供开放的研究视角、扎实的专业知识和容错的实验空间，在合作性话语的塑造、知识和政策的转化、政策制度化的推动中发挥建设性作用。当前，中国已开始探索通过第二轨道机制创造性介入全球治理的方法，"中国—北欧北极研究中心"就是典型一例。该中心广泛涉及北极油气资源开发、北方海航线、北极旅游、北极渔业以及北极发展与中国"一带一路"倡议对接等事关北极发展的重大议程，对北极国际治理的机制化与规范化起到了重要作用。^②

其次，要开展媒体外交，巩固扩大中国制度性话语权的朋友圈。所谓媒体外交是指利用新闻媒介来阐述和推进外交政策的方式。在制度性话语权的建设过程中，我们一方面要练好"内功"，在资金投入、基础设施、人才培养上为中国媒体的持续健康发展提供保障，增强媒体外交的底气和实力。另一方面，要对外"树形象"，支持一批对华友好的媒体平台，同时明晰目标国的思维方式、价值取向和受众偏好，在制度推介中多谈具体、少谈抽象，多用真感情、少用空概念，树立可亲可爱、价值中立的良好形象。例如，2021 年，国内媒体从政府治理、生态保护等多个角度，全景式地讲述了"一路象北"的故事，向世界展示了象群迁移沿途的建设新气象。对此，《菲律宾星报》等发表专栏文章，介绍近年来中国在生态环境保护方面取得的成效，盛赞中国为全球携手应对气候变化和生态治理作出了良好榜样。

最后，指数是一种非常重要的规则影响力，以排名呈现的指数信息会对被评估国家的国际声誉与治理行为产生一定的影响。因此，中国要通过设定以中国标准为指导的国家治理指数，突破西方国家长期主导的评价标准垄断和价值偏好，在共性知识的抽取中形成自己的制度性话语权，将中国共产党

---

① Peter M. Haas, "Introduction: Epistemic Communities and International Policy Coordination", *International Organization*, 1992, Vol. 46, No. 1, pp. 1–35.

② 韩雪晴：《全球视野下的制度性话语权：内涵、类型与构建路径》，《新疆师范大学学报》（哲学社会科学版）2019 年第 3 期。

治国理政的理念与经验传播至世界，进而促使国际社会朝着更加包容平等的方向发展。具体来说，国家治理指数不应仅仅停留于一般性知识的定性判断，而要采取主观数据和客观数据相结合的方法，构建具有逐级覆盖性和数据可得性的指标体系，在此基础上，可以形成年度排名、年度报告等相关产品，并在逐年累积中形成关于国家治理指数的历史数据库，为建立中国话语权提供必要的前提和支撑。[①] 对此，我们也进行了一些探索。由华东政法大学政治学研究院研制的国家治理指数创始于 2015 年，至今已经连续六年发布年度报告。该指数由"基础性指标""价值性指标"和"持续性指标"三大部分构成，旨在通过对世界各国国家数据的采集与分析，客观评价全球192 个国家的国家治理能力和治理水平。[②] 但客观来说，与目前在西方世界较为流行的国家清廉指数、自由度指数和世界法治指数等相比，国家治理指数的国际化传播力度与接受度仍有待提高。

第三，"内容为王"永远是制度性话语权最强有力的支撑，要在"敢讲、会讲、能讲"中脱掉话语贫困的帽子，彰显制度性话语权的中国精神与世界意义。"敢讲"固然要以硬实力为支撑，但基于国际交往理性和世界精神的价值内核才能从前提处确认中国话语的正义性。近代以来，国际交往理性与世界精神是西方主导建构起来的，它未能凝聚各个国家的文化共识，不具有广泛的包容性；未能反映其他国家特别是发展中国家的利益诉求，不具有广泛的代表性；也背离了世界的发展潮流，不具有可持续性。[③] 在国际舆论场中"敢讲"，就在于我们要正面应对西方国家利用国家主权问题、人权问题、民主问题、政治制度问题、疫情应对问题等向中国频频发难，分析研判其背后国强必霸的西方治理逻辑、世界趋同论的社会发展逻辑、西方中心论的文明形态观，旗帜鲜明、理直气壮地阐明协商共治的治理观、自主选择的制度观与包容互鉴的文明观，形成与我国综合实力和国际地位相匹配的话语定义权、标准制定权和争议裁决权，避免在国际交锋中的"话语缺场"和"集体沉默"。

① 高奇琦：《构建国家治理指数》，《人民日报》2015 年 8 月 30 日第 7 版。
② 《〈国家治理指数 2020 报告〉在上海发布 专家热议"全球大变局时代下的国家治理"》，光明网，https://m.gmw.cn/baijia/2020-11/30/34416332.html。
③ 陈曙光：《中国时代与中国话语》，《马克思主义研究》2017 年第 10 期。

"会讲"是指要加强话语的内容治理，实现对关乎中国发展和世界发展议题的主动设置。一方面，要主导对"中国模式"的讨论。"中国模式"是西方话语所创设的一个概念，在缺乏标准的解释怪圈中，西方学者对"中国模式"进行了片面性解读。关于中国模式的市场经济制度，以乔纳森·安德森为代表的多数西方学者认为中国市场经济制度所取得的发展成就是对"华盛顿共识"的印证。① 黄亚生在分析了中国国有经济和私营经济的比重后得出"中国早已经背叛了社会主义"的结论。② 法国学者托尼·安德烈阿尼更是直指，中国模式与毛泽东时代的价值与理想相去甚远，在"社会主义与市场这个复杂的方程式中，后者占了上风"③。还有部分学者全盘否定"中国模式"的世界意义，比如，世界体系论者阿瑞吉认为"中国所发生的任何事情都很重要，但这并不意味着它要作为别国参照的模式"④。对此，我们应该主动引领有关中国模式的破题性讨论，比如，要讲好中国的经济奇迹是如何创造的，中国式民主为什么符合中国国情，如何把握中国模式与中国特色、中国道路、中国方案等相关概念的内涵与外延，如何看待中国模式的世界意义与未来发展等。另一方面，要有意识地创设世界性议题。近年来，中国在"中国梦""全面脱贫""人类命运共同体"等概念实践中吸引了世界目光，也在此过程中主动引领国际话语场对"世界怎么了""我们怎么办"等问题展开理性平等的对话。这既体现了中国的国际担当，也是大国应当负起的国际责任。

最后，要繁荣哲学社会科学，充分发挥我国千万哲学社会科学研究者的队伍优势，强化制度性话语权的学理化研究和深入阐释发展，为"敢讲""会讲"做好"能讲"的学理支撑。与由资本所体现的经济权力和由枪炮所表达的军事权力不同，话语权在很大程度上依赖于话语本身的内容质量。从根本上说，哲学社会科学研究是一个国家话语与话语权的生产阵地。但遗憾

---

① 转引自何迪、鲁利玲《反思"中国模式"》，社会科学文献出版社 2012 年版，第 128 页。

② Yasheng Huang, *"Capitalism with Chinese Characteristics：Entrepreneurship and the State"*, London：Cambridge University Press, 2008, p. 160.

③ 托尼·安德烈阿尼、赵越：《中国融入世界市场是否意味着"中国模式"的必然终结？》，《国外理论动态》2008 年第 5 期。

④ ［意］乔万尼·阿瑞吉：《亚当·斯密在北京——21 世纪的谱系》，路爱国、黄平、许安结译，社会科学文献出版社 2009 年版，第 19 页。

的是，纵观哲学、经济学、法学、新闻学、政治学、国际关系学等学科的核心话语，大量的概念都是援引自西方，我们在同西方进行话语交流的过程中实存着严重的"逆差"。习近平总书记也指出，我国哲学社会科学在国际上的声音还比较小，还处于有理说不出、说了传不开的境地。① 为此，哲学社会科学研究必须走出书斋，起而行之，聚焦国内和国际社会的热点难点问题，厘清中国传统的话语体系、马克思主义的经典话语体系、马克思主义中国化的话语体系与西方话语体系的关系，从中提炼出标识性概念，打造易于为国际社会所理解和接受的新概念、新范畴与新表述②，以学术话语的世界表达提升我国的国际话语权和规则制定权。

---

① 《习近平谈治国理政》（第2卷），外文出版社2017年版，第346页。
② 谢伏瞻：《加快构建中国特色哲学社会科学学科体系、学术体系、话语体系》，《中国社会科学》2019年第5期。

第 十 一 章

共享发展与相对贫困^①

作为新发展理念基本构成的共享发展理念包含着对共享主体、共享层次及共享方式的内在规定性，强调共享主体的全民性，共享层次的全面性，以共建共享、渐进共享为基本方式实现共享发展。从中国社会发展历程来看，我们对共享发展的追求集中体现在促进生产力发展，解决贫困问题的发展实践之中。反贫困是我们推进共享发展的首要议题。2020 年底，中国历史性地解决了现行标准下的绝对贫困问题，相对贫困成为取代绝对贫困的发展正义难题。这对如何以共享发展理念引领社会发展提出了新期待，即在共享发展理念的价值指引下，开辟出一条治理相对贫困的中国特色之路是时代的新吁求。

一　反贫困：共享发展的首要议题

贫困不仅是个体问题，关系到个体发展与家庭幸福，也是社会问题与政治问题，关系到国家稳定与社会繁荣。因此，反贫困是我们千年来最基本的发展实践，并在反贫困的发展实践中不断深化对贫困的认识。其中，学者们多从经济收入的角度来定义贫困，以经济收入与生存支出的关系作为衡量贫困程度的基本标准。

---

① 该章部分内容以《论发展伦理在共享发展成果问题上的"出场"》为题发表在《哲学研究》2016 年第 4 期，以《论构建"相对贫困"伦理关怀的可能性及其路径》为题发表在《云南社会科学》2016 年第 3 期；以《共享发展：当代发展伦理的中国表达》为题发表在《思想理论教育》2016 年第 7 期。

如英国的朗特里认为，"如果一个家庭的总收入不足以维持家庭人口最基本的生存，那么，这个家庭就基本上陷入了贫困之中"。① 与朗特里相似的是，恩特里于 1889 年在约克镇的研究中也将贫困定义为家庭的总收入不足以获得维持体力的最低需要。② 在恩特里看来，食品、衣服、租金等其他物品都属于基本需求的范围之内，如果个人或家庭的收入不足以覆盖这些基本需求，那么就处于贫困状态。但阿马蒂亚·森认为，我们应该将"可行能力的剥夺"纳入对贫困的理解之中，特别是"在分析社会正义时，有很好的理由把贫困看作是对基本可行能力的剥夺，而不仅仅是收入低下"③。但能力的可行性是以基本生活需要的满足为基础的。在这一意义上，我们认为，总的来看，"贫困一般是指物资生活困难，即一个人或一个家庭的生活水平达不到一种社会可接受的最低标准。他们缺乏某些必要的生活资料和服务，生活处于困难境地"④。

建基于这一基本认识，我们可以将贫困划分为不同的类型。首先，依据贫困成因，有学者认为可以将贫困划分为资源制约型贫困（资金、土地等方面的缺乏，表现为区域性贫困和群体性贫困）和能力约束型贫困（体力、智力、技能等方面的缺乏，表现为个体贫困）两种。⑤ 但有学者认为，这两种贫困类型的划分未考虑到社会政策与社会生产力对造成贫困的影响。因此，可以将贫困划分为资源性贫困（自然资源匮乏或不能被开发利用）、生产性贫困（物质生产效率低下）、主体性贫困（劳动者自身知识文化水平不等）、政策性贫困（缺少政策倾斜）等四种类型。⑥

其次，根据贫困对应的发展现实诉求，森提出了能力贫困的认识，强调我们的发展需要以解决能力贫困，增强可行性能力为价值指向。与之同时，有学者认为社会权利的公正分配是我们反贫困诉求的重要内容，而社会权利的非公正享有所代表的即是贫困。在此认识上，社会权利贫困应当成为我们

① 刘纯阳、蔡铨：《贫困含义的演进及贫困研究的层次论》，《经济问题》2004 年第 10 期。

② 郭熙保、罗知：《论贫困概念的演进》，《江西社会科学》2005 年第 11 期。

③ ［印］阿马蒂亚·森：《以自由看待发展》，任赜、于真译，中国人民大学出版社 2002 年版，第 12 页。

④ 樊怀玉等：《贫困论——贫困与反贫困的理论与实践》，民族出版社 2002 年版，第 45 页。

⑤ 吴国宝：《对中国扶贫战略的简评》，《中国农村经济》1996 年第 8 期。

⑥ 张立群：《连片特困地区贫困的类型及对策》，《红旗文稿》2012 年第 22 期。

把握贫困类型的一种认识。所谓社会权利的贫困指的是，一批特定的群体和个人，无法享受社会和法律公认的足够数量和质量的工作、住房、教育、分配、医疗、财产、晋升、迁徙、名誉、娱乐、被赡养以及平等的性别权利，而且由于他们应该享有的社会权利被削弱和侵犯而导致相对或绝对的经济贫困。①

再次，依据贫困程度，我们可以把贫困分为绝对贫困与相对贫困。绝对贫困指的是难以维持最低限度生活水准的生存性贫困。在阿尔柯克看来，"绝对贫困被认为是一个客观的定义，它建立在维持生存这个概念的基础上，维持生存就是延续生命的最低需求，因此低于维持生命的水平就会遭受绝对贫困，因为他没有足以延续生命的必需品"。② 而相对贫困则是在参照一定的目标群体后所得出的关于发展公正的认识，它所揭示的问题不是生存性问题，而是社会成员间收入分配上的差距和不平等现象，本质是社会的公正平等问题。

从作为个人问题与社会/政治问题来看，贫困若得不到及时治理将对个体发展与社会稳定造成损害与冲击。在社会稳定上，对于贫困问题的治理关系到中国共产党执政的社会基础以及社会主义制度优越性的体现。邓小平多次谈到，"要建设对资本主义具有优越性的社会主义，首先必须摆脱贫穷"。③ 这不仅是由社会主义的本质决定的，也在于如果一个国家长期陷入贫穷之中，这个国家必然会陷入动荡不安的政治危机之中。对此，习近平总书记特别指出，反贫困是古今中外治国理政的一件大事。消除贫困、改善民生、逐步实现共同富裕，是社会主义的本质要求，是中国共产党的重要使命。④ 中国共产党在推动消除贫困、逐步实现共同富裕的发展实践之中不断夯实与筑牢执政的社会基础。在个体发展上，贫困首先会"对贫困群体的身心健康带来严重伤害"⑤。因为贫困意味着其在满足基本生活需要上存在缺

---

① 洪朝辉：《论中国城市社会权利的贫困》，《江苏社会科学》2003 年第 2 期。

② 转引自吴理财《"贫困"的经济学分析及其分析的贫困》，《经济评论》2001 年第 4 期。

③ 《邓小平文选》（第 3 卷），人民出版社 1993 年版，第 225 页。

④ 中共中央文献研究室：《习近平关于全面建成小康社会论述摘编》，中央文献出版社 2016 年版，第 155 页。

⑤ 龙静云：《论贫困的道德风险及其治理》，《哲学动态》2016 年第 4 期。

失，而基本生活需要的满足是我们得以进一步发展的前提。以马斯洛的需求层次理论为观照，基本生活需要是我们最基础的需要，我们的身心健康发展的需要依赖于这一需要的满足。而身心健康发展是衡量一个人是否处于正常发展的重要指标，也是我们作为个体得以充分表达自己、建构自己，并由此通往自由全面发展的重要条件，更是一个人能否以一种健康、积极的方式融入社会、参与社会建设的重要判断依据。但诚如奥斯卡·刘易斯所认识到的，贫困会造成我们与社会的区隔，形成对社会的消极看法。因此，当身陷贫困之中，首当其冲就是我们的身心健康发展会受到损害，进而导致我们无法全面地表达自己、发展自己和积极地社会化。其次，贫困会削弱个体的可行性能力及其内在潜能。如果说森从能力进路形成的对贫困的认识具有重要价值，那么这一价值的体现就集中表现为为我们反思贫困的危害提供了重要视角，即在贫困之中，个体的可行性能力会被削弱。人所具有的可行性能力及其程度规定着人如何展示自我以及能在多大程度上展示自我和追求自我。按照森的认识，当一个人处于贫困之中则意味着他没有展示自我和追求自我的实质性自由，这种实质性自由的消失也就是他的可行性能力的丧失。从森的这一认识出发，不难发现，在贫困之中我们无法按照自己的自由意志做我们想做的事，我们必须为基本生活付出所有的努力，而这种努力却尚不能使我们摆脱基本生活的束缚。在这样的生活束缚下，我们内在潜能的发挥，特别是充分发掘与展示自我独特性、表达自我的社会价值等亦会被削弱。

正是在这一意义上，中国共产党始终将贫困治理作为发展的核心要务，致力于在推进贫困治理的过程中实现"解放生产力，发展生产力，消灭剥削，消除两极分化，最终达到共同富裕"，这就要求我们将反贫困作为推进共享发展的首要议题。

历史地来看，党的十一届三中全会之后，以经济建设为中心的发展意识不断成为社会共识，社会生产力得到极大解放与发展。但由于长期以来的积贫积弱，中国人民的温饱问题在当时并没有得到真正解决。20世纪80年代中期，邓小平在接受美国记者迈克·华莱士采访关于"致富光荣"的问题时谈道："社会主义时期的主要任务是发展生产力，使社会物质财富不断增长，人民生活一天天好起来，为进入共产主义创造物质条件……社会主义财富属于人民，社会主义的致富是全民共同致富。"① 在这一谈话中，邓小平一方面表达了我们反贫困的现实诉求，即通过发展社会生产力使"人民生活一天天好起来"，另一方面又揭示出了我们反贫困的最高追求，即实现"全民共同致富"，共享社会主义社会的发展成果。面对反贫困的现实压力，中国进行了一系列促进社会生产力发展、提升人的生产积极性的改革与探索活动，如在广大农村地区实施家庭联产承包责任制，推动建立社会主义市场经济体制等。在党的十一届三中全会提出要根据我国社会主义建设的具体实际，改革同生产力发展不相适应的生产关系和上层建筑之后，"党的十四届三中全会进一步指出，必须坚持以公有制为主体、多种经济成分共同发展的方针。党的十五大第一次明确提出，公有制为主体、多种所有制经济共同发展，是我国社会主义初级阶段的一项基本经济制度。党的十六大、十七大、十八大及有关中央全会都强调要坚持和完善基本经济制度"②。党的十九大指出，中国特色社会主义进入了新时代，我们要在这一新的历史方位上将坚持和完善基本经济制度推向新发展。在这样的基本经济制度之下，通过不断拓深改革开放，中国成为世界第二大经济体，创造了世所罕见的经济快速发展奇迹与社会长期稳定奇迹。党的十八大以来，党中央坚持将创新发展与统筹稳定相统一，集中力量解难题、办大事，强调发展更加注重依靠创新驱动，更加注重生产力发展的平衡性与综合性，更加注重经济增长与资源环境保护相统一，更加注重经济高速增长向追求高质量发展的转变，更加注重经济繁荣与人民美好生活相适应。2020 年底，中国国内生产总值已超过 100 万亿元，人均 GDP 突破 1 万美元，对世界经济增长的贡献率超过 30%，中国成为世界第一制造业大国、第一大货物贸易国、第一大外汇储备国、第二大外国直接投资目的地国和来源国。

在这一过程中，反贫困战役也由"拉锯战"行进到"攻坚战"。在 2015 减贫与发展高层论坛的主旨演讲中，习近平总书记指出，"中国在扶贫攻坚工作中采取的重要举措，就是实施精准扶贫方略，找到'贫根'，对症下

---

① 《邓小平文选》（第 3 卷），人民出版社 1993 年版，第 171—172 页。
② 王勇：《坚持公有制为主体多种所有制经济共同发展》，《人民日报》2015 年 11 月 24 日第 6 版。

药，靶向治疗"①。在党的十九大报告中，习近平总书记进一步强调要坚持精准脱贫的理念不动摇。精准扶贫、精准脱贫成为打赢反贫困攻坚战的理念遵循与实践指南。这要求通过扶贫的精准性实现精准脱贫，防止平均数掩盖大多数，要求更加注重保障基本民生，更加关注低收入群众生活，防止脱贫后发生规模性的返贫。在这一反贫困理念的指引下，中国始终坚持内在的制度优势，构建起了省市县乡村五级一起抓扶贫，层层落实责任制的治理格局，通过坚持分类施策②，牢抓"六个精准"（扶持对象精准、项目安排精准、资金使用精准、措施到户精准、因村派人精准、脱贫成效精准）、"五个一批"（扶持生产和就业发展一批、易地搬迁安置一批、生态保护脱贫一批、教育扶贫脱贫一批、低保政策兜底一批），广泛动员全社会力量，支持和鼓励全社会采取灵活多样的形式参与扶贫，全力打好打赢精准脱贫攻坚战。"以 2010 年国家贫困标准计算，1978—2019 年，农村贫困发生率从97.5% 下降到 0.6%，农村贫困人口从 7.7 亿下降到 550 万，减少近 7.65亿，贫困发生率平均每年降低 2.4 个百分点。根据世界银行每人每天 1.9 美元的全球绝对贫困标准衡量，中国的贫困发生率从 1981 年的 88.1% 下降到2018 年的 0.3%，贫困人口减少了近 8 亿，占同期全球减贫人数近 75%。"③到 2020 年底，中国现行标准下 9899 万农村贫困人口全部脱贫，832 个贫困县全部摘帽，12.8 万个贫困村全部出列，区域性整体贫困得到解决，完成了消除绝对贫困的艰巨任务，创造了又一个彪炳史册的人间奇迹。根据2022 年 3 月底发布的《中国减贫四十年：驱动力量、借鉴意义和未来政策方向》显示，正是依靠基础广泛的经济转型和实施有针对性的扶贫政策这两大支柱，中国才能空前绝后地成功解决了绝对贫困问题。

但绝对贫困问题的解决并不意味着中国反贫困战役的结束，《国家人口发展规划（2016—2030 年）》明确指出，在 2020 年消除了绝对贫困之后，中国的扶贫开发任务将由"解决绝对贫困向缓解相对贫困转变"。对此，习近平总书记在全国脱贫攻坚总结表彰大会上进一步指出，"脱贫摘帽不是终

---

① 参见《携手消除贫困 促进共同发展》，《人民日报》2015 年 10 月 17 日第 2 版。

② 这包括因人因地施策、因贫困原因施策、因贫困类型施策。

③ 上述数据参见 2022 年 3 月 31 日发布的财政部、国务院发展研究中心与世界银行《中国减贫四十年：驱动力量、借鉴意义和未来政策方向》这一报告。

点，而是新生活、新奋斗的起点。解决发展不平衡不充分问题、缩小城乡区域发展差距、实现人的全面发展和全体人民共同富裕仍然任重道远"。① 随着中国社会主要矛盾的转变，由发展不平衡不充分造成的相对贫困问题成为我们追求美好生活、实现共同富裕需要加以思考与解决的基础性议题。共享发展理念的提出对其具有破题性意义。

二　共享发展理念对相对贫困治理的要求

相对贫困既涉及社会发展的客观状况，也关涉社会成员的主观感受。相对贫困的出场意义在于，将贫困的定义由经济发展的单一指标扩展到包括权利、文化、制度等在内的多元维度，表现的是分配正义在我们发展过程中的失衡失序。同时，公共资源的不公平、不均等配置所导致的个人机会与能力差异更使得相对贫困群体被排斥在应享有的国民待遇体系之外，而这种不正义又成为一种恶性循环并再次诱发相对贫困。这使得不少地方相对贫困群体人数剧增，呈现出交互性、拓展性的趋势，并在社会范围内多维度展开。随着社会阶层利益板结化加快，中国现代化进程面临着相对贫困问题带来的巨大困扰：不同阶层在不同区域的经济收入水平差距、不同性别之间的福利差距、社会参与能力的差距、基础公共服务享有水平的差距明显拉大。相对贫困群体在扩大的同时朝向多元化发展，主要体现在区域、性别、人文这几个维度。

第一，相对贫困的地域维度表现。区域上的相对贫困通常表现为以区域划分社会成员在共享发展成果、拥有平等发展机会等方面的差异性。这意味着，相较于其他区域，生活在某一区域里的群体由于缺乏足够的资源以及获取资源的能力，无法公平地享有基本的教育、医疗等社会保障，他们的生活状态改善速度与其他区域人群比起来要缓慢得多。1979 年，英国社会学家彼得·汤森运用"区域相对剥夺"的概念解释了区域相对贫困的诱因。汤森认为这类群体的基本需求会由于受经济能力的限制而处于被抑制状态，原本应得到的资源反而被其他强势群体剥夺。随着马太效应的加剧，他们逐渐

---

① 习近平：《在全国脱贫攻坚总结表彰大会上的讲话》，人民出版社 2021 年版，第 21 页。

被排斥在一般常规生活之外，又逐渐地陷入被侵占、被剥夺的境地，这便形成了相对贫困的恶性循环。在中国协调区域经济平衡的过程中，区域相对贫困和城乡二元、东强西弱问题相伴相生。此外，在一些城乡接合部也存在着不少相对贫困群体，这类群体一部分是 20 世纪国企改制中的下岗职工，他们在失业后难以获得其他谋生技能；另一部分则是在快速推进城市化进程中的失地农民，他们失去土地意味着失去了赖以生存的生产资料。这两类群体中的绝大多数人都处于"区域相对剥夺"情况下的相对贫困状态。

第二，相对贫困的性别维度表现。将性别差异纳入贫困研究的考察范畴源于美国的"贫困的女性化"（feminization of poverty）一词，即对贫困家庭中"女户主家庭"增多、贫困人口中女性越来越多这一现象的概括。相对贫困之所以会与性别差异联系到一起，根源是社会对女性的歧视与低价值判断而造成的资源分配困局。具体来说，不付酬的家务劳动和再生产劳动使得女性的创收能力通常小于男性，降低了其在家庭资源分配中的谈判地位。这不仅不利于女性获取家庭资源（包括教育），也限制了其获取土地、信贷、技术培训等其他资源的机会。因此，女性通常比男性更易陷入贫困，而且缓贫也更加困难。[①] 进一步结合中国的现实语境来看，虽然中国的经济发展取得了举世瞩目的成就，但经济总量的绝对值增进无法自动通过涓流效应惠及弱势群体，更不能自动弥合男女两性的资源分配差异。因此，中国现代化发展更应加强对女性群体的关注，尤其是加大对受到社会相对剥夺的女性的补偿力度，否则两性之间越发悬殊的差距将严重影响社会秩序的稳定。

第三，相对贫困的人文维度表现。作为对传统的 GNP（Gross National Product）指标的挑战，联合国开发计划署使用人类发展指数 HDI（Human Development Index）来衡量联合国各成员国经济社会发展水平，并在此基础上提出了以人文贫困指数 HPI（Human Poverty Index）来衡量群体内部的人文匮乏状况。人文贫困指数由三个指标构成：寿命的剥夺、教育的剥夺和生活质量的剥夺。由此可见，人文贫困指数的提出表明贫困不仅是一个收入不足的问题，更是指获取体面幸福生活能力的相对匮乏，这个指数与相对贫困的核心概念是吻合的。可见，人文相对贫困指数将相对贫困从传统的经

---

① 参见刘晓昀、李小云、叶敬忠《性别视角下的贫困问题》，《农业经济问题》2004 年第 10 期。

济要素分析路径扭转到对个人权利和文化要素发展状况的衡量上来。权利贫困关涉人权和公民权的相对剥夺，文化贫困则指向个体获取与创造知识信息的机会缺失与能力匮乏。这两者组成了新的贫困划分范式。这种新范式对中国的相对贫困问题具有相当的解释力。例如，相比东部发达地区，西部欠发达地区的人口普遍缺乏权利意识，他们的民主参与权、知情权和相关利益诉求很难得到保障。再如，部分少数民族聚居地区对民族语言、民族传统的保护和传承需求也常常得不到重视和额外支持。上述相对贫困群体为了维持生计大多会选择涌入发达地区，但往往会因自身能力的局限和市场竞争的排异而沦落为边缘性群体。同时，受制于户籍制度，其下一代的基本权利（如受教育权）也难以得到保障。可见，弱势群体贫困的外在表现是低生产率导致的经济贫困，实际上隐含的却是资源和权利缺失所导致的文化相对贫困。

实际上，相对贫困在区域维度、性别维度和人文维度的体现在现实中并不是割裂或单独存在的，往往是呈多维度交互状态集中地体现在相对贫困群体的生活中。相对贫困不同维度的交织伴随着这些弱势群体，在一定情况下还会成为彼此间互相诱发因素。最典型的如人文维度中教育权利的相对匮乏会直接带来能力与财富的贫困，而这类现象又高发于中国西部地区女性的身上，并在代际传递的影响下，造成更为持久的相对贫困。因此，局限于关注某单个维度的相对贫困是无法缓解相对贫困群体的多维贫困状态，无法实现对弱势群体的伦理关怀，也难以从根本处纾解相对贫困的困局。

从社会发展现实来看，相对贫困问题不仅存在于发展中国家，也同样困扰着西方发达国家。西方不少国家试图以福利共享的方式解决相对贫困问题。比如，美国通过开展社会保险类援助、实施"开端计划"、打造区域反贫困的"希望区"等举措使社会底层人民共享发展成果。但福利制度造成了沉重的财政负担，衍生出的福利依赖等弊端也逐渐暴露。同时，美国的反贫困政策长期忽视乡村地区的经济增长和乡村居民生活水平的提高，导致乡村贫困现象日益严重。据相关研究显示，受福利制度改革、贫困的污名化和乡村熟人社会文化规范影响，乡村居民比城市居民更少、更难，也更不愿意依赖公共救助收入为生，只能更多地挣钱养家。[①] 在瑞典，高福利制度以社会保障制度和税收制度为核心支撑，其在一定的历史阶段为缩小社会财富与收入的不平等做出了巨大贡献。但近年来，随着瑞典经济私有化程度的不断提高和工会组织力量的减弱，劳资双方关系失衡，二次分配的调节作用减弱。加之低成本劳动人口在世界范围内的流动，瑞典国内的失业率提升，政府为保障失业人群的基本生活不断增加福利支出以至于超过自身经济承受能力，陷入了"高福利陷阱"。当前，瑞典的高福利制度难以推动社会平等的实现，社会的贫富差距反而呈现不断扩大的趋势。根据 2011—2019 年份的《全球财富数据手册》（Global Wealth Databook）显示[②]，2016 年瑞典的财富基尼系数达到 0.832，已处于较高水平。而 2019 年，瑞典的财富基尼系数上升至 0.867，超过欧洲的财富基尼系数（0.824），并接近世界总体的财富基尼系数（0.885）。2016—2019 年瑞典财富基尼系数的逐年增加，从总体上反映了瑞典财富占有不平等状况的扩大趋势。[③]

　　从本质上来看，西方发达国家对共享发展的探寻难以实现预期价值目标的根由就在于，资本主义的生产方式注定了财富趋向于集中在少数资本家手中。而中国提出的共享发展理念以社会主义制度为基础，为共享发展的真正实现提供了制度条件，这也是中国共享发展理念对世界发展理论的超越性所在。马克思在《〈政治经济学批判〉导言》中明确指出："分配的结构完全决定于生产的结构。分配本身是生产的产物，不仅就对象说是如此，而且就形式说也是如此。"[④] 在马克思看来，要将分配方式置于生产方式的框架内考察，生产方式决定了分配方式。在资本主义私有制的生产资料所有制结构下，资本家占有劳动者的剩余劳动价值，抑制了劳动者收入的增长。对此，恩格斯指出，只有消灭生产资料私有制才有可能使"所有人共同享受大家创

---

①　转引自左晓斯《发达国家乡村贫困与反贫困战略研究——以美国为例》，《福建论坛》（人文社会科学版）2019 年第 1 期。

②　Credit Suisse，*Download the Global Wealth Reports and Global Wealth Databook*，https：//www.credit－suisse.com/about－us/en/reports－research/global－wealth－report.html.

③　对瑞典社会不平等现象的论述参见高建昆、陈海若《瑞典财富与收入的不平等扩大趋势及成因分析》，《当代世界与社会主义》2020 年第 4 期。

④　《马克思恩格斯全集》（第 30 卷），人民出版社 1995 年版，第 36 页。

造出来的福利"①。在这一意义上，马克思特别强调："真正的自由和真正的平等只有在共产主义制度下才可能实现。"② 可见，只有以公有制为主体的社会主义国家，才能保障劳动人民享有平等劳动和平等享有劳动成果的权利。"公有制主体地位不能动摇，国有经济主导作用不能动摇，这是保证我国各族人民共享发展成果的制度性保证。"③

同时，在方法论上，相比世界发展理论，中国的共享发展理念更加强调主体共建的过程，重视以共建带动共享，走渐进式共享道路。具体来看，一方面，在公共资源的分配过程中出现某种程度的正义失序不仅会直接导向贫困群体的生成，还会使弱势群体在资源配额的持续性缺失中逐渐丧失追求幸福生活的能力。因此，共享发展理念不仅关注分配环节，更突出共建基础上的共享，注重个体参与社会建设的权利保障与能力培养，以此增强共享发展的社会基础。另一方面，共享发展理念强调发展的过程性与共享发展成果目的性的统一。对这一统一的强调旨在鼓励劳动人民通过发挥自身能动性推动社会发展，为社会创造更多可供支配的资源，从而保障发展成果全面公平地为劳动群众所享有。在此意义上，发展的过程性与共享发展成果的目的性是相互促进的，能够有效将人民群众对美好生活的期待转化为社会经济发展的活力。西方国家虽然试图通过各种福利制度缓解或掩盖资本主义社会的结构性矛盾，但由于无法实现共建与共享的统一，只能以财政赤字暂缓当下困境，或是将部分低收入人群排除在经济增长和制度保障之外，从而为社会发展埋下了隐患。

质言之，收入水平始终是判定贫困与否的核心依据，而收入差距及其扩大则是相对贫困的重要成因和主要表现。因此，新时代的中国减贫脱贫之路不仅致力于改善低收入人群的经济状况，更强调以发展成果的共享来缩小贫富差距。从顶层设计上来看，党中央和地方一直高度重视缩小收入差距。在党的十九大报告中，习近平总书记指出："履行好政府再分配调节功能，加

---

① 《马克思恩格斯文集》（第 1 卷），人民出版社 2009 年版，第 689 页。
② 《马克思恩格斯全集》（第 1 卷），人民出版社 1956 年版，第 582 页。
③ 中共中央党校组织：《以习近平同志为核心的党中央治国理政理念新思想战略》，人民出版社 2017 年版，第 57 页。

快推进基本公共服务均等化，缩小收入分配差距"①，在初次分配和再分配中都要更加注重公平。因为"收入分配是民生之源，是改善民生、实现发展成果由人民共享最重要最直接的方式"②。对此，《中共中央关于全面深化改革若干重大问题的决定》提出，要扩大中等收入者比重，努力缩小城乡、区域、行业收入分配差距，逐步形成橄榄型分配格局。从具体实践来看，党和政府持续不断完善社会保障制度。目前，中国已经基本建成了全面完整的社会保障体系，医疗保障制度、养老保障制度、失业保险和工伤保险制度、社会救助体系等共同为弱势群体建立起抵抗贫困的防线。在保障式扶贫的基础上，中央和地方政府推进开发式扶贫，利用贫困地区的自然资源，在生产、加工、销售等环节给予必要的政策、资金、技术和市场流通等方面的支持，帮助贫困人口提高自我积累、自我发展的能力。③ 这些措施在帮助中国逐渐摆脱绝对贫困的同时，也为缩小贫富差距做出了重要贡献。应当说，共享发展是脱贫攻坚战取得胜利的关键一招。而今站在新的发展起点，面对相对贫困的全新挑战，我们需要进一步探索如何以共享发展理念实现对相对贫困的治理，使共享发展从抽象理念上升到具体实践。

以共享发展理念破解相对贫困治理难题的超越性，首先体现在共享发展是现阶段最切近分配正义这一治理目标的价值理念，展示出了共享发展理念在治理相对贫困上的先进性与合理性。罗尔斯认为，所有的社会基本价值或者基本善都应该被平等地分配。④ 同时，罗尔斯在解读马克思的正义观念时，认识到马克思持有这么一种观点，即"一种正义概念是否可以运用于特定的政治和社会制度，取决于从该社会的历史使命来看，那种正义概念是否适应了现存的生产方式"⑤。也就是说，正义或者分配正义要置于特定的社会历史条件下。实现分配正义不能寄希望于某种"原初状态"的再现，而是要适应具体社会历史条件下的生产方式和生产关系。虽然中国的减贫之路

①　习近平：《决胜全面建成小康社会 夺取新时代中国特色社会主义伟大胜利——在中国共产党第十九次全国代表大会上的报告》，人民出版社 2017 年版，第 53 页。

②　习近平：《习近平总书记系列讲话重要读本》，人民出版社 2014 年版，第 128 页。

③　参见刘建华、李昕、姜丽媛《精准扶贫、精准脱贫及成果巩固研究——缩小收入差距的视角》，《当代经济研究》2020 第 12 期。

④　［美］罗尔斯：《正义论（修订版）》，何怀宏等译，中国社会科学出版社 2009 年版，第 48 页。

⑤　［美］罗尔斯：《政治哲学史讲义》，杨通进等译，中国社会科学出版社 2011 年版，第 353 页。

一直以增加收入和缩小收入差距的目标并行为导向，但由于绝对贫困是主要矛盾，因此"做大蛋糕"被置于优先性的地位。而在实现全面脱贫的阶段性目标后，共享发展作为现阶段分配正义的合理呈现方式，一方面以共建的前置逻辑联结了"有发展成果"，另一方面以共享的内在逻辑联结了"分配发展成果"，将"做大蛋糕"和"分好蛋糕"同时纳入共享发展的框架里，修正了"谁为历史主题"式的发展排序困境。

其次，以共享发展理念治理相对贫困的超越性表现为，从总体性设计上将贫困治理的维度由经济领域扩展到"五位一体"的整体层面。共享发展要求保证贫困群体"共享改革发展成果的权利"，而要把握这一要求的科学内涵，就要明确"发展成果"的具体指向。在共享发展的视野里，发展成果是物质性和精神性价值的总和，包括政治成果、经济成果、文化成果、社会成果和生态成果等。据此，我们可以把"共享改革发展成果的权利"细分为"经济发展成果共享权""政治发展成果共享权""文化发展成果共享权""社会发展成果共享权"和"生态发展成果共享权"。其中，经济发展成果共享权是共享权利的核心，是实现其他几种共享权的物质基础。政治发展成果共享权是共享权利的合法性基础，也是"有尊严"地实现权利共享的根本保障。如果没有政治共享权，其他领域的共享很有可能会陷入无由、无序、无法的状态，对社会发展产生破坏性的影响。文化发展成果共享权的意义在于突破以往偏重物质发展的局限，纠正"单向度的人"对个体发展的不良导向，实现文化发展成果共享权对其他共享权的价值指引。社会发展成果共享权体现的是我们从这个被我们每个个体参与建设的社会中获得满足促进自我自由全面发展需要的基本权利，从根本上规定了我们与社会如何互动，如何彼此建构，是其他共享权的交汇点，可以用来表达其他发展成果共享权，是共享发展最核心的诉求指向。资源的稀缺性和环境污染的不可逆性使得生态发展成果共享权的特殊地位日益凸显，生态发展成果共享权关乎其他共享权的可持续性和共享质量。

再次，以共享发展理念治理相对贫困的超越性表现为，在相对贫困治理的过程中对什么是"好的发展"这一关系到发展本源的问题进行了价值反思。在对待什么是"好的发展"这一认识上，多采用的评价性标准是生产力发展与社会进步。但如此评定"好的发展"显然是见物不见人，人作为发展主体的发展被悬置。因此，不少学者指出，生产力发展的标准是"工具性"标准，社会进步的标准则是介于"工具性"与"目的性"价值标准之间，只有人的全面发展标准才是发展的"最高目的性"价值标准。① 对此，德尼·古莱认为，所谓好的发展"就是提升一切个人和一切社会的全面人性"，实现"最大限度的生存、尊重和自由"。② 只有使人的生存、尊重和自由不断得以发展，才能被视为好的发展。与古莱相似的是，在阿瑟·刘易斯看来，经济发展的根本好处应该在于对人之选择能力的增加。但我们以发展的方式诉求对人之发展的促进也存在着导致发展异化的风险，即越是发展人就越不自由。在《1844年经济学哲学手稿》中，马克思就曾深刻地揭示出，我们越是发展就越是将自己置于自身对立面，从而越是贬低自己的价值。因此，当我们将"好的发展"的认识重新复归到"人之发展"这一评价基点时，也必须对发展造成的人的异化保持警醒，并以共享发展理念做到对发展异化的治理，因此共享发展所主张的是以每个人的自由而全面的发展作为基本原则的社会形式③，这一社会发展形式是"在保证社会劳动生产力极高度发展的同时又保证人类最全面的发展的这样一种经济形态"④。总之，当我们无论是诉求人性的提升、自由的拓展，还是关切人的自由全面发展，共享都是其得以实现的根本方式。

三　以共享发展理念治理相对贫困的可能路径

共享发展理念对相对贫困的治理不仅是理论意义上的，也是具体实践的，且必须实现从理论到实践的飞跃。在"有发展成果"和"分配发展成果"之间确立出一种深刻的我们拥有"共享发展成果的权利"及将这一权利现实化的可能，是以共享发展理念治理相对贫困的总体性理念。这一总体性理念的具体化需要我们对以全民共享、全面共享、共建共享以及渐进共享为内在规定的共享发展理念做出引领相对贫困治理的具体逻辑透视，并将这

---

① 参见吴灿新《发展伦理与道德代价》，《广东社会科学》2013年第1期。
② ［美］古莱：《发展伦理学》，高铦等译，社会科学文献出版社2003年版，第8页。
③ 《马克思恩格斯全集》（第23卷），人民出版社1963年版，第649页。
④ 《马克思恩格斯全集》（第19卷），人民出版社1972年版，第130页。

一逻辑体现到治理相对贫困的实践安排之中。

(一) 全民共享：治理相对贫困的实践基点

我们知道，人自由而全面的发展是人类自我意识不断觉醒和自我状态的不断完善的最终结果，是未来社会发展的必然趋势。与西方传统正义理论相比，马克思关于"人的自由而全面发展"思想在当今社会正义失序导致的相对贫困扩大化问题上显示出独特的意义，它既完成了正义又超越了正义。使每个人最大限度地过上体面的、有尊严的生活和实现自由全面发展是以共享发展理念治理相对贫困的价值追求。这意味着共享发展对相对贫困的治理是以全民共享为实践基点的，并要求在全民共享的理念下关注对人之提升生存、尊严与自由能力的促进。

第一，以全民共享引领相对贫困治理需要在"生存价值"上实现物质支撑。这主要是指从物质层面对相对贫困群体实施的社会救济。人类社会得以延续，其首要历史前提就是人类的生产活动提供了发展的物质资料条件。在人类需要的各层次中，人作为生命体的生存需要是最基础、最重要的，因为"全部人类历史的第一个前提无疑是具有生命的个人的存在"[1]。只有满足了基本的生存需要，人才能够去追求更多的目标。作为自由个体的人的存在和发展是整个人类社会存在和发展的基础。因此，伦理关怀中"生存价值"的构建就是要凸显出主体对客体生命的关注，使其获得基本的生存条件而得以体面生活。马克思指出："一个种的整体特性、种的类特性就在于生命活动的性质，而自由的有意识的活动恰恰就是人的类特性。生活本身仅仅表现为生活的手段。"[2] 因此，马克思认为人的自由而全面的发展需要构建在人的劳动实践活动的全面发展的根基上。从内涵上看，人的全面发展是在人的劳动全面发展的基础上不断实现人的生存需要和未来全面发展的一个动态过程。相对贫困群体所遭遇的"能力瓶颈"恰恰是其无法有效参与社会实践活动所导致的。所以，从人全面发展的角度重新审视相对贫困中生存价值的意义，将会促进人类劳动能力的提升和人性的解放。

---

① 《马克思恩格斯文集》（第 1 卷），人民出版社 2009 年版，第 519 页。
② 《马克思恩格斯文集》（第 1 卷），人民出版社 2009 年版，第 162 页。

　　第二，以全民共享引领相对贫困治理需要在"尊重价值"中提供人格支撑。对相对贫困群体的人格尊重是物质关怀基础之上的一种高层次关怀，以全民共享引领相对贫困治理应当考虑到关怀客体的人格尊严，赋予关怀方式更多的人性化内涵。在保障其基本生存条件后，还应继续提供文化教育上的帮助支持，树立其自尊自立自强的良好社会道德品性，提升他们在社会生活中的综合能力，以实现作为人类应然的社会价值和人生价值。古莱认为："尊重是指人们对于自身受到尊重、他人不能违背自身意愿而用以达到其目的的感受。"① 尊重在某种程度上就是指让人过上真正富有人性、有尊严的生活。尊重与生存密切相关，也与经济地位相关。所以，只有当人们"拥有足够"的物质财富、"生存"条件得到改善时，才有可能获得尊严和尊重。按照历史唯物主义的观点，人在基本生物需求得到充分满足后才能够把一部分精力用于获取温饱以外的事物，才能够体验和享受作为多维度人的生活。马克思认为人作为"社会关系的总和"，其自由而全面发展需要通过扬弃自身发展过程中出现的异化状态，人的社会关系的不断丰富发展将会使人摆脱"对物的依赖性"，从而实现主体在社会关系上的平等与尊严。

　　第三，以全民共享引领相对贫困治理需要以"自由价值"来提供终极意义的价值支撑。在全民共享中实现相对贫困治理不光是要实现个人劳动能力的全面提升，而且还要实现其与他人、与自然、与社会的相互融洽。治理相对贫困是对人类生命的关注，是对人的尊严的肯定，最终归结到对人类自我的解放和对自由的追求。"自由"关乎人类决定自己命运的能力，其目标是摆脱自然状态下的贫困和人类愚昧的奴役。随着物质生产力的进化，人和人之间的相互关系必然会从以人的依赖关系为特征的强制关系走向以物的依赖关系为特征的契约关系，乃至最后以"自由人联合体"为特征的和谐关系三大阶段。人在摆脱自然依附属性的时候萌发了自由的意识，人类获得自由的第一标志便是通过能动的实践活动使自身扬弃掉单纯的自然存在，超越与自然的狭隘关系，成为社会性的存在。所以，人的自由是个体自由和社会自由的结合。相对贫困治理所要追求的人的全面发展，不光是指个体身体素质和智力上的全面提升，更是为了促进整体社会成员自由个性的全面发展，

---

① ［美］德尼·古莱：《发展伦理学》，高铦等译，社会科学文献出版社2003年版，第51页。

促进个体从自然人走向社会人的发展。人的全面发展本质上表现为人类整体性水平以及自决能力的全面提高。人的自由个性是人本质力量发展的集中体现，是人的自主性、能动性、创造性的充分展示。

质言之，将人作为发展的终极价值来重新思考当代相对贫困的治理难题，要求我们超越传统解决方法和思路，从满足基本生存需求的经济发展层次提升到构建发展伦理价值体系的层次。从发展伦理角度来看，人类生活的最终意义在于追求自己的幸福，而这种追求的路径和基础便是人类的发展与进步，这也是摆脱相对贫困的唯一现实途径。人人共享社会发展成果，共同促进社会发展。在社会公平正义的伦理关怀下，社会成员才有可能平等享有社会发展所带来的公共利益，实现个人能力和自由的提升，由此，相对贫困问题将得到缓解，人类社会整体的真正进步和发展也会得以实现。

（二）全面共享：治理相对贫困的实践规定

相对贫困的表现、成因是复杂的、综合的，这就决定着进行相对贫困治理不可能是"单打一"的，实行全面而系统的治理是实现相对贫困治理的实践规定与价值要求。在这一意义上，需要以全面共享的价值理念为治理相对贫困的实践规定。我们知道，发展已不再单涉经济议题，更是一个涵盖经济、政治、文化、社会和生态等多方面的综合性议题。全面共享正是在"将发展作为这样的综合性议题"的基础上实现对相对贫困的治理，体现出以共享发展理念治理相对贫困在总体性设计上的超越性。

第一，保障与促进经济发展成果共享权。对于经济发展共享权可从财富追求和财富分配的角度来理解。首先，从财富追求的角度来理解，这是经济共享权的逻辑起点。由于经济共享权的前提是追求财富的实现，而财富追求的伦理基础仍然是以发展伦理的核心理念作为基础，即以人为本。这里的"人"是在群体或类意义上讲的；同时，对个体而言，追求"取之有道"的财富，还有成果共建、风险共担的义务成分。其次，从财富分配的角度理解，这是经济共享权的逻辑终点。经济共享权的核心是财富分配的正义。财富分配的正义从手段上来讲，既与经济增长、收入分配方式等密切相关，也受其他领域分配效应的影响；就结果来讲，不仅体现经济领域的正义，更彰显社会领域的正义。同时，经济共享权必然涉及"利益补偿"问题。它作为一种利益调节的救济机制，也是一种社会公正的补救机制，是共享发展成果的必经阶段。可见，经济共享权作为共享权的核心，在逻辑起点上既是其他共享权利的出发点，在逻辑终点上又是其他共享权利的物质基础。它的内涵要比经济财富、物质利益丰富得多，是解决发展成果分配共时性难题的关键所在。

第二，保障与促进政治发展成果共享权。政治共享权要解决两个优先性议题：一个是在政治上确立整个共享权利的合法性，另一个是明确政治领域发展成果的共享路径。首先，把共享权确立为一项人民的基本权利，本身就是政治发展过程中的重大议题。它赋予每个公民共享发展成果的合法性、正当性，涉及的是共享中"有尊严"的问题。如果无法在政治层面确立共享的应然地位，其他领域的共享权利将没有"权利"意味可言，也就将失去进行共享的合法性和正当性。其次，政治发展成果也是改革发展取得的重要成果，其最重要的表现就是每个公民对权利都能享有形式和实质上的平等性。而政治权利呈现出其自身的独立性和复杂性，不可能通过所谓的补偿途径来解决。罗尔斯的正义原则也明确了平等政治权利的优先性和不可补偿性。因此，政治领域发展成果的共享路径应是先"增量"后"存量"，优先保证政治发展成果的平等分配，然后以"增量"倒逼"存量"而实现"真正的"平等分配。但这种理想路径不可避免地会遭遇现实的政治博弈。质言之，政治共享权是其他共享权之所以称得上权利的前提，也是实现"有尊严"共享的基础。

第三，保障与促进文化发展成果共享权。一般地，文化发展成果可分为"工具型文化成果"和"价值型文化成果"。它们对个体和社会有不同意义：工具型文化成果共享权的实现对经济的依附度较高，需要相应的文化体系及文化市场的支撑，也表现出较强的依附性、复制性和大众性。它的实现过程就是个体获取不同文化体验的过程，侧重对个体自身的工具意义。而价值型文化成果共享权表现出一种内在的义务倾向，因为价值型文化成果的共享关乎发展的价值理性的延展程度，关乎发展的精神维度。价值型文化尤其人们的价值观念在发展中具有很大作用，一种好的发展价值观念引导一种好的发展，能够实现外在的工具理性和内在的价值理性在发展维度上的完整呈现。价值型文化成果共享权并不意味着有了经济基础，有了一定的文化体系及文化市场就可以实现。在这个方面，它深刻地体现出了文化自身的独立性和特殊性，需要遵循文化发展的特有逻辑和规律。可见，文化共享权不仅是现有文化成果上的共享，更重要的是为发展提供"理念"指引，更是一项共建的义务。如果说其他共享权是在偏物质性的成果上实现共享，那么文化发展共享权就是在偏精神性的成果上实现共享。

第四，保障与促进社会发展成果共享权。社会发展成果有两种类型：基础性的物质成果和发展的能力建设成果。首先，在基础性的物质成果上，社会共享权被认为是经济共享权在社会领域的表现，是经济正义的延伸甚至归宿。每个社会个体的基本身份是社会共同体的成员，因此，每个成员就获得了对发展的第一份天然贡献，就应将共享作为社会共同体成员的基础性的物质成果的权利；相应地，每个社会成员也必须履行保证其他社会共同体成员基本生存和发展的义务。其次，在发展的能力建设成果层面上，社会共享权最大的内涵还在于广泛参与社会建设，尤其通过参加社会组织参与社会管理的权利。随着"单位制"逐渐退出历史，市场力量在社会发展中的作用不断上升，国家领域和市场领域之间的"旷野"（即社会领域）逐渐拓宽，这为社会组织的发展带来了机遇，这也是社会发展的成果。社会成员应具有平等参与、共享社会管理的权利，这种权利不应被政府以及所谓的"社会精英"控制。同时，社会成员参与社会建设的过程是社会成员参与能力发展的过程，这是对人的发展的历史需要的满足，同时也是社会共同体对成员的一种义务要求；这个过程是社会共同体发展的过程，对社会发展起着优化社会建设结构、强化社会建设能力的作用。可见，社会共享权是保证其他共享权得以实现的能力前提。

第五，保障与促进生态发展成果共享权。生态发展成果具备两种形态："原始生态成果"和"经治理的生态成果"。首先，相对于粗放式发展来讲，不破坏生态的发展本身就是发展生态，每个个体都能自然地共享这种原始生态成果，基本不存在所谓的分配问题。但对于绝大部分后发国家和地区来说，由于发展条件的限制，容易陷入生态发展成果分配的共时性困境。因此，按照生态发展成果共享权的逻辑，我们应确立原始生态成果本身就是生态发展成果的意识，并且这种发展成果具有不可替代性和难以补偿性。确保原始生态成果、保证经济发展速度和生态发展质量的协调性就是对发展的贡献。这是"分配发展成果"的前提。其次,发展主义崇拜"物质生产力",忽略"自然生产力",而后者在存在生态风险的现代社会中日益表现出与物质生产力同等的地位和重要性,关系到人类的可持续发展。[①] 合理分配生态效益和生态责任、处理生态风险的积累问题也涉及生态发展成果共享权问题。由于生态要素跨区域流动,生态治理也需要跨区域,而不同区域往往处在不同的发展阶段,这增加了问题的复杂性。因此,在"经治理的生态成果"层面,生态发展成果共享权涉及"补偿问题",即"以经济利益补偿生态利益"的问题。

总之,全面共享从发展的综合性视野来实现对相对贫困的治理,所展示的是,我们需要在相对贫困的治理上体现出共享发展成果权利的综合性,因为只有一种综合性的共享发展成果权利才能对人因发展而导致相对贫困进行全方位的揭示与治理,从物质的、权力的、价值的、能力的以及质量的维度实现一种真正的好的发展。

(三) 共建共享与渐进共享:治理相对贫困的实践指向

相对贫困的复杂性决定了对其进行治理必然是一个整体发力、逐步推进的过程。为此,我们需要一种渐进式的治理相对贫困的价值理念。同时,从使人过上体面、有尊严的生活和自由全面发展的相对贫困治理诉求来看,这也需要我们个体充分展示出主体能动性,积极参与到相对贫困的治理之中。在这一双重意义上,共建共享与渐进共享应当成为我们治理相对贫困的实践指向。

从渐进共享来看,它依赖于建立可靠的治理相对贫困的制度,因为只有具有强有力的制度保障,人们才能更好地信任以一种渐进的方式治理相对贫困。或者说,我们应当在治理相对贫困的制度中体现渐进的价值理念。由此而言,以渐进共享治理相对贫困,需要从制度设计层面为人民共享发展成果的权利提供政治保障。从内容上讲,权利的公正分配包括权利和义务的分配;从形式上来讲,它在制度上得以体现。如罗尔斯所言,社会制度是正义

---

① 参见刘森林《重思发展——马克思发展理论的当代价值》,人民出版社 2003 年版,第 61—65 页。

的"首要主题"，因为社会的主要制度关乎权利和义务、利益与责任的分配。马克思也认为，要以"制度变革"来实现发展成果的共享、达到人的全面发展，只不过这种制度变革是从资本主义制度到共产主义制度的根本性变革。因此，我们需要以制度性的力量为以渐进共享治理相对贫困提供支撑与保障，确保制度达到天然的和人性的有机统一的"公正性"。

　　具体来看，对人民发展共享成果的权利进行法律层面的设计是制度设计的最佳选择。法治是现代国家治理体系和治理能力的体现，它本身是现代政治的发展成果。在这里，它作为实现共享权的路径，体现了法治在发展进程中的基础性地位。而要使共享发展成果权从一项应然性权利走向实然性权利，根本路径是保证共享权明确的法律地位和明晰的法律操作路径。国外在对共享权法律定位的问题上有明显的历史印迹，如德国的共享权经历了福斯多夫的"作为自由权替代物的共享权"到福斯多夫修正的"作为自由权并列物的共享权"，再到德国主流观点认为的"作为平等权衍生物的共享权"。① 它既说明了共享权有超越时代的价值，也说明共享权的位阶在逐渐下降。这值得我们思考。因此在宏观制度层面，我们应把共享权利作为一项明确的法律权利确定下来，而在哪个法律层面（宪法还是其他基本法），或许需要进一步讨论；在微观制度层面，应把共享权利细化成各项具体的共享权。只有这样，我们才能对渐进共享充满信心，并具有践行以渐进共享治理相对贫困的根本勇气。

　　从共建共享来看，以其作为治理相对贫困的基本方式，一方面在于改变我们个人对于治理相对贫困的价值认识，进而从价值观方面为我们实现相对贫困提供保障。从社会角度或整体意义上的"人"来讲，价值观与制度体制存在密切的内在关联，价值诉求应当成为制度构建和顶层设计的共识；同时，制度也需要伦理文化资源的价值支撑。道德或伦理是实现共享理念的基础和思想资源。只有首先树立共建共享的发展价值观，才有可能促进人的全面自由的发展。这是一种自觉性的道德义务和价值追求，同时个体还应有一种与自身享受的自由、秉持的能力相当的道德责任意识。因此，在观念层面，我们应该把共享权利作为一项伦理共识确定下来，把共享权利的内在伦理逻辑即"成果共建—成果共享—责任共担"作为发展权利的伦理范式确定下来，作为共享权利实现的理论保障。

另一方面，则需要我们个体充分参与到发展之中。从个体层面为共享发展成果的权利提供实践保障，从而实现对相对贫困的治理。具言之，观念和制度层面的共享权利最终要落实到行为层面。这是共享权利实现的终点。从个体行为的角度来讲，主要是扩大社会全面参与，包括共建和共享。公共领域的社会治理需要社会成员的广泛参与。在这个过程中，我们通过社会机制自行消解部分利益分配的矛盾，以减缓制度分配的压力。另外，要实现"共享机会"的普遍化、"共享能力"的高效化，发展成果并不完全都由制度实现分配，社会领域在共建过程中逐步实现共享机会的均等，进而进一步提高共享能力。我们需要在社会行为和个体行为上实现共享权的合力，做到对相对贫困的有效治理，迈向以共同富裕为根本特征的社会主义新时代。

第　十二　章

共同富裕与新发展理念①

　　共同富裕是人类千百年来孜孜不倦追求的理想境界，是马克思主义的一个基本目标，也是中国共产党的重要使命。"富裕"指人类个体占有的与自身相关的各种资料，比如生存资料、空间资料、发展资料、精神资料等，在数量和质量方面符合不断发展的生产力，并且在整个人类历史发展过程中达到较高丰裕度；而"共同"则是共同体与个体的联结，强调个体不断完善所形成的群体性，指个体获得的以上几种资料在质量和数量上与他人无实质差别或差别不悬殊。共同富裕时代就是这样一个关联个体和共同体全方面多维度的丰裕时代。进入新时代，我们走上了逐步实现全体人民共同富裕的新征程，在迈向这个新征程中，我们必然会面临一系列新的理论难题与实践困境。这一方面需要以新发展理念作为实现共同富裕的价值指引，另一方面，则需要推动新发展理念的发展以便有效、有力地开解由追求实现共同富裕而带来的理论难题与实践困境。

一　共同富裕：中国发展理念价值逻辑的本质追求

　　作为社会发展的本质追求，共同富裕理想一直隐现于中华民族的历史长河中。从《礼记·礼运》中提出"大同"思想，到中国共产党对国家富强、民族复兴、人民幸福的百年探索，共同富裕成为一种目标与手段、过程性与形成性相统一的范畴，并在时势事的辩证运动中不断扩宽新的内涵。

---

　　① 该章部分内容以《迈向共同富裕时代的价值观挑战》为题发表在《思想理论教育》2022 年第 3 期。

　　早在先秦时期，共同富裕的构想就散见于诸子百家的争鸣之中。无论是农家的"并耕而食"，还是道家的"小国寡民"，都映射出古人对理想社会的朴素追求。儒家对此的构筑则更为详尽与完整。《礼记·礼运》最早提出了"大同"一词，意指"天下为公"的社会。这种"公有"不仅体现为权力和财务的全民共有，也内蕴着选贤与能的社会管理体制和讲求信睦的人际交往准则，如此才能使人人皆有"所终""所用""所长"和"所养"。① 但受制于社会生产力的发展水平，"大同"只能是一种形而上的价值愿景。而当阶级矛盾陷入不可调和的境况时，以"均贫富"为核心的"大同"思想就更为显在地体现于农民起义的口号、教义和纲领之中。秦末陈胜、吴广的"苟富贵，无相忘"，西汉王匡、王凤的"除霸安民，劫富济贫"，唐末黄巢的"天补均平"，北宋王小波、李顺的"吾疾贫富不均，今与汝均之"，南宋钟相、杨幺的"等贵贱，均贫富"，明末李自成的"均田免粮"都契合了农民的心理期待。② 作为旧式农民起义的巅峰，太平天国运动明确提出"均平"主张，其间颁布的《天朝田亩制度》以解决农民土地问题为中心，围绕土地分配、产品分配、政治制度和婚姻制度等方面开展改革实践，绘制出一幅"有田同耕，有饭同食，有衣同穿，有钱同使"的社会蓝图。③ 虽然历次农民起义均以失败告终，但不可否认的是农民平均主义思想也得到了曲折性与前进性相统一的发展。近代以来，一批有识之士开始在救亡图存运动中探求以富裕为基础的平均主义。资产阶级维新派代表康有为在《大同书》中提出"无邦国，无帝王，人人平等，天下为公"的社会理想，主张以"西学西理"走上现代工业化道路，以此实现物质财富极大富裕、人人平等、人人劳动的"大同之世"。④ 资产阶级革命者孙中山主张以解决"国贫""民贫"为第一位，以平均为第二位，他在《三民主义》中指出，"我们三民主义的意思，就是民有、民治、民享。这个民有、民治、民享的意思，就是国家是人民所共有，政治是人民所共管，利益是人民所共享。照这样的说

　　① 孙聚友：《儒家大同思想与人类命运共同体建设》，《东岳论丛》2016 年第 11 期。
　　② 刘洪森：《新时代共同富裕的生成逻辑、科学内涵和实践路径》，《思想理论教育》2022 年第 3 期。
　　③ 参见范文澜《中国近代史》（上册），人民出版社 1947 年版，第 122—123 页。
　　④ 参见国家清史编撰委员会《康有为全集》（第 7 卷），中国人民大学出版社 1998 年版。

法，人民对于国家不只是共产，一切事权都是要共的"①。然而，资产阶级的软弱性和妥协性决定了他们所倡导的"天下为公"只能是背离现实的空想和有限度的尝试。

近代以来的探索，使中国共产党人深刻认识到：求得民族独立和人民解放，实现国家繁荣富强和人民共同富裕是中华民族面对的两大历史任务。②在以这两大历史任务为目标导向的百年征程中，中国共产党人对共同富裕的要义把握和实践探索也不断深化。在新民主主义革命时期，共产党人初步形成了注重平均的共同富裕思想。如李大钊认为，社会主义"不是使人尽富或皆贫，是使生产、消费、分配适合的发展，人人均能享受平均的供给，得最大的幸福"③。毛泽东也在陕甘宁边区参议会的开幕演说中提出，社会主义应是"全国人民都要有说话的机会，都要有衣穿、有饭吃、有事做、有书读，总之是要各得其所"④。在社会主义革命和建设时期，作为政策性概念的"共同富裕"首次出现在党的文件中。毛泽东主持起草了《中国共产党中央委员会关于发展农业生产合作社的决议》，该文件指出，"为着进一步地提高农业生产力，党在农村中工作的最根本的任务，就是要善于用明白易懂而为农民所能够接受的道理和办法去教育和促进农民群众逐步联合组织起来，逐步实行农业的社会主义改造，……使农民能够逐步完全摆脱贫困的状况而取得共同富裕和普遍繁荣的生活。"⑤ 进入改革开放和社会主义现代化建设新时期，作为发展理念和发展目标的"共同富裕"得到了更为深入的阐释。为了改变"大锅饭"和"普遍贫穷"的局面，邓小平将"共同富裕"视为一种发展理念，作出了关于社会主义本质的论断，创造性地提出"允许一部分地区、一部分企业、一部分工人农民，由于辛勤努力成绩大而收入先多一些，生活先好起来"，进而在示范效应中推动"整个国民经济不断地波

① 《孙中山选集》，人民出版社1981年版，第843—844页。

② 刘洪森：《新时代共同富裕的生成逻辑、科学内涵和实践路径》，《思想理论教育》2022年第3期。

③ 中国李大钊研究会：《李大钊全集》（第4卷），人民出版社2006年版，第196页。

④ 《毛泽东选集》（第3卷），人民出版社1991年版，第808页。

⑤ 中共中央文献研究室：《建国以来重要文献选编》（第4册），中央文献出版社1993年版，第661—662页。

浪式地向前发展，使全国各族人民都能比较快地富裕起来"①。江泽民将共同富裕作为改革开放的重要方向，进行了共同富裕的制度化探索。他在党的十四大报告中强调要"防止两极分化"②，在党的十五大报告中明确要"坚持和完善按劳分配为主体的多种分配方式"③。胡锦涛则将共同富裕与人的全面发展相联系，着力保障和改善民生。党的十六大报告提出，要"正确反映和兼顾不同方面群众的利益，使全体人民朝着共同富裕的方向稳步前进"。④

迈进中国特色社会主义新时代，以习近平同志为核心的党中央统筹推进"五位一体"总体布局，协调推进"四个全面"战略布局，带领中国人民打赢脱贫攻坚战，全面建成小康社会，为逐步实现共同富裕奠定了坚实的基础。党的十九届五中全会以来，习近平总书记对共同富裕作出了多次重要指示，在新的历史条件下丰富和发展了党的共同富裕思想。党的十九届五中全会提出，到 2035 年"人的全面发展、全体人民共同富裕取得更为明显的实质性进展"⑤。2021 年初，习近平总书记在省部级主要领导干部学习贯彻党的十九届五中全会精神专题研讨班开班式上强调，实现共同富裕不仅是经济问题，而且是关系党的执政基础的重大政治问题。⑥《中华人民共和国国民经济和社会发展第十四个五年规划和 2035 年远景目标纲要》指出，共同富裕是社会主义的本质要求，是人民群众的共同期盼，推动经济社会发展，归根结底是要实现全体人民共同富裕。2021 年 4 月 30 日，中央政治局召开会议，要求"制定促进共同富裕行动纲要"⑦。2021 年 6 月公布的《关于支持浙江高质量发展建设共同富裕示范区的意见》指出，"促进全体人民共同富裕是一项长期艰巨的任务，需要选取部分地区先行先试、作出示范……支持

① 《邓小平文选》（第 2 卷），人民出版社 1994 年版，第 152 页。

② 中央文献研究室：《十四大以来重要文献选编》（上），中央文献出版社 2011 年版，第 17 页。

③ 中央文献研究室：《十五大以来重要文献选编》（上），中央文献出版社 2011 年版，第 16 页。

④ 中央文献研究室：《十六大以来重要文献选编》（上），中央文献出版社 2011 年版，第 12 页。

⑤ 《中共十九届五中全会在京举行 中央政治局主持会议 中央委员会总书记习近平作重要讲话》，《光明日报》2020 年 10 月 30 日第 1 版。

⑥ 习近平：《深入学习坚决贯彻党的十九届五中全会精神 确保全面建设社会主义现代化国家开好局》，《人民日报》2021 年 1 月 12 日第 1 版。

⑦ 《分析研究当前经济形势和经济工作 听取第三次全国国土调查主要情况汇报 审议〈中国共产党组织工作条例〉》，《光明日报》2021 年 5 月 1 日第 1 版。

浙江高质量发展建设共同富裕示范区，有利于通过实践进一步丰富共同富裕的思想内涵，有利于探索破解新时代社会主要矛盾的有效途径，有利于为全国推动共同富裕提供省域范例，有利于打造新时代全面展示中国特色社会主义制度优越性的重要窗口。"2021 年 7 月，习近平总书记在"七一"重要讲话中强调要"维护社会公平正义，着力解决发展不平衡不充分问题和人民群众急难愁盼问题，推动人的全面发展、全体人民共同富裕取得更为明显的实质性进展"①。2021 年 8 月，习近平总书记主持召开中央财经委员会第十次会议，强调"共同富裕是全体人民的富裕，是人民群众物质生活和精神生活都富裕，不是少数人的富裕，也不是整齐划一的平均主义，要分阶段促进共同富裕"②。2021 年 10 月，习近平总书记发表重要文章《扎实推动共同富裕》，明确了促进共同富裕的原则、总思路和多方面部署，对如何推动共同富裕提出全局性战略谋划。党的十九届六中全会指出，要"立足新发展阶段、贯彻新发展理念、构建新发展格局、推动高质量发展，全面深化改革开放，促进共同富裕"③。

　　党的百年奋斗历程也是对共同富裕思想内涵、实现路径的探索历程，从注重平均思想的初步认识，到正式提出"共同富裕"、明晰基本含义，再到认识到"共同富裕"以社会生产力为基础、以先富为必由之路，最后到提出共享发展、指明社会主义生产力发展的出发点和归宿，不断凝结成共同富裕思想的科学内核。④ 在"先富—后富—共富"的逻辑链条中，共同富裕不是中国共产党在某一时期为了特定目标而提出的权宜之计，而是在理论与实践两个方面一以贯之的坚持与承诺。从理论上看，新时代的共同富裕理论不仅丰富和发展了邓小平关于共同富裕与社会主义本质的内容，深刻说明了共同富裕与中国式现代化之间的内在关系，也推动了中国特色社会主义分配理

---

① 《庆祝中国共产党成立 100 周年大会在天安门广场隆重举行》，《光明日报》2021 年 7 月 2 日第 1 版。

② 《在高质量发展中促进共同富裕 统筹做好重大金融风险防范化解工作》，《光明日报》2021 年 8 月 18 日第 1 版。

③ 《中共十九届六中全会在京举行》，《光明日报》2021 年 11 月 12 日第 1 版。

④ 董志勇、秦范：《实现共同富裕的基本问题和实践路径探究》，《西北大学学报》（哲学社会科学版）2022 年第 2 期。

论的创新性发展。① 从实践上看，新时代的共同富裕是一种总体性叙事，既指向物质生活富足、精神自信自强、环境宜居宜业、社会和谐和睦、公共服务普基普惠等总体性的目标维度，也关涉"谁之富裕""为谁富裕""依靠谁富裕"的价值旨趣。② 而无论是理论形态还是实践形态的共同富裕都不是完美无缺的，其会在新时代面临新的挑战。

二　共同富裕的三大价值观挑战

共同富裕是实现人的全面发展和社会全面进步的一场深刻社会变革，是全面建成小康社会后的一种更高级的社会形态。在迈向共同富裕过程中，分析主体关于财富认知的变迁、需要改变的选择、社会发展中"风险分配"的安全性、现代化治理中主流价值叙事与自由多元化挑战的冲突性等价值观方面的挑战，是我们梳理财富与自由、统筹安全与发展、探讨风险与治理，更好地发挥中国制度优势和政治优势的基本前提所在。特别要强调的是，研析共同富裕的应然状态，构建更合理更全面的社会价值体系和结构形态，确立财富观、需要观、风险观三者之间的内在关联、有效互动和实践方式，具有重要的理论和现实意义。

（一）经济合理性与伦理合理性如何统一的财富观挑战

作为价值观的重要组成部分，财富观是人们在对"财富是什么""如何创造财富""如何配置财富""如何使用财富"等问题的追问中所形成的对于财富本质和价值的认识与看法。财富观的形塑是探讨共同富裕的基本问题，因为其不仅揭示了个体经济行为的价值判断与行动逻辑，更影响着国家经济发展的价值确认与政策选择。更确切地说，财富观会影响我们对富裕的内涵、层次、特征以及实现方式的理解，从而影响我们迈向共同富裕时代的阶段性目标、节奏、策略和评价。从社会历史发展角度看，财富观对社会形

---

① 参见张雷声《新时代中国共产党共同富裕思想的伟大创新》，《当代世界与社会主义》2021 年第 5 期。

② 参见毛勒堂《作为总体性的共同富裕及其实现路径》，《思想理论教育》2022 年第 3 期。

态的变革具有相当的敏感度，往往能映现特定时代的社会生产本质，"小国寡民与安贫乐道只能源自于农业生产方式，经济人假设与新教伦理是资本主义生产方式的产物，社会主义生产方式则有自己的新财富观"①。回溯新中国成立 70 多年的发展长卷，从将劳动视为财富的衡量尺度，追求对生产资料和消费资料的充分占有，到将人的发展作为财富的参照系，在物质财富与精神财富、主体价值与客体价值的双重嵌入中拓展财富的内涵；从把集体财富的积累定义为社会主义制度下人与财富关系的本质呈照，到明确"不能有穷的社会主义""致富不是罪过"②，探寻社会主义市场经济体制中的共富逻辑，财富观演变的谜底就隐藏于社会主义现代化建设的实践逻辑中。据国家统计局数据显示，1978 年中国国内生产总值为 3678.7 亿元，2020 年国内生产总值首次突破 100 万亿元，以经济合理性为表征的财富观在促动数量型发展的同时，也衍生出财富观的自反性困境，即缺乏伦理合理性支撑的财富观正以损害自身的方式畸形发展，并不断侵蚀共同富裕的价值基础。

　　如果说经济合理性主导下的财富观关注的是如何以更有效率的经济手段促进物质财富增长，那么以伦理合理性为要义的财富观所吁求的则是人与财富关系的应然展开。只有实现合于效率与合于德性的统一，财富观才能证成自身的合理性，共同富裕的价值基础才能完整呈现。而现实是，经济人属性的过度彰显，使财富伦理被人的欲望本能所遮蔽，从而导向一种柏拉图意义上的"美德"与"财富"不可兼得的结论。③ 面对财富与美德的价值排序，经济个体始终缺乏一种充满决断的取舍精神，在财富生产的资本化和分配正义的偏狭化等价值幻象中进退维谷。

　　改革开放以来，社会主义市场经济在承认资本、引入资本和利用资本的过程中实现了社会财富的增量累积，但资本对价值增殖的追求也内隐或外显于财富生产的各个环节。在资本逻辑的宰制下，财富生产的价值关切发生系统性偏移，伪装成财富生成源泉的资本大行其道，劳动在货币价值取代使用价值的过程中成为高度边缘化的客体，也不再构成对人的本质的自觉呈现。

---

① 陈先达：《历史唯物主义视野中的财富观》，《哲学研究》2010 年第 10 期。
② 《邓小平文选》（第三卷），人民出版社 1993 年版，第 172 页。
③ ［古希腊］柏拉图：《法律篇》，张智仁、何勤华译，上海人民出版社 2001 年版，第 154 页。

而"放任资本逐利，其结果将是引发新一轮危机"①，这种危机不仅表现为经济活动对质量、创新和道德的脱敏现象，更呈现为经济个体对辛勤劳动、诚实劳动、创造性劳动的价值怀疑与信仰危机。从现实来看，劳动价值的偏移一方面表现为生产劳动滑入资本增殖的轨道，在"资富劳穷""资本寻租""劳动回报跑不过资本收益"的现实语境下，劳动者的生产积极性和自主性被严重挫伤；另一方面，以资本为根本驱动力的网红经济、流量经济、注意力经济等"造富运动"野蛮生长，青年一代对"前途"与"钱途"的认知与抉择也随之沉浮。2017年，新华网发布的"95后迷之就业观"显示主播、网红是95后群体最向往的新兴职业；2021年，智联招聘发布的《Z世代职场现状与趋势调研报告》表明，约65%的Z世代认为电商主播等新兴职业"收入更高、福利待遇更好"。社会发展允诺和包容致富渠道的多元样态，但当资本致富效应无限膨胀，诱使主体沉湎于寻找某种"财富密码"时，如何使"劳动致富"重回国家与个人发展的本原位置，创造"劳动成为收入分配主角"的社会环境与整体性机制，是迈向共同富裕时代必须关注的价值观问题。

在财富生产资本化的促动下，人们从对"生产性努力"的坚信转向对"分配性努力"的渴求，并最终导向偏狭化的分配正义。在官方话语中，分配正义是在做好"蛋糕"的基础上分好"蛋糕"。在民间话语中，人们对分配正义的极端化诉求凝结为仇富心理。从理念到政策，公平正义被狭隘地理解为关于"分钱"的道德想象。对此，诺齐克批判性地指出，"改变种种社会制度以实现物质条件的更大平等，这样做的正当性虽然常常被人们视为当然，但却鲜有论证"。② 事实上，无论是基于实用主义的政治回应，还是关怀弱势群体的情绪反应，都无法证成再分配制度的正义性。所谓正义是每个人"得所应得"，而基于德性、贡献、能力、需要等实现的应得分配必然不是平等的分配。财富分配的应然伦理要求跳出单个人"所得"悬殊的不公平假象，从社会整体的角度考量财富身份、财富量和财产权的合法性与正当性，从而在法治和权利保护的意义上扩展分配正义之维。基于此，在向共同

---

① 《习近平谈治国理政》（第2卷），外文出版社2017年版，第524页。

② Robert Nozick，"Anarchy, State, and Utopia"，New York：Basic Books, Inc, 1974, p. 232.

富裕目标迈进的过程中，重建公平正义的关键在于"改变资本逻辑至上、道德逻辑式微的现状，使绝大多数人能够享受社会改革和进步带来的红利，实现'真实的成长'"，同时"关注公平与效率、利益与责任、市场与政府这三对范畴在社会公正重建中的作用，激发绝大多数人的潜能，使他们能够按照各自的贡献得到有所差别的回报"①，从而避免富人对"杀富济贫"的恐慌与穷人"等着别人送财富"的空想。

（二）满足需要与改变需要如何实现的需求观挑战

为何自古以来人们都在追求一种"共同富裕"的理想状态，因为它是人民群众的内在需要，内在蕴含着人们对美好生活的积极向往。缺少"共同富裕"的美好生活是不完整的。然而，无论是需要，还是"共同富裕"和"美好生活"，都不是抽象的概念，而是具象化的体现。不同的需要观即关于需要的具体理解从根本上影响着"共同富裕"的实现方式与呈现样态。

关于如何理解人的需要，存在着不同的理论探讨模式。例如，马斯洛的需要等级模式主张将人的需要划分为不同的层次与类型，只有低等级的需要满足了，高等级的需要才会产生，同时低等级的需要也将不再成为主体采取行动的内在驱动力。马克思和恩格斯将人的需要置于唯物史观的分析框架，提出人的有意识行为实际上受到包括不同需要结构和层次在内的整个需要体系的支配，并在《巴黎手稿》中论述了异化需要表现为需要的粗陋化、需要的物化和需要的工具化这三个层次。马尔库塞则在《单向度的人》一书中批判性地区分了"真实需求"与"虚假需求"，他指出"为了特定的社会利益，从外部强加在个人身上的那些需要，使艰辛、侵略、痛苦和非正义永恒化的需要，是'虚假的'需要"，"现行的大多数需要，诸如休息、娱乐、按广告宣传来处世和消费、爱和恨别人之所爱和所恨，都属于虚假的需要这一范畴之列"②。

同时，学者们对人的需要的系统性建构和具体性理解也映照出中国社会的发展现实。中国从物尽其用的节俭社会，一跃成为全球第一大奢侈品消费

---

① 张彦：《论社会公正重建的内在逻辑与实践进路》，《哲学研究》2014 年第 1 期。

② ［美］赫伯特·马尔库塞：《单向度的人》，刘继译，上海译文出版社 2006 年版，第 6 页。

国。更有数据显示，2020 年中国境内个人奢侈品市场规模预计达到 3460 亿元，较上年同比大幅增长 47.9%，占中国消费者全球奢侈品消费总额的比重超过七成，而 2019 年这一比重仅为 32%。① 这一消费景观的缔造者并非仅限于凡勃伦笔下的有闲阶级，在改革开放的推动中发展起来的新富阶层甚至是相对贫困阶层都裹挟其中。这一现象所反映的实质性问题是，人们的需要观发生了从"够了就行"到"越多越好""越贵越好"的转变，个体也由此陷入人为物驭的"需求陷阱"，导致需要的异化，从而使迈向共同富裕时代的道路发生偏移。对于该问题的深入剖析，必须建基于对需要与想要、需要与满足、需要与福利三对关系的厘清。

首先，需要和想要是两个常被混淆却又完全不同的概念。需要是主体生存的客观状态与客观要求，而想要是主体的一种主观偏好。作为一对反映主观与客观相区别的范畴，需要与想要也不必然采取相互抵牾的形式，人类正是拥有把本能的"需要"上升为"想要"并付诸实践的能力，才将其自身与动物相区别。在这一过程中，主体的想要可能会走偏，异化为"欲求"。欲求是一种超过"需要"的"想要"，或者说是一种不合理的"想要"。英国学者乔纳森·休斯认为，"欲求和需要是具有不同真值条件的不同概念。即使这里所谈的欲求和需要是指向同样的目的，也有可能是需要的东西并不想要，或者是想要的东西并不需要"②。当不合理的"想要"或"欲望"超过了人们的正常需要，在这种被异化的需要观指引下，其就会成为迈向共同富裕的认知障碍和实践困境。

其次，需要的终点是需要的被满足，而满足需要必须借助一定的条件。但人们对于共产主义按需分配原则的指摘往往是因为误解了需要与满足的关系。对此，休斯指出，马克思的需要概念其实是一种"为了 Y 需要 X 的"三元结构，这就意味着"所需要的一个事物（满足因素，X）始终需要作为获得某种目的或物品的条件"③。在休斯看来，对马克思需要概念的坚持是

① 高江虹：《奢侈品在中国还有没有"钱景"？》，《21 世纪经济报道》2021 年 10 月 21 日第 11 版。
② ［英］乔纳森·休斯：《生态与历史唯物主义》，张晓琼、侯晓滨译，江苏人民出版社 2010 年版，第 232 页。
③ ［英］乔纳森·休斯：《生态与历史唯物主义》，张晓琼，侯晓滨译，江苏人民出版社 2010 年版，第 233 页。

对虚假需要和异化消费的超越，满足的是人的使用价值和自我实现的真正追求。因此，当社会生产条件、制度条件和人们对需要的理解达不到规定标准时，按需分配是无法实现的，共同富裕也是无法实现的。

最后，对于需要与福利关系的分析关乎社会发展的走向。人的需要既是福利制度的设计起点，也是社会资本分配的价值判读依据。有学者指出，社会福利制度以需要为目标导向，其本质是用一种社会认可的制度安排去满足社会成员的社会需要。[①] 作为福利理论研究中的一个重要分析维度，福利需要内蕴着生存需要和改善民生需要两个基本面向，伴随着社会主要矛盾的转化，人民群众对于福利需要的诉求也更为多元化丰富化。共同富裕是人们所期盼的社会福祉，它必然建立在满足人民群众对美好生活需要的基础上。但这种社会福祉必须通过合理的制度设计和人民群众的共同奋斗与价值认同才能真正实现。

在党的十九届六中全会上，习近平总书记庄严宣告："我国实现了从高度集中的计划经济体制到充满活力的社会主义市场经济体制、从封闭半封闭到全方位开放的历史性转变，实现了从生产力相对落后的状况到经济总量跃居世界第二的历史性突破，实现了人民生活从温饱不足到总体小康、奔向全面小康的历史性跨越，推进了中华民族从站起来到富起来的伟大飞跃。"[②] 从"总体小康"到"全面小康"，从"全面建设"到"全面建成"，人民群众的美好生活需要被不断充实与实现的同时，又因为可供人存在的生产资料与生活资料的丰富程度各异，对存在意义的定位有别，而陷入多重选择悖论。[③] 具体来说，在社会等级的编码系统中，个体将想要等同于需要，将满足欲求的炫富仪式作为社会地位的彰显与确证，沉沦于需要、消费、商品所形构的过剩经济之中。与此同时，近来对共同富裕的强调，使得一些人再次陷入福利主义陷阱的迷思，甚至鼓吹西方左翼学者提出的"自由民主社会主义"。由此，引发的价值观挑战在于，在推动共同富裕取得实质性进展的过程中，到底

---

① 彭华民：《论需要为本的中国社会福利转型的目标定位》，《南开学报》（哲学社会科学版）2010年第 4 期。

② 《中共十九届六中全会在京举行 中央政治局主持会议 中央委员会总书记习近平作重要讲话》，《人民日报》2021 年 11 月 12 日第 1 版。

③ 张彦、郗凤芹：《论新时代美好生活的选择悖论及其超越》，《思想理论教育》2018 年第 6 期。

是满足需要还是改变（不合理的）需要？当前，中国经济发展进入新发展阶段，放缓的经济增速与人持续增长的欲求相交织，会引发更多的社会问题。其中，积极倡导人之高阶性需要、满足人之合理性需要是根本之道。同时，在共同富裕的价值愿景引领下，推动人的需要模式的转化需要持续追问以下问题：如何避免落入低欲望社会高龄化、少子化、消费信心下降、生活斗志丧失的窠臼？如何在经济效益和社会价值的统一中满足后富者的物质文化需要？如何降低物质财富的价值性，从而实现对先富者个性化和精神化满足的引导？政府和大众传媒在引导消费趋向的过程中应该承担怎样的责任？

（三）财富分配与风险分配如何治理的风险观挑战

人们对共同富裕的追求是一项历史性和时代性的伟业，在迈向共同富裕的新征程中必须将其放在新时代的现实情境之中加以分析。其中，风险社会是人们对现代社会作出的一种颇具启发意义的诊断结果。它提醒人们，共同富裕不会一蹴而就、一帆风顺，相反，在迈向共同富裕的过程中将面对诸多风险和困境，人们必须对社会中的诸多风险作出前瞻性预判和积极应对。可以说，我们如何看待风险，如何应对风险，既关联以财富分配为主导的传统社会，也关联越发强调风险分配的现代社会的治理问题。不同的风险观深刻影响着共同富裕的实现。

什么是"风险"？我们应该如何应对风险？对于这两个问题的回答，构成了风险观的基本内涵。在德国学者乌尔里希·贝克的理论框架中，风险陈述既非纯粹的事实主张，也不是完全的价值主张。作为一种虚拟的现实和真实的虚拟，风险不同于毁灭，它扭转了过去、现在和未来的关系，是一系列不确定性事件和要素的集合。而当人为制造的不确定性与客观的风险将社会笼罩时，风险社会就指向了一种基于经验知识的风险评估和在不确定性下进行风险决策的合题。[①]据此观照处于快速转型期的中国，我们自然会生发出自己是否处于风险社会的疑问。应当说，改革开放四十多年来，中国共产党领导中国人民在对内改革、对外开放的人间正道上实现了综合国力由弱到强

① ［英］芭芭拉·亚当、乌尔里希·贝克、约斯特·房·龙：《风险社会及其超越：社会学理论的关键议题》，赵延东、马缨等译，北京出版社 2005 年版，第 322—329 页。

的历史性巨变、人民生活由温饱到小康的历史性跨越，人们抵御风险的能力大大提高，但社会整体的风险焦虑却愈演愈烈。这是因为，风险社会还有别的含义，即"在一个社会里，人们用'风险'这个概念来描述和分析社会问题。在这个意义上，我们确实远比前人更生活在一个风险社会里"①。

从经济领域来看，在政府和市场"两只手"的同向发力中，生产力得到极大解放，社会活力显著增强，但资本现代性所带来的普遍矛盾性也使得贫富差距、城乡矛盾、就业压力、劳资矛盾等成为阻滞经济社会发展的风险源。从政治领域来看，"在资本为权力创造政绩、权力为资本扫除障碍的过程中"②，社会发展面临着权力与资本合谋下的政府公信力下降风险，民粹主义泛滥下的阶层对立与反民主风险。同时，当代中国社会发展呈现出传统、现代和后现代的时空压缩效应，以儒家道德伦理为价值要义的传统价值观、以西方价值观的他者涌入和社会主义价值观的自我更新为表征的现代价值观、以追求个性化高峰体验为核心的后现代价值观相互纠缠与激荡。当多元价值观的边际性扰乱社会主流价值的基本盘时，整个国家与社会治理体系也会因共同价值与行为规范的缺失而遭遇离析的风险。文化领域的市场化、大众化与意识形态的惯性相互纠缠，主流意识形态淡化、文化殖民主义、消费主义文化泛滥等风险挑战着中国的文化安全防线。而资源的有限性、需要的无限性与资本的逐利性之间的矛盾加剧了中国的现代化进程所面临的资源约束与生态压力，同时发达国家利用全球化转移资源消耗型和污染密集型产业，这使得气候变化、环境污染、生态系统退化、环境社会性群体事件等多种形式的生态环境风险增量累积，威胁着中国的社会主义现代化建设。可见，风险的本质不在于它"正在"发生，而在于它"可能会"发生，这种可能性不是逻辑演绎的或然性，也不只是在技术应用的过程中产生，而且在赋予意义的过程中产生，同时还是因人们对其潜在危害、危险和威胁的技术敏感而被生产出来的。③

---

① ［瑞典］斯万·欧维·汉森、刘北成：《知识社会中的不确定性》，《国际社会科学杂志》2003年第1期。

② 何建津：《论资本时代的发展问题》，《哲学研究》2009年第4期。

③ ［英］芭芭拉·亚当、乌尔里希·贝克、约斯特·房·龙：《风险社会及其超越：社会学理论的关键议题》，赵延东、马缨等译，北京出版社2005年版，第3页。

在迈向共同富裕时代的重要历史关口，中国社会在与风险挑战共生中呈现出特殊的复杂景观。如果说以财富占有来显明和巩固社会地位是内生于阶级社会的主体惯习，那么风险社会则强调将风险作为认识和分析问题的起点。在财富逻辑向风险逻辑过渡的思维跃迁和行动变革中，人们所关心的不再是如何获得更好的物质生活水平，而是心系如何避免自身身陷更坏的生存和发展处境；人们的价值标尺不再单纯指向经济发展指标，而是开始重视风险指标和风险评估。在风险文明的时代，人们出于恐惧、不安和自我保护的心理而不断走向联合，"焦虑的共同性替代了需求的共同性。在这种意义上，风险社会的形成标示着一个新的社会时代，在其中产生了由焦虑转化而来的联合"[1]。但这种为安全焦虑所形塑的联合是脆弱的，极易瓦解于不平等的风险分配。美国学者纳西姆·尼古拉斯·塔勒布对此展开了深刻的分析，他认为，世界上实存着可以容忍和难以容忍的两种不平等，前者表明的是个体间能力的现实差距，后者则指向通过寻租、政治庇护或监管套利等不道德的方式而谋取的不正当利益，此种情形下，财富分配异化为一种赢者通吃的零和游戏。实际上，人们所憎恶的并不是财富本身，而是那些身居高位却不承担风险的富人。只提高底层人民的生活水平，并不能创造动态的平等，让社会更平等的方式，是迫使处于顶层的富人（参与"风险共担"）始终承受着退出富豪榜前1%位置的风险。[2]

在此意义上，共同富裕所遭遇的价值难题是如何以一种风险共担的集体美德超越财富占有和收入分配的中和转移，从而在增强社会流动性与韧性的过程中实现共同富裕愿景中的动态平等与全结构福祉。当前，人们的风险认知和风险预期仍受制于极化思维，并采取恐惧或漠视的风险应对方式。在不安全状态存在于人类生活各个方面的时代语境中，风险与责任内在相关，风险意识也是一种责任意识。只有将风险共担的责任伦理自觉纳入到人的生存和发展之中，突出责任的前瞻性和实质性，强调积极的风险预测和行为约束，要求每个社会主体承担社会责任和代际责任，才能在共同应对现实世界

---

① 薛晓源、李惠斌主编：《当代西方学术研究前沿报告》，华东师范大学出版社2007年版，第91—92页。

② ［美］纳西姆·尼古拉斯·塔勒布：《非对称风险》，周洛华译，中信出版社2019年版，第163—167页。

的不确定性中实现共同富裕。

三　新发展理念的呼应与回答①

体现在财富观、风险观与需求观上的共同富裕的价值观挑战往往不是单独呈现出来的，它们多以叠加、交织、互构的方式表现出来，这意味着我们对共同富裕价值观挑战的回应表现在发展理念上必然是系统的与综合的，并能够在实践之中秉持不断生成和建构自我的基本品质，以增强应对共同富裕价值观挑战的张力与实效。从这一意义而言，我们需要以释放新发展理念"系统性""生成性""建构性"的治理效能，实现对共同富裕价值观挑战的应对，从而进一步坚定我们实现共同富裕的理想信念与具体实践。

（一）以新发展理念的"系统性"构筑共同富裕价值观挑战的应对底色

共同富裕价值观挑战的复杂性与综合性决定着我们必须以一种系统性的发展理念来引领促进共同富裕的发展实践。在提出新发展理念之后，习近平总书记多次强调，新发展理念是一个系统的理论体系，它在理论与实践相结合的层面上构成的一个完整系统，体现着具有总体性与全局性的系统思维方法论。总体性的系统思维方法论是马克思主义的根本方法论原则之一，它从对世界的整体性存在把握入手，将社会发展的原子性存在及构成世界运行体系的经济政治文化发展规律纳入总体的历史发展过程中加以考察。对复杂的共同富裕价值观挑战的回应需要我们以新发展理念的系统性思维将共同富裕的价值观挑战纳入综合性考察之中，形成一种促进经济理性与伦理理性深度融合、满足需要与改变需要深度互构、财富分配与风险分配同向并行的负责任的发展意识。

一方面，坚持新发展理念对实现共同富裕的系统性引领。在迈向共同富裕进程中所遭遇的价值观挑战在本质上是我们对发展与共享发展成果产生的偏差性价值认识，对其的矫治依赖于社会发展理念的发展。所谓的社会发展理念指的是，一种对现实社会发展模式、发展逻辑以及发展趋势的理解、诠

---

① 本节部分内容以《新发展理念在新发展阶段的"新发展"》为题发表于核心刊物。

释与筹划，内在地包含着社会主体的指向性意识与现实性需求，并反之将其实践原则与价值原则整合、渗透于现实此在的具体行为与交往过程之中，成为支配此发展阶段整体的精神向导与理念指引。新发展理念具有的先进性和优越性是它能有效治理共同富裕价值观挑战的根由所在，需要以新发展理念作为促进共同富裕的系统性引领。这主要表现为，要将共同富裕的价值观挑战置于促进共同富裕的总体布局和战略全局之中加以应对，从经济建设、政治建设、社会建设、文化建设、生态文明建设中促进发展的系统性、整体性以及协同性，使人做到在参与发展、共享发展和共担发展责任的同时，正确认识需要、提出需要，从而破解共同富裕的财富观、需求观和风险观面临的挑战，推动共同富裕走实走深。

另一方面则需要把共同富裕纳入新发展理念，"成为中国特色社会主义新时代发展实践的观念指导力量"①。习近平总书记指出，共享理念所体现出的就是逐步实现共同富裕的要求。这意味着以共享等为基本内涵的新发展理念也需要以共同富裕为其引领发展实践的观念制导力量，并从这一意义上重新审视共同富裕的价值观挑战。在这一意义上，我们不难发现，共同富裕的价值观挑战是新发展理念面临的一种结构性挑战。这首先要求我们以新发展理念的结构系统性为应对共同富裕价值观挑战的基本底色，即要将创新、协调、绿色、开放、共享五大发展理念视作各要素相互作用、互为依靠的结构系统体，注重利用好该结构内部各要素、各级系统之间相互融合、高度耦合与协同支撑的发展合力，在这样的发展合力中实现对发展的经济理性与伦理理性的统合，促进满足需要与改变需要的积极互动，以及做到对发展风险的正义性分配。其次，需要以新发展理念的价值系统性作为应对共同富裕价值观挑战的理念指导。从价值论维度来看，共同富裕的财富观、需求观和风险观的挑战就表现为对"何为发展""如何发展""为何发展""为谁发展"等价值性问题的根本追问。把握好创新、协调、绿色、开放、共享的新发展理念所体现出以人民为中心发展思想的价值系统性，并促进这一价值系统性向实践系统性的转化，是回答好由共同富裕价值观挑战带来的发展价值之间的基本路径。

---

① 何畏：《社会主义共同富裕道路的中国智慧》，《南京社会科学》2022 年第 3 期。

（二）以新发展理念的"生成性"消解共同富裕价值观挑战的应对风险

中国特色社会主义现代化建设取得各项成就的基本经验之一在于能够将现代化建设的长期性与阶段性相统一，从历史时代发展观的更替演进中辩证地考察现实经济社会发展进程。共同富裕作为中国式现代化的重要特征，是中国特色社会主义现代化建设的重要方向和重要价值目标。共同富裕的实现也是阶段性与长期性的统一。从价值特性来看，共同富裕的价值观挑战是在促进共同富裕的发展实践中不断生成的，这需要我们用阶段化、步骤化的方式将促进共同富裕的发展实践的整体性与过程性相统一，既直面发展阶段中各项新的目标和任务，又统筹共同富裕发展的整体目标，以发展理论与实践的生成创新应对共同富裕价值观挑战的生成性风险。

新发展理念是具有生成性与自我发展性的实践品格的科学系统。这表现为以创新、协调、绿色、开放、共享为基本内涵的新发展理念从总体性上表明了"对自然发展规律、经济发展规律、人类社会发展规律、世界历史发展规律、社会主义建设规律、共产党执政规律和人的发展规律的深刻认识"[1]，在对待具体的发展问题上要求按这些规律改进、优化和创新我们的发展实践，体现开放性与引领性，而非将具体的发展实践固化下来。特别是中国进入新发展阶段后，面临着一系列新的发展难题，以新发展理念引领新发展阶段的发展就是要求这一发展沿着自然发展规律、经济发展规律、人类社会发展规律、世界历史发展规律、社会主义建设规律、共产党执政规律和人的发展规律行进。面对共同富裕的财富观、需求观和风险观挑战在促进共同富裕发展实践中的生成性，要坚持以体现生成性与自我发展性的新发展理念作为重要的应对方式，在引领共同富裕的发展实践中应对与消除共同富裕的财富观、需求观和风险观挑战与这一挑战的生成性风险。

第一，进一步认识与总结新发展阶段中国经济社会的发展规律，破解共同富裕的财富观挑战。在新发展阶段，发展质量、发展指标与发展动力都发生了重要变化，要求由过去相对注重高速增长向更加注重高质量发展转变，

---

① 韩庆祥：《大国成为强国的根本之道：全面准确深入理解新发展理念——兼论"好不好"与"强不强"的关系》，《高校马克思主义理论教育研究》2021 年第 1 期。

由过去相对注重单一经济发展向更加注重综合性发展、多元化整合转变，由过去相对注重要素驱动向更加注重创新驱动转变，发展的经济理性得以优化与进阶。同时，在新发展阶段，以分配正义为集中体现的发展的伦理理性也被进一步彰显与表达，即，在促进发展的过程中需要坚持共享发展，建设好第三次分配体制机制，充分发挥出第三次分配在全民全面共享发展成果上的效能，使发展主体广泛参与发展，实现共建共享，从而使促进共同富裕的发展实践做到经济理性与伦理理性的互融互构，破解迈向共同富裕时代的财富观挑战。

　　第二，以人民为中心的发展逻辑破解共同富裕的需求观挑战。新发展理念是一种体现以人民为中心的发展理念。在党的十八届五中全会上，以人民为中心的发展思想被习近平总书记作为重要治国方针理论提出。以人民为中心的发展思想即是要把增进人民福祉、促进人的全面发展作为发展的出发点和落脚点，发展人民民主，维护社会公平正义，保障人民平等参与、平等发展权利，充分调动人民积极性、主动性、创造性。[①] 以新发展理念为引领的中国的发展就是要让人民都过上更加美好的生活、都能感受和享受到发展所带来的丰硕成果，让人民对美好生活的需求成为现实。我们的发展始终是围绕人的发展，社会主义现代化是以人民为中心的现代化，不仅要让人们在物质财富上更加丰裕，还要让人们在精神与文化需求上更加满足，让每个人都能在促进共同富裕的发展实践中焕发更强大的活力和发光出彩，从而做到在满足需要与改变需要之间促进人的发展与共同富裕时代的到来。

　　第三，以新发展理念为基点整合人类历史发展的风险逻辑，破解共同富裕的风险观挑战。人类的发展史既是人们遭遇发展困境、反复陷入发展难题的风险史，也是人类预测风险、控制风险、抵御风险的实践史，并在这一实践史中表现对人类社会发展风险的前瞻把握与规律总结。而发展理念就是我们对人类社会发展风险前瞻把握与规律总结的呈现方式。财富分配与风险分配作为我们发展过程中的重要议题，对其在发展实践中的治理需要以发展理念的价值规制作为基本方式。

　　新发展理念以"全民的全面共享发展成果"为财富分配的价值底色，

---

① 参见《中共中央关于制定国民经济和社会发展第十三个五年规划的建议》。

注重发展各个方面、各项关系、各种领域的整合与平衡，凸显风险分配的正义性，在发展正义的价值理念中强调财富分配与风险分配的互动性与关联性，认为财富分配与风险分配之间呈现的是一种正相关性，在风险共担的发展意识上一方面强调我们在共享发展成果的同时积极、主动承担发展风险，另一方面又强调占有社会较多财富的群体承担更多风险治理责任的发展道义性，由此为以"风险分配与财富分配如何治理"为表现的共同富裕的风险观提供可靠的治理路径。

（三）以新发展理念的"建构性"增强共同富裕价值观挑战的应对张力

推动实现共同富裕的历史起点建立在全面建成小康社会和实现第一个百年奋斗目标之上。在全面建成小康社会和实现第一个百年奋斗目标的基础上，实现中华民族从富起来到强起来的历史性跨越、中国从大国到强国的历史性变革、中国社会经济发展从局部现代化到全面现代化的历史性发展成为我们发展的主要任务。这需要新发展理念以一种建构性的方式对这一发展的主要任务进行把握与引导，因为如何完成这一发展的主要任务没有历史的与国际的经验和样本供我们借鉴和参考。共同富裕的促进与实现就内嵌在我们完成这一发展的主要任务之中。这意味着，在我们这一发展的主要任务中，以财富观、需求观和风险观为集中体现的共同富裕的价值观挑战在具体表现上会发生新变化，遭遇新问题，呈现新特征。因此，也需要新发展理念以建构性的方式把握应对共同富裕价值观挑战的发展实践，从而增强应对共同富裕价值观挑战的实践张力。

第一，在实现从"富"到"强"的历史性跨越的发展引领中着力解决共同富裕的价值观挑战。从"富"到"强"的历史性跨越需要以新发展理念为发展引领，坚持创新发展，把科技自立自强作为中国发展的战略支撑。经过长期努力，我们如期全面建成小康社会、实现全面脱贫，中国的经济实力、创新能力、文化活力、综合国力与人民生活水平都迈上了一个新的更高的台阶，为促进共同富裕奠定了坚实的物质基础、社会基础、文化基础和环境基础。在实现从"富"到"强"的历史性跨越中破除共同富裕的价值观挑战，推动共同富裕得到实质性的发展，要认识到我们的共同富裕是更加全面、发展更加均衡的总体富裕；是全体人民共建共享、平衡发展的协调富裕；是物质文明与精神文明不断统一的平衡富裕；是人与自然和谐共在、社会与生态相融相生的和谐富裕；是追求世界大同、建设人类命运共同体的包容富裕。这内在地对共同富裕的财富观、需求观、风险观等的价值挑战做出了实践回应，即在总体富裕和协调富裕的发展理念中做到对经济理性与伦理理性的统一；在平衡富裕的发展理念中做到对满足需要与改变需要的实现；在和谐富裕和包容富裕的发展理念中实现对财富分配与风险分配的挑战治理。

第二，在局部现代化到全面现代化的历史性发展的发展引领中着力破除共同富裕的价值观挑战。中国的现代化是多个领域齐头并进的全面现代化，涉及物质文明、政治文明、精神文明、社会文明和生态文明等多个领域的全面建设，这一全面现代化的建设离不开新发展理念的价值引领。共同富裕是中国式现代化的重要特征，它的实现伴随着中国全面现代化建设的推进。因此，需要将在促进共同富裕上出现的价值观挑战置于中国全面现代化建设的历史进程中加以把握与应对。我们知道，中国全面现代化建设走的是以新发展理念为引领的高质量发展之路。破解共同富裕价值观挑战的关键即在于走上促进共同富裕的高质量发展之路，在创新、协调、绿色、开放、共享的新发展理念之中重新把握共同富裕的财富观、需求观和风险观挑战的生成逻辑、表现形态和内容本质，以体现发展为人民、发展依靠人民和发展成果由人民共享的价值品质的高质量发展理念做到融通发展的经济理性与伦理理性，保障美好生活多重需求的满足和规避发展风险。

第三，在大国到强国的历史性变革的发展引领中着力解决共同富裕的价值观挑战。到本世纪中叶建成富强民主文明和谐美丽的社会主义现代化强国是我们重要的发展目标。实现共同富裕与建设社会主义现代化强国是内含在中国发展之中的一体化进程，我们建设社会现代化强国的过程也就是实现共同富裕的过程。因此，需要在推动中国从大国到强国的历史性变革中考察共同富裕的价值观挑战，并对其做出积极应对。新发展理念作为建设社会主义现代化强国的发展引领，回答了如何建设社会主义现代化强国和建设一个怎样的社会主义现代化强国，这意味着新发展理念也表明了什么是共同富裕和如何实现富裕。对共同富裕价值观挑战的破解之道也内含在新发展理念对共同富裕的认识中，即，通过创新、协调、绿色、开放与共享的发展理念提高

发展的平衡性、协调性和包容性，体现"人是发展轴心"的发展意识，处理好效率和公平的关系、做大蛋糕与分好蛋糕的关系，

不断满足人民群众多样化、多层次、多方面的需求，在人与人、人与自然、人与社会的积极互动中不断筑实发展安全，从而破解共同富裕存在的财富观、需求观和风险观挑战。在以新发展理念引领中国实现从大国到强国的历史性变革中，"鼓励勤劳创新致富""坚持基本经济制度""尽力而为量力而行""坚持循序渐进"①，是我们推动共同富裕的根本遵循。

---

① 习近平总书记在主持召开中央财经委员会第十次会议时强调，共同富裕是全体人民的富裕，是人民群众物质生活和精神生活都富裕，不是少数人的富裕，也不是整齐划一的平均主义，要分阶段促进共同富裕。要鼓励勤劳创新致富，坚持在发展中保障和改善民生，为人民提高受教育程度、增强发展能力创造更加普惠公平的条件，畅通向上流动通道，给更多人创造致富机会，形成人人参与的发展环境。要坚持基本经济制度，立足社会主义初级阶段，坚持"两个毫不动摇"，坚持公有制为主体、多种所有制经济共同发展，允许一部分人先富起来，先富带后富、帮后富，重点鼓励辛勤劳动、合法经营、敢于创业的致富带头人。要尽力而为量力而行，建立科学的公共政策体系，形成人人享有的合理分配格局，同时统筹需要和可能，把保障和改善民生建立在经济发展和财力可持续的基础之上，重点加强基础性、普惠性、兜底性民生保障建设。要坚持循序渐进，对共同富裕的长期性、艰巨性、复杂性有充分估计，鼓励各地因地制宜探索有效路径，总结经验，逐步推开。

结　语

以新发展理念引领社会主义现代化强国之路

新发展理念的最新发展是中国发展理念价值排序又一次新的演进与调整，是立足时空交融、历史交汇、实践飞跃而总结提炼出的新的理论指引，体现着中国发展理念历史一脉相承的本质精华，并且内在地将当下时代价值的关注追求与马克思主义理论人学光芒相统一，将现实发展的阶段性目标与人的自由全面发展的远大理想相结合，汇集了现实发展中各类发展理念的价值导向，成为主导社会发展全局、综合多元价值理念、统摄发展各项要求的思想依据。

改革开放以来，面对不同发展阶段的接续演进与实践水平的向前发展，中国也经历了发展理念的更迭变化，呈现出不同的价值立场与价值优先原则。新发展理念正是进入新时代后，按照各种价值理念在社会价值谱系中优先次序的排列而确定的居于支配地位的核心理念，是中国共产党百年奋斗关于发展问题的最新判断，是马克思主义发展观中国化的理论成果，是当代中国发展现实的实践指南。

首先，中国共产党自成立起就将实现国家富强、民族复兴、人民幸福作为其一以贯之的不懈追求，经过长期奋斗，中华民族从积贫积弱、任人宰割的屈辱境遇中彻底摆脱出来，迎来站起来、富起来、强起来的伟大飞跃。从新民主主义革命到中国特色社会主义强国建设，我们的主要任务从争取民族独立、人民解放到维护国家总体安全，发展理念的生存价值要义也从"民族持存"转为"总体安全"；从欠发达的历史方位到发展起来以后的历史方位，我们既解决了经济发展速度和发展效率问题，也解决了追赶问题，发展的经济价值要义呈现了从"经济发展"到"共同富裕"的样态转换，可以说，新发展理念既是党治国理政实践历史经验的宝贵积淀，又是针对现实历史方位，在深入总结国内外发展大势的基础上提出来的。

其次，新发展理念是基于对中国经济社会发展现实的深刻理解之上，并将之整合入马克思主义中国化的理论资源之中而形成的，是马克思主义发展观中国化的最新表达与最新成果。一方面，新发展理念体现着马克思主义发展观的价值表达与价值旨归。新发展理念将真理原则与价值原则相统一，既体现了现实经济社会发展的实践要求，又将主体的需要、愿景与价值诉求相表达，明确了发展方式、发展动力、发展目标、发展方向等一系列发展的核心问题，形成了引领社会发展的价值导向与理论资源。此外，新发展理念还将马克思主义"自由而全面的发展"人学价值追求与现实经济社会发展的具体实践相统一，始终将人的自由而全面的发展作为其理想追求，始终将人的多维发展需求与人在经济社会发展中的主体地位重点突出，既立足当下地彰显时代特有的价值关怀，又不忘初心地将当下利益与长远价值目标、阶段任务与远大理想内在统一。另一方面，新发展理念体现着经济社会发展的普遍规律与实现强国发展的内在规律。新发展理念从根本上解决了发展的动力机制、平衡机制与调整机制三者之间的关系问题，并将三者统一于大国向强国跨越的发展规律之中，构成了一整套完整可循环的发展模式，实现了对马克思主义发展理论的具象化表达。

最后，新发展理念是当代中国时代任务与现实要求的实践吁求，体现着对国内外发展经验现实逻辑的深刻总结与新时代新阶段中国经济社会发展的宏观要求。新发展理念延续了中国社会发展的基本经验，坚持稳中求进的总基调，创新、稳定"两手抓"；注重协调各方关系，统筹内部结构，集中力量解难题、办大事、加速度；强调与时俱进地搞建设，推陈出新地谋发展，不断推进中国发展整体结构的转型升级，使之更具现实性、更富时代性、彰显未来性。同时，新发展理念又根据新时代、新发展阶段的时代变化，在不断推进中国发展的整体转型升级的基础上，系统提出了创新发展、协调发展、绿色发展、开放发展、共享发展，解决了发展中有关"人"和"物"

的关系，经济发展高速度与高质量的关系，要素驱动、投资驱动与创新驱动的关系，不同行业、地区、领域之间发展平衡的关系，经济发展与生态环境的关系，先富与后富乃至实现共同富裕的关系等切实关乎当代发展实际的重大问题，为中国在新时代的发展提供了科学的实践指南。

创新、协调、绿色、开放、共享的新发展理念是具有内在逻辑系统的整体性理论判断，包含着以人民为中心的价值总体性，明确了五个方面的逻辑总体性，落实于当代中国社会主要矛盾转变的实践总体性之中，融合了历史与现实、理论与实践、实存与本质，彰显了批判性与超越性的理论品质。进入新时代，中国的社会主要矛盾发生改变，人民对美好生活呈现出选择主体的丰富性与主体剩余、选择对象的丰裕性与资源稀缺、选择标准的多元化与方向迷失等三重悖论，这些选择悖论浓缩了新时代社会主要矛盾的全部内涵，是新时代社会主要矛盾转化后的必然结果，也是新时代社会主要矛盾的具象化与现实化，这要求新发展理念要以解决新时代社会主要矛盾、彰显人民美好生活需求为出发点与落脚点，要以维护社会公平正义、推动构建社会的伦理型发展为其价值追求。因此，新发展理念正是围绕这一核心问题，从发展的第一动力、内生特点、发展方式、必由之路与根本目的五个方面提出了科学的解决路径。

创新是决定国家兴衰的关键性要素，是使事物从无到有、从弱到强、从旧到新飞跃式发展的核心变量，是影响中国经济发展全局的"牛鼻子"，是饱含预决性因素导向未来的动力牵引。在新一轮科技革命和产业变革突飞猛进，科学研究范式正在发生深刻变革，学科交叉融合不断发展，科学技术和经济社会发展加速渗透融合的当代世界，更需要坚持创新在中国现代化建设全局中的核心地位，把科技自立自强作为国家发展的战略支撑，深入实施科教兴国战略、人才强国战略、创新驱动发展战略，完善国家创新体系，从社会发展的全局上，以科技创新为牵引，理论创新、制度创新、科技创新、文化创新等全面创新不断深入，让创新贯穿党和国家一切工作，让创新在全社会蔚然成风。协调指明发展方式应当注重全面、整体、平衡，它不仅直观地指涉于地域空间和生存空间的发展协调性，亦隐含于发展空间和价值空间的发展协调性之中，从社会系统整体结构内部对各个物态组成、主体构成、空间形成等要素进行调整与改造，使得结构趋于最优以推动发展达到最佳水平。党的十八届五中全会指出："坚持协调发展，必须牢牢把握中国特色社会主义总体布局，正确处理发展中的重大关系，重点促进城乡区域协调发展，促进经济社会协调发展，促进新型工业化、信息化、城镇化、农业现代化同步发展。"① 推进协调发展深刻地指向于解决中国发展不平衡的问题，要认识到中国经济社会发展大局"上下一盘棋"，发展过程中往往牵一发而动全身，因此要始终将统筹兼顾、协调各方作为工作的重点，既要求抓住主要矛盾以掌握工作的中心问题与重心问题，又要全面协调整体推进，统筹推进稳定与发展、统筹发挥优势和补齐短板，促进全国各个行业、不同地域、发展的各项组成都能够统筹协作、和谐有方。绿色发展明确了发展路径、态势与质量，针对的是发展过程中生态危机愈加严重的破坏性现实，为解决这一问题提供的"合人道"发展的伦理性思维模式、发展方式，重新建构了生态危机背景下人、自然、社会三者的有机联系，并将其作为生态共同体的整体化样态去思考、理解与研究。绿色的发展方式表明，我们要走的必然是以保护环境联动经济发展的前进之路，是一种更高质量、更高形态、更高层次的发展，是可持续发展，是走生产发展、生活富裕、生态良好的文明发展道路的发展，是人与自然和谐共生的发展。开放发展回答了今后一个时期中国与世界的关系问题，明确了我国发展的空间。开放发展强调在世界百年未有之大变局和中华民族伟大复兴战略全局这"两个大局"背景下，在国际格局发生重大调整、国际争端不断上升，经济全球化呈现衰退趋势的世界环境中，我们的发展既要注重内外联动、互利共赢，在国际保守主义不断抬头的情况下进一步扩大开放，积极参与全球治理，提高中国的制度性话语权，携手构建人类命运共同体，始终做世界和平的建设者、全球发展的贡献者、国际秩序的维护者，又要在百年变局中抓住机遇推进民族复兴大业，坚定做好自己的事情，增强识变之智、应变之方、求变之勇，在危机中育先机、于变局中开新局。共享发展涉及发展目的的问题，标明人类社会发展必须内含的综合性、包容性、整体性与公平性，明确了发展成果与发展主体之间的关系，是新发展理念的价值综合与最终导向。

---

① 《中国共产党第十八届中央委员会第五次全体会议公报》，人民出版社 2015 年版，第 9 页。

可以说，创新发展是实现共享发展的动力源泉，为共享发展提供恒久的内生动力；协调发展是实现共享发展的内在要求，并为共享发展实现过程中的冲突与矛盾提供一个缓和与化解的途径；绿色发展是实现共享发展的生态保障，也是有效推进人与自然和谐共生的生态动力，彰显了人们从求生存到盼生活、盼生态的自主自觉意识的转换；开放发展是实现共享发展的外在支撑，为共享发展提供互利共赢的国际环境。改革开放以来，我们在追求发展效率的同时，切实关注社会公平，坚持以提升发展水平带动提升共享水平，以追求全面发展、高质量发展联动共享发展，努力让全体人民共享发展成果，实现共同富裕。同时，共享发展还内在地包含着"各美其美，美人之美，美美与共，天下大同"的全球共享性发展精神与"互利、共赢、合作、发展"的全球共享新理念，努力让中国的发展惠及全球，让中国的进步共享人类文明，推动世界各国平等地共建共享，促进人类文明交流融合，实现差异价值体系的优势共融，构建人类命运共同体。总之，新发展理念从理论与实践相统一的高度，以系统性整体性思维深刻地把握了中国从"富起来"到"强起来"，从局部现代化到实现全面现代化历史性飞跃的关键环节，科学回答了关于发展的动力、方式、路径、目的等重大问题，坚守马克思主义理论的政治立场与价值导向，形成了一套逻辑严密、结构完整的理论体系，是中国发展理念价值排序的最新成果。

实现从富起来到强起来的强国跨越，实现中华民族伟大复兴，是旷古未有的全新事业、全新探索、全新实践。"胸怀千秋伟业，恰是百年风华"，中国共产党人始终不忘初心，牢记使命，始终根植于人民群众，坚定理想、奋勇向前，在全面建成小康社会的目标实现之后，我们向着第二个百年奋斗目标奋勇拼搏。以史为鉴，开创未来，中国共产党的过去是为民族独立、国家富强、人民幸福而呕心沥血、奋斗拼搏的光辉征程，总结历史经验，把握历史规律，用历史映照现实、用历史远观未来，我们的未来是更加充满光明、充满希望、充满力量的"复兴大道"。击鼓催征正当时，奋楫扬帆开新篇，进入新发展阶段、贯彻新发展理念、构建新发展格局，时与势都与我们同在，这是我们最大的定力与底气，也是我们最大的决心与信心。

立足新发展阶段、贯彻新发展理念、构建新发展格局，我们有前所未有的信心与勇气。世界社会主义 500 年，经历了从空想到科学、从理论到实践、从一国实践到多国发展、从遭受严重挫折到逐渐走出低谷的发展变化历程，中国特色社会主义道路、理论、制度、文化所创造的伟大奇迹同样也是在攻坚克难、踏平坎坷中所取得的，中国共产党成立一百多年以来，新中国建立七十多年来，我们就是凭着这股"逢山开路，遇水架桥"的干劲不断地在艰难中育新局面，探索谋新篇。今天，在中国共产党领导下，中国人民在社会主义道路上实现了一个又一个伟大飞跃，取得举世瞩目的伟大成就，比历史上任何一个时期都更接近中华民族伟大复兴的目标，我们要坚信，立足新发展阶段、贯彻新发展理念、构建新发展格局，中国具有无比坚实的物质基础，拥有无限广阔的实践天地，我们必将在推动高质量发展、构建全面现代化、实现从大到强的强国征程上勇往直前。同时，行百里者半九十，中华民族伟大复兴，绝不是轻轻松松、敲锣打鼓就能实现的，要突破"末路之难"的瓶颈，取得事业的成功，就要不忘初心、"慎终如始"。习近平总书记多次强调："社会主义是干出来的，新时代是奋斗出来的。"① 当前中国仍处于社会主义初级阶段，不平衡不充分的发展是我们需要着力解决的主要矛盾，实现高质量发展仍有许多需要进一步完善的短板弱项，我们不能因为过去的成绩而沾沾自喜止步不前，更不能因为前途的艰辛而怯懦懈怠，而是更应以成就为鞭策，以艰困为跳板，不断增进开拓之勇、谋事之稳。同时，世界正经历百年未有之大变局，国际格局的大动荡正在将一切时事、一切国域都纳入巨大的不稳定性之中，全球性经济衰退趋势不断显现，新冠肺炎疫情加速了国际风险的不确定。外部环境的压力增大、挑战增多，我们更应有"泰山崩于前而色不变，麋鹿兴于左而目不瞬"的强大定力，把观大势与谋大局相统一，以变应变、谋而后动，牢牢把握发展的主动权，牢牢锁住发展的安全阀。

总之，新发展理念是当代中国发展理念价值排序和选择的重大成果，贯彻新发展理念是关系中国发展全局的一场深刻变革，是推进高质量发展、实现强国之路的必然选择。在全面建成社会主义现代化强国新的伟大征程上，需要把思想和行动统一到自觉贯彻新发展理念上来，研判真问题、掌握真方

---

① 《全国劳动模范和先进工作者表彰大会隆重举行》，《人民日报》2020 年 11 月 25 日第 1 版。

法、发扬真风格，以实干为根本，坚定艰苦奋斗、锐意进取的决心与披荆斩棘、继往开来的信心，崇尚创新、注重协调、倡导绿色、厚植开放、推进共享，确保全面建设社会主义现代化强国开好局、起好步，在新的历史阶段的起点上开创更加美好的未来，使实现共同富裕这一社会主义的本质要求不断成为看得见、感受得到的鲜活现实。

参考文献

一　中文文献

《马克思恩格斯文集》（第1—10卷），人民出版社2009年版。

《马克思恩格斯全集》（第3、19、23、42、46卷），人民出版社1960年版、1963年版、1972年版、1979年版。

《马克思恩格斯选集》（第1—4卷），人民出版社1995年版、2012年版。

《列宁全集》（第55卷），人民出版社2017年版。

《毛泽东文集》（第7卷），人民出版社1999年版。

《毛泽东选集》（第1—4卷），人民出版社1991年版。

《毛泽东著作选读》，人民出版社1986年版。

《邓小平文选》（第2卷），人民出版社2001年版。

《邓小平文选》（第3卷），人民出版社1993年版。

《江泽民文选》（第2卷），人民出版社2006年版。

《习近平谈治国理政》（第1—4卷），外文出版社2014年版、2017年版、2020年版、2022年版。

习近平：《论把握新发展阶段、贯彻新发展理念、构建新发展格局》，中央文献出版社2021年版。

习近平：《之江新语》，浙江人民出版社2007年版。

《习近平关于科技创新论述摘编》，中央文献出版社2016年版。

《习近平关于全面建成小康社会论述摘编》，中央文献出版社2016年版。

《习近平关于社会主义经济建设论述摘编》，中央文献出版社2017年版。

《习近平新时代中国特色社会主义三十讲》，学习出版社2018年版。

《习近平新时代中国特色社会主义思想学习纲要》，人民出版社2019年版。

《习近平总书记系列讲话重要读本》，人民出版社 2014 年版。

《习近平总书记系列重要讲话读本》，人民出版社 2016 年版。

《习近平总书记重要讲话文章选编》，中央文献出版社 2016 年版。

《建党以来重要文献选编（1921—1949）》，中央文献出版社 2011 年版。

《建国以来重要文献选编》，中央文献出版社 1992 年版、1994 年版。

《三中全会以来重要文献选编》，人民出版社 1982 年版。

《深入学习习近平关于教育的重要论述》，人民出版社 2019 年版。

《十八大以来重要文献选编》，中央文献出版社 2014 年版。

《以习近平同志为核心的党中央治国理政新理念新思想新战略》，人民出版
　　社 2017 年版。

阿恩·奈斯：《深生态运动的基础》，《鄱阳湖学刊》2010 年第 6 期。

奥代德·勒文海姆、朱剑：《考核国家：国际"治理指数"的福柯式视角》，
　　《探索》2016 年第 4 期。

包利民：《古典政治哲学史论》，人民出版社 2010 年版。

邴正：《英雄主义，还是自然主义——当代社会发展观的冲突与抉择》，《社
　　会科学战线》1995 年第 4 期。

卜祥记：《"生态文明"的哲学基础探析》，《哲学研究》2010 年第 4 期。

蔡武进：《文化创新主旨下我国文化立法的价值维度及现实向度》，《山东社
　　会科学》2021 年第 2 期。

陈嘉映：《何为良好生活：行之于途而应于心》，上海文艺出版社 2015 年版。

陈理：《深刻理解把握新发展理念的由来、内涵和要义》，《当代世界与社会
　　主义》2021 年第 3 期。

陈曙光：《中国时代与中国话语》，《马克思主义研究》2017 年第 10 期。

陈锡喜：《马克思主义：意识形态和话语体系》，华东师范大学出版社 2011
　　年版。

陈向义：《"发展哲学"研究中的两个前提性问题》，《天津社会科学》2018
　　年第 3 期。

陈新：《马克思主义财富观下的共同富裕：现实图景及实践路径——兼论对
　　福利政治的超越》，《浙江社会科学》2021 年第 8 期。

陈颖健、日比野省三：《跨世纪的思维方式：打破现状思维的七项原则》，

科学技术文献出版社 1998 年版。

陈正良：《软实力发展战略视阈下的中国国际话语权研究》，人民出版社 2016 年版。

陈忠：《发展伦理学的范式研究》，《中国社会科学》2006 年第 4 期。

成龙：《全面创新：建设现代化世界强国的根本逻辑》，《中州学刊》2019 年第 5 期。

仇华飞：《习近平推进和引领全球治理体系变革理论与实践研究》，《陕西师范大学学报》（哲学社会科学版）2021 年第 1 期。

储著源：《论中国特色社会主义创新思维范式》，《重庆大学学报》（社会科学版）2015 年第 4 期。

邓安庆：《正义伦理与价值秩序：古典实践哲学的思路》，复旦大学出版社 2013 年版。

董彪、张茂钰：《生态危机的人学反思——兼论"绿色发展观"》，《求实》2017 年第 4 期。

董振华：《论创新实践的生成机制》，《哲学研究》2011 年第 12 期。

《发展观的历史沿革和发展——国际上的几种发展观》，《求是》2004 年第 5 期。

樊怀玉等：《贫困论——贫困与反贫困的理论与实践》，民族出版社 2002 年版。

费孝通：《"美美与共"和人类文明（上）》，《群言》2005 年第 1 期。

冯友兰：《中国哲学简史》，北京大学出版社 2013 年版。

傅才武、何璇：《四十年来中国文化体制改革的历史进程与理论反思》，《山东大学学报》（哲学社会科学版）2019 年第 2 期。

傅才武主编：《中国文化创新报告. No. 9，2018》，社会科学文献出版社 2019 年版。

高春花：《居住空间正义缺失的表现、原因及解决路径——以爱德华·苏贾为例》，《伦理学研究》2015 年第 1 期。

高春花：《探寻"城市之善"——"伦理视阈下的城市发展"学术研讨会综述》，《道德与文明》2015 年第 2 期。

高建昆、陈海若：《瑞典财富与收入的不平等扩大趋势及成因分析》，《当代世界与社会主义》2020 年第 4 期。

《高清海哲学文存》（第 1 卷），吉林人民出版社 1996 年版。

高新民：《心灵哲学中二元论和自然主义发展的新趋势——以查默斯自然主义二元论为线索》，《学术月刊》2011 年第 9 期。

郭凤海、王春雨：《唯物史观视野下的新发展理念及其当代价值》，《马克思主义哲学论丛》2016 年第 4 期。

郭锐、孙天宇：《制度性话语、制度性开放与制度性合作——全球治理体系变革的中国探索》，《教学与研究》2020 年第 8 期。

郭熙保、罗知：《论贫困概念的演进》，《江西社会科学》2005 年第 11 期。

韩立新：《〈穆勒评注〉中的交往异化：马克思的转折点——马克思〈詹姆斯·穆勒《政治经济学原理》一书摘要〉研究》，《现代哲学》2007 年第 5 期。

韩庆祥：《大国成为强国的根本之道：全面准确深入理解新发展理念——兼论"好不好"与"强不强"的关系》，《高校马克思主义理论教育研究》2021 年第 1 期。

韩庆祥：《深刻把握我国社会主要矛盾转化的新特点》，《政策瞭望》2017 年第 10 期。

韩庆祥：《世界多样与普惠哲学——构建引领新时代发展的马克思主义哲学》，《学术月刊》2018 年第 9 期。

韩雪晴：《全球视野下的制度性话语权：内涵、类型与构建路径》，《新疆师范大学学报》（哲学社会科学版）2019 年第 3 期。

郝立新、周康林：《构建人类命运共同体：全球治理的中国方案》，《马克思主义与现实》2017 年第 6 期。

何迪、鲁利玲：《反思"中国模式"》，社会科学文献出版社 2012 年版。

何建津：《论资本时代的发展问题》，《哲学研究》2009 年第 4 期。

贺来：《"价值清理"与"价值排序"——发展哲学研究的中心课题》，《求是学刊》2000 年第 5 期。

洪朝辉：《论中国城市社会权利的贫困》，《江苏社会科学》2003 年第 2 期。

侯惠勤：《意识形态的变革与话语权——再论马克思主义在当代的话语权》，《马克思主义研究》2006 年第 1 期。

胡春阳：《话语分析：传播研究的新路径》，上海人民出版社 2007 年版。

胡荣涛：《习近平新时代国际话语权建设的结构分析》，《安徽师范大学学报》（人文社会科学版）2019 年第 1 期。

黄群慧：《新发展格局的理论逻辑、战略内涵与政策体系——基于经济现代化的视角》，《经济研究》2021 年第 4 期。

黄兴涛：《"话语"分析和中国近代思想文化史研究》，《历史研究》2007 年第 2 期。

黄有光：《福祉经济学》，东北财经大学出版社 2005 年版。

贾焕：《后扶贫时代贫困安全风险的类型与防范》，《求是学刊》2021 年第 2 期。

贾英健：《风险生存及其历史扬弃》，《山东社会科学》2009 年第 11 期。

简军波、丁冬汉：《国际机制的功能与道义》，《世界经济与政治》2002 年第 3 期。

江畅：《中国话语与中国话语权之辨析》，《文化软实力研究》2016 年第 4 期。

姜键：《美国"退群"的根本原因及其严重后果》，《思想理论教育导刊》2020 年第 7 期。

敬狄、王伯鲁：《追求美好生活的技术——奥特加·加塞特的技术实践伦理价值论》，《东北大学学报》（社会科学版）2017 年第 6 期。

卡洛斯·马格里诺斯：《G20 的未来以及中国在其中的角色》，《国外社会科学》2013 年第 6 期。

李春敏：《马克思的社会空间理论研究》，上海世纪出版集团 2012 年版。

李高东：《历史唯物主义视域下五大发展理念研究》，中国矿业大学出版社 2017 年版。

李洋：《西方治理理论的缺陷与马克思治理思想的超越》，《哲学研究》2020 年第 7 期。

廖小平：《伦理的代际之维：代际伦理研究》，人民出版社 2004 年版。

林春逸：《发展伦理初探》，社会科学文献出版社 2007 年版。

刘纯阳、蔡铨：《贫困含义的演进及贫困研究的层次论》，《经济问题》2004 年第 10 期。

刘福森：《价值迷失：现代工业文明发展观的"走火入魔"》，《吉林大学社会科学学报》2003 年第 1 期。

刘怀玉：《〈空间的生产〉若干问题研究》，《哲学动态》2014 年第 11 期。

刘怀玉：《历史唯物主义为何与如何面对空间化问题》，《天津社会科学》2011 年第 11 期。

刘建华、李昕、姜丽媛：《精准扶贫、精准脱贫及成果巩固研究——缩小收入差距的视角》，《当代经济研究》2020 第 12 期。

刘奇葆：《新发展理念蕴含的理论特质和品格》，《党建》2016 年第 9 期。

刘荣军：《论人的需要与人的全面发展——对马克思〈1857—1858 年经济学手稿〉的一种解读》，《西南师范大学学报》（人文社会科学版）2005 年第 6 期。

刘森林：《发展哲学引论》，广东人民出版社 2000 年版。

刘森林：《重思发展——马克思发展理论的当代价值》，人民出版社 2003 年版。

刘淑文：《新发展理念的时代方位和传承创新》，《山东社会科学》2021 年第 6 期。

刘晓昀、李小云、叶敬忠：《性别视角下的贫困问题》，《农业经济问题》2004 年第 10 期。

刘新庚、黄力：《培育和践行社会主义核心价值观的动力源》，《求索》2020 年第 2 期。

刘志彪：《政府的制度供给和创新：供给侧结构性改革的关键》，《学习与探索》2017 年第 2 期。

龙静云：《论贫困的道德风险及其治理》，《哲学动态》2016 年第 4 期。

罗英：《全面深化改革背景下共享权之定位》，《求索》2014 年第 6 期。

马俊峰：《马克思主义价值理论研究》，北京师范大学出版社 2012 年版。

马晓燕：《空间正义的另一种构想——"差异性团结"及其反思》，《哲学动态》2011 年第 9 期。

孟献丽、王玉鹏：《价值与局限：奈斯深生态学思想评析》，《自然辩证法研究》2015 年第 1 期。

乔洪武、师远志：《经济正义的空间转向——当代西方马克思主义的空间正义思想探析》,《哲学研究》2013 年第 12 期。

秦书生、李瑞芳:《新时代中国共产党人以人民为中心思想的逻辑理路——基于"不忘初心、牢记使命"视角的分析》,《湖南大学学报》(社会科学版) 2021 年第 4 期。

曲蓉:《关于空间伦理可能性的确证》,《道德与文明》2016 年第 2 期。

世界环境与发展委员会:《我们共同的未来》,吉林人民出版社 1997 年版。

苏长和:《探索提高我国制度性话语权的有效路径》,《党建》2016 年第 4 期。

孙洪敏:《创新思维的运行机制》,《河北学刊》2006 年第 2 期。

孙林:《全面深化改革案例 100 深度解读》,中共中央党校出版社 2014 年版。

孙施文:《品质规划》,中国建筑工业出版社 2018 年版。

孙向晨:《双重本体:形塑现代中国价值形态的基础》,《学术月刊》2015 年第 6 期。

孙业礼:《新时代新阶段的发展必须贯彻新发展理念》,《马克思主义与现实》2021 年第 1 期。

孙正聿:《标准与选择:我们时代的哲学理念》,《黑龙江社会科学》2015 年第 6 期。

孙正聿等:《马克思主义基础理论研究》,北京师范大学出版社 2019 年版。

孙正聿:《改革开放以来中国哲学发展的历史与逻辑》,《吉林大学社会科学学报》2008 年第 5 期。

孙正聿:《作为现实自我意识的价值观》,《当代中国价值观研究》2018 年第 5 期。

谭德礼、江传月:《论新发展理念的伦理意蕴》,《道德与文明》2018 年第 3 期。

田鹏颖:《协调:从发展理念到方法论创新》,《中国特色社会主义研究》2016 年第 3 期。

托尼·安德烈阿尼、赵越:《中国融入世界市场是否意味着"中国模式"的必然终结?》,《国外理论动态》2008 年第 5 期。

王浩斌、李勇:《相对贫困的马克思人学阐释及其三重维度》,《中共宁波市委党校学报》2021 年第 6 期。

王玲玲、冯皓:《发展伦理探究》,人民出版社 2010 年版。

王诺、唐梅花:《追问深层生态学》,《南开大学学报》(哲学社会科学版)
　　2015 年第 1 期。

王文东:《〈德意志意识形态〉中的空间正义思想解读》,《哲学研究》2016
　　年第 4 期。

王雨辰:《论生态学马克思主义对历史唯物主义理论的辩护》,《哲学研究》
　　2015 年第 8 期。

王跃新:《遵循自然与自觉统一的创造性思维发生逻辑》,《吉林大学社会科
　　学学报》2010 年第 6 期。

韦森:《经济学与伦理学》,商务印书馆 2015 年版。

魏江、李拓宇、赵雨菡:《创新驱动发展的总体格局、现实困境与政策走
　　向》,《中国软科学》2015 年第 5 期。

吴灿新:《发展伦理与道德代价》,《广东社会科学》2013 年第 1 期。

吴理财:《"贫困"的经济学分析及其分析的贫困》,《经济评论》2001 年第
　　4 期。

项久雨:《论美好生活的马克思主义逻辑》,《马克思主义研究》2020 年第
　　7 期。

项久雨:《新时代美好生活的样态变革及价值引领》,《中国社会科学》2019
　　年第 11 期。

肖巍:《作为发展问题的我国社会主要矛盾及其解决思路》,《思想理论教
　　育》2018 年第 6 期。

谢伏瞻:《加快构建中国特色哲学社会科学学科体系、学术体系、话语体
　　系》,《中国社会科学》2019 年第 5 期。

谢伏瞻:《论新工业革命加速拓展与全球治理变革方向》,《经济研究》2019
　　年第 7 期。

辛鸣:《制度论:关于制度哲学的理论建构》,人民出版社 2005 年版。

许宝强、汪晖选编:《发展的幻象》,中央编译出版社 2001 年版。

薛晓源、刘国良:《全球风险世界:现在与未来——德国著名社会学家、风
　　险社会理论创始人乌尔里希·贝克教授访谈录》,《马克思主义与现实》
　　2005 年第 1 期。

阎学通：《数字时代的中美战略竞争》，《世界政治研究》2019 年第 2 期。

杨宏伟主编：《贯彻落实五大发展理念》，人民出版社 2017 年版。

杨生平：《新发展理念的科学内涵与实践路径研究》，首都师范大学出版社
　　2021 年版。

殷文贵、王岩：《新中国 70 年中国国际话语权的演进逻辑和未来展望》，
　　《社会主义研究》2019 年第 6 期。

游腾飞：《西方治理指数与制度性话语权的传播》，《探索》2016 年第 5 期。

余谋昌：《走出人类中心主义》，《自然辩证法研究》1994 年第 7 期。

袁祖社：《"发展型正义"："五大理念"视阈内正义与社会发展关系的解
　　读》，《社会科学战线》2017 年第 9 期。

袁祖社：《社会公共正义信念与发展合理化的价值逻辑》，《北京大学学报》
　　（哲学社会科学版）2018 年第 4 期。

袁祖社：《"五大发展理念"的理论品质与实践新境界》，《学术研究》2017
　　年第 1 期。

袁祖社：《现代性发展之悖谬场域的实践超越与社会真价值理解的中国逻
　　辑》，《天津社会科学》2019 年第 5 期。

袁祖社：《正义理念的制度实践与美好生活的实践逻辑——"合理性"视域
　　内五大发展理念的价值论基础探究》，《武汉大学学报》（哲学社会科学
　　版）2019 年第 3 期。

袁祖社：《"治理型发展"的价值逻辑与美好生活实践的中国智慧》，《贵州
　　社会科学》2020 年第 1 期。

约翰·贝拉米·福斯特：《资本主义与生态环境的破坏》，《国外理论动态》
　　2008 年第 6 期。

张传泉：《中国话语权面临的挑战和路径选择》，《重庆大学学报》（社会科
　　学版）2017 年第 5 期。

张岱年、方克立：《中国文化概论》，北京师范大学出版社 1994 年版。

张康之：《论伦理精神》，江苏人民出版社 2012 年版。

张立群：《连片特困地区贫困的类型及对策》，《红旗文稿》2012 年第 22 期。

张晓芒：《创新思维的逻辑学基础》，《南开学报》2006 年第 6 期。

张彦：《当代"价值排序"研究的四个维度》，《哲学动态》2014 年第

10 期。

张彦：《发展观决定发展道路》，浙江大学出版社 2020 年版。

张彦、顾青青：《共享发展：当代发展伦理的中国表达》，《思想理论教育》 2016 年第 7 期。

张彦、洪佳智：《论发展伦理在共享发展成果问题上的"出场"》，《哲学研究》 2016 年第 4 期。

张彦：《价值排序与核心价值观》，浙江大学出版社 2017 年版。

张彦：《价值排序与伦理风险》，人民出版社 2011 年版。

张彦：《论当代中国的价值排序及核心价值观建设》，《武汉科技大学学报》 （社会科学版）2013 年第 1 期。

张艳涛、张瑶：《"共享发展"：当代中国发展的目标和归宿》，《前线》2017 年第 6 期。

张智：《通往人的全面发展之路：社会主义条件下人的现代化研究》，中国 人民大学出版社 2019 年版。

章士嵘：《科学发现的逻辑》，人民出版社 1986 年版。

章远：《中国制度性话语权的经济文化维度解读》，《探索》2016 年第 2 期。

赵可金：《中国崛起与对外战略调整》，《社会科学》2010 年第 9 期。

郑飞：《韦伯与西方马克思主义中的技术批判理论》，《哲学研究》2017 年第 5 期。

郑吉伟：《论 21 世纪以来西方左翼不平等发展理论的新取向》，《马克思主 义与现实》2019 年第 6 期。

郑凯捷：《从政策性开放到制度性开放的历史进程》，《世界经济研究》2008 年第 5 期。

中国科学技术发展战略研究院：《国家创新指数报告 2020》，科学技术文献 出版社 2021 年版。

周可真：《科学的创新思维和直觉方法》，《学术界》2015 年第 11 期。

周书俊：《选择论》，中央编译出版社 2006 年版。

邹诗鹏：《现代性与剩余》，《学术月刊》2016 年第 8 期。

左晓斯：《发达国家乡村贫困与反贫困战略研究——以美国为例》，《福建论 坛》（人文社会科学版）2019 年第 1 期。

［德］哈贝马斯：《在事实与规范之间：关于法律和民主法治国的商谈理论》，生活·读书·新知三联书店 2014 年版。

［德］海德格尔：《存在与时间》，生活·读书·新知三联书店 1987 年版。

［德］韩博天：《红天鹅：中国独特的治理和制度创新》，中信出版社 2018 年版。

［德］黑格尔：《法哲学原理》，商务印书馆 2017 年版。

［德］康德：《实践理性批判》，人民出版社 2003 年版。

［德］鲁道夫·奥伊肯：《生活的意义与价值》，上海译文出版社 1997 年版。

［德］舍尔：《阳光经济：生态的现代战略》，生活·读书·新知三联书店 2000 年版。

［德］乌尔里希·贝克：《风险社会：新的现代性之路》，译林出版社 2018 年版。

［德］乌尔里希·贝克：《世界风险社会》，南京大学出版社 2004 年版。

［法］埃德加·莫兰：《伦理》，学林出版社 2017 年版。

［法］奥古斯特·孔德：《论实证精神》，商务印书馆 2001 年版。

［法］柏格森：《创造进化论》，华夏出版社 1999 年版。

［法］弗朗索瓦·佩鲁：《新发展观》，华夏出版社 1987 年版。

［法］亨利·勒菲弗：《空间与政治》，人民出版社 2008 年版。

［法］米歇尔·福柯：《规训与惩罚》，生活·读书·新知三联书店 1999 年版。

［法］涂尔干：《实用主义与社会学》，上海人民出版社 2005 年版。

［古希腊］亚里士多德：《亚里士多德全集》（第 1 卷），中国人民大学出版社 2016 年版。

［加］阿格尔：《西方马克思主义概论》，中国人民大学出版社 1991 年版。

［加］威廉·莱斯：《自然的控制》，重庆出版社 2007 年版。

［美］阿诺德·沃尔弗斯：《纷争与协作：国际政治论集》，世界知识出版社 2005 年版。

［美］埃里希·弗罗姆：《占有还是生存》，生活·读书·新知三联出版社 1989 年版。

［美］奥康纳：《自然的理由》，南京大学出版社 2003 年版。

［美］博德利：《发展的受害者》，北京大学出版社 2011 年版。

［美］布鲁德尼：《罗尔斯与马克思：分配原则与人的观念》，上海人民出版社 2017 年版。

［美］大卫·哈维：《正义、自然和差异地理学》，上海人民出版社 2010 年版。

［美］丹尼斯·梅多斯等：《增长的极限》，机械工业出版社 2013 年版。

［美］道格拉斯·C.诺思：《制度、意识形态和经济绩效》，道、汉科、瓦尔特斯编：《发展经济学的革命》，上海人民出版社 2000 年版。

［美］德尼·古莱：《残酷的选择：发展理念与伦理价值》，社会科学文献出版社 2008 年版。

［美］德尼·古莱：《发展伦理学》，社会科学文献出版社 2003 年版。

［美］迪顿：《逃离不平等：健康、财富及不平等的起源》，中信出版社 2014 年版。

［美］古尔德：《马克思的社会本体论：马克思社会实在理论中的个性和共同体》，北京师范大学出版社 2009 年版。

［美］汉斯·摩根索：《国家间政治》，北京大学出版社 2006 年版。

［美］科勒斯涅克：《学习方法及其在教育上的应用》，人民教育出版社 1991 年版。

［美］库恩：《必要的张力》，北京大学出版社 2004 年版。

［美］罗伯特·基欧汉、约瑟夫·奈：《权力与相互依赖》，北京大学出版社 2012 年版。

［美］罗伯特·所罗门、凯思林·希金斯：《大问题：简明哲学导论》，广西师范大学出版社 2014 年版。

［美］马尔库塞：《单向度的人》，复旦大学出版社 2012 年版。

［美］迈耶、斯蒂格利茨编：《发展经济学前沿：未来展望》，中国财政经济出版社 2004 年版。

［美］麦克弗森：《经济分析、道德哲学和公共政策》，上海译文出版社 2008 年版。

［美］曼瑟尔·奥尔森：《集体行动的逻辑》，上海三联书店、上海人民出版社 1995 年版。

［美］纳斯鲍姆：《善的脆弱性》，译林出版社 2018 年版。

［美］诺齐克：《无政府、国家与乌托邦》，中国社会科学出版社 1991 年版。

［美］萨德－费洛、约翰斯顿：《新自由主义：批判读本》，江苏人民出版社 2006 年版。

［美］桑德尔：《金钱不能买什么：金钱与公正的正面交锋》，中信出版社 2012 年版。

［美］托达罗：《经济发展与第三世界》，中国经济出版社 1992 年版。

［美］约翰·罗尔斯：《正义论》，中国社会科学出版社 2009 年版。

［美］约翰·罗尔斯：《政治哲学史讲义》，中国社会科学出版社 2011 年版。

［美］约瑟夫·奈：《硬实力与软实力》，北京大学出版社 2005 年版。

［美］詹姆士：《实用主义：某些旧思想方法的新名称》，商务印书馆 2012 年版。

［瑞士］费尔南·德·索绪尔：《普通语言学教程》，江苏教育出版社 2001 年版。

［苏联］巴赫金：《巴赫金全集》（第 2 卷），河北教育出版社 1998 年版。

［匈］卢卡奇：《历史与阶级意识》，商务印书馆 1992 年版。

［意］安东尼奥·葛兰西：《狱中札记》，人民出版社 1983 年版。

［意］乔万尼·阿瑞吉：《亚当·斯密在北京——21 世纪的谱系》，社会科学文献出版社 2009 年版。

［印］阿马蒂亚·森：《伦理学与经济学》，商务印书馆 2000 年版。

［印］阿马蒂亚·森：《以自由看待发展》，中国人民大学出版社 2002 年版。

［印］阿玛蒂亚·森、贝纳多·科利克斯伯格：《以人为本：全球化世界的发展伦理学》，长春出版社 2012 年版。

［印］阿玛蒂亚·森：《后果评价与实践理性》，东方出版社 2006 年版。

［印］阿玛蒂亚·森：《理性与自由》，中国人民大学出版社 2006 年版。

［印］阿玛蒂亚·森：《再论不平等》，中国人民大学出版社 2016 年版。

［英］芭芭拉·亚当、乌尔里希·贝克、约斯特·房·龙：《风险社会及其超越》，北京出版社 2005 年版。

［英］戴维·克里斯特尔：《现代语言学词典》，商务印书馆 2000 年版。

［英］哈耶克：《哈耶克论文集》，首都经济贸易大学出版社 2001 年版。

［英］哈耶克:《通往奴役之路》，中国社会科学出版社 1997 年版。

［英］哈耶克:《自由宪章》，中国社会科学出版社 2012 年版。

［英］霍布斯:《利维坦》，商务印书馆 1996 年版。

［英］杰克逊:《无增长的繁荣》，中国商业出版社 2011 年版。

［英］洛克:《政府论》，中国社会科学出版社 2009 年版。

［英］米德克罗夫特:《市场的伦理》，复旦大学出版社 2012 年版。

［英］诺曼·费尔克拉夫:《话语与社会变迁》，华夏出版社 2003 年。

［英］休斯:《生态与历史唯物主义》，江苏人民出版社 2011 年版。

二　英文文献

Aragon C. and Jaggar A. M. , "Agency, Complicity, and the Responsibility to Resist Structural Injustice," *Journal of Social Philosophy*, 2018, Vol. 49, No. 3.

Biller – Andorno N. , "Iab Presidential Address: Bioethics in a Globalized World—Creating Space for Flourishing Human Relationships", *Bioethics*, 2011, Vol. 25, No. 8.

Buchanan A. , "Economics and Ethics", In C. L. Cooper, eds. *Wiley Encyclopedia of Management*, 2015, No. 2.

International Policy Coordination", *International Organization*, 1992,

Joel Kovel, "*The Enemy of Nature*", London&NewYork: ZedBooks Press, 2007.

Khan M. A. , "Putting 'Good Society' Ahead of the Economy: Overcoming Neoliberalism's Growth Trap and its Costly Consequences," *Sustainable Development*, 2015, Vol. 23, No. 1.

Khan M. A. , "Putting 'Good Society' Ahead of the Economy: Overcoming Neoliberalism's Growth Trap and its Costly Consequences", *Sustainable Development*, 2015, Vol. 23, No. 1.

Peter M. Haas, "Introduction: Epistemic Communities and

Rawls J. , "*Justice as Fairness: A Restatement*", London: Belknap Press of Harvard University Press, 2001.

Ted Hopf, "The Logic of Habit in International Relations", *European Journal of International Relations*, 2010, vol. 16, No. 4.

Vol. 46, No. 1.

Wallerstein I., "Development: lodestar or illusion?", *Economic and Political Weekly*, 1988, Vol. 23, No. 39.

Yasheng Huang, "*Capitalism with Chinese Characteristics: Entrepreneurship and the State*", London: Cambridge University Press, 2008.

Young I. M., "Responsibility and Global Justice: A Social Connection Model," *Social Philosophy and Policy*, 2006, Vol. 23, No. 1.

后　记

对发展问题的关注，是因为身处中国、身处浙江这片发展的热土，真切地感受到"绿水青山就是金山银山""发展观决定发展道路""创新是发展的第一动力"，就像恩格斯在 1859 年 8 月写的《卡尔·马克思〈政治经济学批判。第一分册〉》中提出的一个重要论断"从最顽强的事实出发"。恩格斯强调，比从前所有的世界观更加唯物的世界观，"必须从最顽强的事实出发"①。最顽强的事实既包括史料事实的真实性，也包括决定历史史料事实的物质生产的事实和其他客观的事实。② 这些顽强的发展事实推动着我对发展进行关注和了解。但发展是一个宏大命题，对于究竟从哪个角度切入研究进行了较长时间的探索。

我们说，对现代化的观察一般有两条基本路径，一是聚焦社会组织的类型，以沃德（着重研究经济现代化）和亨廷顿（着重研究政治现代化）为代表，关心组织与从事（organizing and doing），二是以贝拉为代表，强调文化和观念，关心思想与感觉（thinking and mind），重在现代化的"心境"（a state of mind）。③ 无疑第二条路径与我以往对伦理风险、价值排序等进行的研究具有较大的契合度和延展性。于此，承接对核心价值观的研究，对社会公正、法治、自由等问题的涉猎，逐步开始对发展伦理、科技伦理、伦理决策等问题的思考。进而到 2015 年党的十八届五中全会正式提出"创新、协调、绿色、开放、共享"五大发展理念，由此 2016 年在《哲学研究》发表

---

① 《马克思恩格斯选集》第 2 卷，人民出版社 1995 年版，第 41 页。
② 辛向阳：《马克思主义的趋势，分析法及其运用的着力点》，《马克思主义理论学科研究》2021 年第 9 期。
③ 阿列克斯·英克尔斯、戴维·斯密斯：《从传统人到现代人——六个发展中国家中的个人变化》，顾昕译，中国人民大学出版社 1992 年版，第 20—21 页。

《论发展伦理在共享发展成果问题上的"出场"》，并于 2018 年获得国家哲学社会科学基金重点项目的立项："新发展理念的价值排序与中国实践研究"。该项目在 2021 年底结题，本书是这个项目的最终成果，也是对新发展理念的价值逻辑和实践问题系统思考的一个书面呈现。

社会发展理念的确立，离不开对各种价值观念的梳理和选择，离不开对发展观念优先性和整体性的总体思考和内在分析。我们以新发展理念的价值逻辑作为总体性把握，以价值排序作为认识与把握新发展理念先进性与优越性的重要视角，同时作为认识与把握新发展理念开解时代性发展问题的重要进路。本书的研究基于新发展理念"未完成""进行时"的特点，在研究过程中不仅从经典著作中梳理对于发展问题的考辨，并使之尽量体系化和现实化，更致力于对各种发展理念进行检视、提炼与创新，并使之在实践中得到检验、丰富和发展。在研究过程中，我们力图呈现以下三个特点：

第一，对于新发展理念的研究有很多，我们特别突出"价值排序"范式的独特论证角度，一方面因为我本人关注和研究价值排序思想多年；另一方面是因为新发展理念的提出和践行的确经历了各种发展观的碰撞、冲突、选择以及在实践中面临的种种张力。我们希望通过对社会发展理念在确立和发展历程之中对各种价值观念的梳理、排序和选择，呈现新发展理念具有的一种优越性、先进性和可实践性的品质、境界。

第二，我们以价值排序研究中的情境主义、透视主义、道德现场、案例分析等方法呈现当前中国发展中的价值选择和两难的现实问题，凸显"价值两难"和"现场叙事"的创新表达方式。希望通过历史研究与现实研究的结合，揭示发展理念中包含的价值困惑、误区、紧张、冲突及尚未解决的问题，最终回应"如何生活""如何共同生活""如何幸福生活"这三个基本问题。

第三，彰显发展理念"整体性"和"现实性"的多元结合，通过价值排序的视角，揭示新发展理念的价值基础及制度性实践，彰显中国特色理论、制度、道路和文化的社会公共价值逻辑，以实现对以往抽象"伦理型发展"理念的反思与超越，以新发展理念引领社会主义现代化进程。特别要说明的是，在新发展理念与价值排序的研究过程中，我们特别留意和关注了案例研究和实践探索，虽然在本书中没有直接体现，但是在另一本由我主编的

《发展观决定发展道路》（"新思想在浙江的萌发与实践"系列教材，浙江大学出版社2020年版，15.7万字）中系统研究了42个与新发展理念密切相关的实践案例，能够为新发展阶段的中国更好地贯彻新发展理念提供实践参考。

　　时光不会告诉你它的溜走。一晃研究"价值排序"已经17年。我从2005年开始关注价值排序，博士论文、博士后研究报告都以"价值排序与伦理风险"这个论题为主要对象，主要成果在2011年以《价值排序与伦理风险》为题在人民出版社出版，获得浙江省哲学社会科学优秀成果奖二等奖。同年，获得国家社科基金青年项目"文化多元化情景下的价值排序与核心价值观的研究"，开始了"价值排序与核心价值观"的研究，2017年以《价值排序与核心价值观》为题在浙江大学出版社出版，获得了高等学校优秀研究成果奖（人文社科类）青年奖。2018年获得国家社科基金重点项目"价值排序与新发展理念"，继续价值排序的研究。这些年来，一直沿着"价值排序"的研究链在延伸拓展，本书的出版也只是一个阶段性的逗号，后续还将继续"价值排序与道德教育""价值排序与中国道路"等方向的研究。

　　本书的最后成稿离不开多家单位和多位前辈专家的指点、支持和帮助。首先，感谢国家哲学社会科学工作办的支持和资助。国家社科基金重点项目的立项结项过程大大增强了我研究这个选题的信心，从中得到了多位评审专家的指点、鼓励和肯定。本书的写作过程大致历经四年，其中多章的内容首先以论文形式在期刊发表，得到了《哲学研究》《浙江社会科学》《思想理论教育》《浙江学刊》《红旗文稿》《人民论坛》等多家期刊的指点、支持和鼓励，在此一并表示感谢。

　　在本书的写作过程中，我的多位研究生参与了项目的研究过程，感谢韩伟、王长和、郗凤芹、金梦佳、顾青青等博士，他们如今都已经毕业，在广州、杭州、宁波、青岛等高校工作，另外，在读博士生张登皓、魏颖也为本书的进一步修改完善和校对付出了辛勤的劳动。感谢他们与我共同成长。感谢我的家人多年来对我的无私支持，特别是我的母亲，十多年来一直替我照顾家庭和孩子，是我最坚强的"大后方"，也要感谢我的两个孩子，她们总能好脾气地忍受妈妈的"没时间"，能够贴心地理解和包容我的"忙碌"。

感谢本书的责任编辑杨晓芳女士，我们因本书的出版多次沟通，是她的勤奋和敬业让我更好地管理时间、精益求精。本书的最后定稿和出版离不开她辛勤的工作。

我对价值排序的研究已近二十年，但是对于新发展理念的研究，不仅是马克思主义中国化时代化的一个重要论题，还关联哲学、经济学、政治学、社会学等多个学科，常感难度颇大、思考不深，很多方面仍有待深入和展开。恳请各位专家批评指正。

《价值排序与核心价值观》出版的时候是浙江大学建校 120 周年，转眼今年是 125 周年了，我求学于此，成家于此，工作于此，一晃已近二十五个年头。深深感谢浙江大学的培养。

张　彦
2022 年求是成均苑